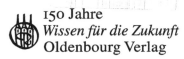

Wirtschaftsinformatik kompakt

Lieferbare Titel:

Bächle/Kolb, Einführung in die Wirtschaftsinformatik

Heinrich, Allgemeine Systemanalyse

Heinrich, Operations Research

Heinrich/Mairon, Objektorientierte Systemanalyse

Kessel, Einführung in Linux

Preiß, Entwurf und Verarbeitung relationaler Datenbanken

Staab, Logik und Algebra

Stoll, IT-Management

Wirtz, Objektorientierte Programmentwicklung mit
Visual Basic .NET – Grundlagen

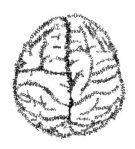

IT-Management

Betriebswirtschaftliche, ökonomische und
managementorientierte Konzepte

von
Prof. Dr. Stefan Stoll

Oldenbourg Verlag München

Bibliografische Information der Deutschen Nationalbibliothek

Die Deutsche Nationalbibliothek verzeichnet diese Publikation in der Deutschen Nationalbibliografie; detaillierte bibliografische Daten sind im Internet über <http://dnb.d-nb.de> abrufbar.

© 2008 Oldenbourg Wissenschaftsverlag GmbH
Rosenheimer Straße 145, D-81671 München
Telefon: (089) 4 5051-0
oldenbourg.de

Lektorat: Wirtschafts- und Sozialwissenschaften, wiso@oldenbourg.de
Herstellung: Anna Grosser
Coverentwurf: Kochan & Partner, München
Cover-Illustration: Hyde & Hyde, München
Gedruckt auf säure- und chlorfreiem Papier
Gesamtherstellung: Druckhaus „Thomas Müntzer" GmbH, Bad Langensalza

ISBN 978-3-486-58371-7

Inhalt

Abbildungsverzeichnis

1   Prolog – Management by IT oder IT-Management?

„Computers are incredibly fast, accurate and stupid;
humans are incredibly slow, inaccurate and brilliant;
together they are powerful beyond imagination."
Albert Einstein

„Before I speak, I have something important to say."
Groucho Marx

Das vorliegende Buch richtet sich in erster Linie an Studenten der Wirtschaftsinformatik sowie an Studenten der Wirtschaftswissenschaften und an Praktiker im IT-Umfeld. Das Studium der Wirtschaftsinformatik ist ein „Schnittstellenstudium" und kombiniert ganz bewusst zwei Bereiche: Die Wirtschaftswissenschaften, hierbei vor allem die Betriebswirtschaftslehre und ausgewählte Bereiche der Informations- und Internetökonomie, sowie die Informatik. Aufgabe der Betriebswirtschaftslehre ist es, die erforderliche Rationalität in das technologiegeprägte (manchmal durchaus „technologie-euphorische") Umfeld der Informatik zu bringen. Wirtschaftsinformatik heißt, dass man die Programmierer, Systementwickler, Netzwerkspezialisten etc. nicht sich selbst überlässt. Von diesen Berufsgruppen muss man technologisches Wissen und „IT-Avantgarde" verlangen. Ob dieses Wissen und die daraus resultierenden Handlungen, Produkte und Leistungen jedoch für ein Unternehmen Sinn machen, ob sich also die entsprechenden Investitionen rechnen und der damit verbundene Nutzen über den jeweiligen Kosten liegt, dies fachkundig zu beantworten ist Aufgabe des auch ökonomisch ausgebildeten Wirtschaftsinformatikers. Damit wird der Wirtschaftsinformatiker zur „institutionalisierten Spaßbremse des IT-Bereichs"; und das ist gut so!

Seit Anfang der 60er Jahre des vergangenen Jahrhunderts bis heute nimmt der kommerzielle Einsatz von Informations-Technologien (IT) in den Unternehmen stetig zu. Dabei haben sich die eingesetzten Technologien sowohl in den Bereichen Hard- und Software, als auch bei der Vernetzung und Digitalisierung fundamental und in atemberaubender Geschwindigkeit erneuert und verbessert. Gleich geblieben ist hingegen die in IT-Kreisen weit verbreitete und höchst selten hinterfragte Auffassung, wonach der Einsatz von IT per se schon wirksam und ökonomisch, d.h. effektiv und effizient, sei. Heute darf die IT keinen Selbstzweck mehr besitzen, sondern muss ihre Legitimation in der Fähigkeit finden, Geschäftsprozesse zu unterstützen, Wissen transparenter zu machen, räumlich getrennte, dezentrale Einheiten miteinander zu verbinden und neue Märkte und Kunden zu erschließen.

Die IT ist heute ein zentrales Instrument sowohl für die Umsetzung der Unternehmensstrategie als auch zur Erreichung operativer Exzellenz.

Das war nicht immer so: In ihren Anfängen diente die IT in erster Linie als operatives **Effizienzsteigerungs-** bzw. **Rationalisierungsinstrument** und fand ihren Einsatz (als „Insellösung") im Rechnungswesen, der Lagerverwaltung, dem Einkauf sowie in anderen operativen Bereichen. In der heutigen Zeit muss die IT über diese Aufgaben hinaus insbesondere die **strategische Neuausrichtung** der Unternehmen sowie **innovative Formen der Organisationsgestaltung und des Wissensaustauschs** integriert unterstützen bzw. ermöglichen. Dabei ist es wichtig zu erkennen, dass der IT-Einsatz nicht automatisch zu mehr Effizienz in den Geschäftsprozessen bzw. zu verbesserten Organisationskonzepten und innovativen Geschäftsmodellen führt. Es gibt daher kein „**Management by IT**", wonach sich durch breiten IT-Einsatz automatisch die betriebswirtschaftlichen Ergebnisse verbessern müssen. Der Einsatz moderner Informations- und Kommunikationstechnologien verursacht immer Kosten, denen ein konkreter Nutzen gegenüber zu stellen ist. Daher ist es wichtig, die „Ressource Informationstechnologie" ökonomisch sinnvoll zu planen, zu steuern und zu kontrollieren. Damit kommt es auf das „**Management der IT**" an!

Die folgende Tabelle zeigt die veränderte Rolle der IT im Unternehmenskontext auf. Sie verdeutlicht, dass es im Laufe der Zeit, bis heute, eine ungebremste Evolution der Konzepte und Betrachtungsweisen auf den betrieblichen Einsatz von Informations- und Kommunikationstechnologien gibt.

Stufen des IT-Einsatzes	Merkmale
IT als Kostentreiber	Die Kostenreduzierung steht im Vordergrund.
	Der IT-Einsatz wird auf das Nötigste beschränkt.
Verbesserung der Geschäftsprozesse durch IT	Geschäftsprozessanalyse und -entwicklung stehen im Vordergrund.
	Das Wertsteigerungspotenzial wird aber nicht in vollem Umfang genutzt.
Umsatzsicherung und -steigerung durch IT	Abwägung der IT-Kosten mit dem direkt zu erwartenden IT-Nutzen für das Geschäft mit Blick auf den Wertbeitrag.
	Direkte Anbindung an die Unternehmensstrategie durch die Stärkung der Kundenorientierung, die Effektivität der Absatzseite und die Integration des Unternehmens über die Wertschöpfungsstufen hinweg.
Erschließung neuer Geschäftsfelder durch IT	„IT-Intelligenz" in bestehenden Produkten, die neue oder verbesserte Produkteigenschaften hervorbringt.
	IT-getriebene Dienstleistungen, die den Nutzen des bestehenden Produkts für die Anwender ergänzen.

Abbildung 1: Die vier Stufen des IT-Einsatzes
Quelle: Goeken, M. et al. 2007, S. 1581.

Die IT unterliegt einem gewaltigen technologischen Fortschritt. Es ist nur verständlich, dass die Unternehmen diesen Fortschritt für die eigene Entwicklung zu nutzen versuchen. So steht heute, wie Abbildung 1 belegt, zunehmend die Verknüpfung der IT mit der Unternehmensstrategie (*„Business Alignment"*) im Mittelpunkt. Die von Geschäftsseite entwickelten Strategien und Geschäftsmodelle sind durch entsprechende IT-Infrastrukturen und IT-Architekturen zu unterstützen bzw. zu ermöglichen. Die IT muss – nach der hier vertretenen Auffassung – aber noch mehr leisten. Fast alle Unternehmen befinden sich in einem globalen Hyperwettbewerb, der immer neue Herausforderungen an die Anpassungsfähigkeit und Überlebensfähigkeit der Unternehmen stellt. Vor diesem Hintergrund

> *muss und kann die IT einen wesentlichen Beitrag zur Erhöhung der Anpassungsfähigkeit der Unternehmen und damit zu ihrer Überlebensfähigkeit leisten. Die IT wird damit zu einem wesentlichen „enabler" einer evolutionären Unternehmensentwicklung.*

Diese Entwicklungen stellen neue Anforderungen an die Mitarbeiter im IT-Bereich. Das vorliegende Buch unternimmt den Versuch, die ökonomischen und betriebswirtschaftlichen Zusammenhänge des „Systems Unternehmung" sowie seiner relevanten Umsysteme aufzuzeigen. Ziel ist es, den (zukünftigen) Mitarbeitern im IT-Bereich (und nicht nur denen) eine breite Perspektive auf das Unternehmen und damit ein ganzheitliches Verständnis seiner Funktionsweise zu vermitteln. Erst auf Grundlage eines solchen Verständnisses kann der IT-Einsatz sowohl effektiv (die IT unterstützt „die richtigen Ziele"), als auch effizient (die IT sorgt für eine „wirtschaftliche Geschäftsabwicklung") erfolgen. Die Inhalte wurden so zusammengestellt, dass die **praktische Anwendbarkeit** der Konzepte, und nicht deren ausführliche theoretische Fundierung, im Vordergrund steht. Die Auswahl der dargestellten Konzepte und Methoden ist subjektiv, aber nicht willkürlich. Ökonomische Zusammenhänge aufzuzeigen und auf ihre Bedeutung für den IT-Bereich hin zu analysieren, steht im Vordergrund. Aspekte, die hier leider keine Berücksichtigung gefunden haben, können in hervorragenden deutschsprachigen Werken zum Thema „Informationsmanagement" nachgelesen werden. Im Literaturverzeichnis sind einige dieser Werke aufgeführt.

In der vorliegenden Publikation geht es um ökonomisches und systemtheoretisches Wissen, um den IT-Bereich besser verstehen und damit auch besser managen zu können. Was aber wird unter dem Begriff „IT-Bereich" verstanden?

- Zum einen steht der „IT-Bereich" für jene organisatorischen Einheiten in unseren Unternehmen, die dafür Sorge tragen, dass moderne Informations- und Kommunikationstechnologien zum Vorteil des Unternehmens eingesetzt werden. Hier geht es somit um Probleme, Ziele und Aufgaben der „IT-Abteilung", die innerhalb eines vorgegebenen ökonomisch-technologischen Rahmens einen möglichst effektiven und effizienten Einsatz der IT zu gewährleisten hat. (*IT-Nutzer-Perspektive*)

- Zum anderen steht der Begriff des „IT-Bereichs" für jene Branchen und Unternehmen, bei denen die IT ein zentraler Bestandteil des verkauften Produktes oder Services ist. Dabei handelt es sich um Unternehmen der Softwareindustrie (*Microsoft, SAP* etc.), der Hardwareindustrie (*HP, Dell* etc.), der Netzwerkindustrie (*Cisco*) usw. (*IT-Anbieter-Perspektive*)

Sowohl die „IT-Nutzer-" als auch die „IT-Anbieter-Perspektive" liefern wertvolle Theorien und Ansätze für das Management der „*Ressource Informations- und Kommunikationstechno-*

logie". Daher werden auch beide Sichtweisen im Folgenden eingenommen, allerdings mit einem Schwerpunkt auf solchen Unternehmen, welche die IT für ihr Geschäft (ihr Geschäftsmodell) nutzen. Die in diesem Buch gemachten Ausführungen zum „IT-Management" basieren auf den folgenden konzeptionellen Säulen:

- Zum einen auf dem **ökonomischen Konzept**, das die rein wirtschaftliche Seite des Handelns und Entscheidens in Unternehmen thematisiert. Dies ist Gegenstand der „klassischen" Betriebswirtschaftslehre und damit auch der meisten Lehrbuchpublikationen. Dieses Wissen ist dringend notwendig, um in Unternehmen ökonomische Probleme überhaupt wahrnehmen, sinnvoll analysieren sowie zielführend lösen zu können. Allerdings ist dieses Wissen nicht hinreichend, um als Mitarbeiter im IT-Umfeld wirksam zu sein. Hierzu bedarf es der Erschließung eines weiteren Konzeptes. Das vorliegende Buch erweitert den ökonomischen Ansatz um

- das **Konzept der Betriebswirtschaftslehre als Führungs- bzw. Managementlehre**. Die Legitimation für die Existenz eines Unternehmens besteht in seiner Fähigkeit, Nutzen für Kunden, Anwender, Kapitalgeber, Mitarbeiter und die Gesellschaft stiften zu können. An dieser Vorgabe hat sich jede Abteilung, jedes Team und jede Einzelperson zu orientieren. Nach der hier vertretenen Auffassung ist betriebliches Handeln in erster Linie daran auszurichten, dass ein nachweisbarer **Nutzen für Kunden** bzw. **Anwender** („*Customer Value*") geschaffen wird.

Vor diesem Hintergrund wird die zentrale Aufgabe des Managements darin gesehen, die gegebenen Ressourcen in (Kunden-)Nutzen zu transformieren. Die wichtigste Ressource in der Informationsgesellschaft ist Wissen.

Aufgabe von Management ist es somit, dieses Wissen in Produkte und Leistungen zu transformieren und dadurch einen Kundennutzen zu bewirken.

Nur hierdurch lässt sich die Wettbewerbs- und Lebensfähigkeit eines Unternehmens bzw. eines Unternehmensbereichs langfristig erhalten.

Ressourcen (vor allem Wissen)	***TRANSFORMATION*** Wettbewerbsfähigkeit durch einzigartige Ressourcen und Transformations- bzw. Prozesskompetenz	**Nutzen** (i.S. von Kundennutzen)

Abbildung 2: Der Unternehmenszweck und die Grundaufgabe von Management
Quelle: In Anlehnung an Malik, F. 2008, S. 149.

Diese Zusammenhänge, die im Wesentlichen auf den US-amerikanischen Managementtheoretiker *Peter Drucker* und den St. Galler Managementvordenker *Professor Fredmund Malik* zurückgehen, sind gerade im IT-Umfeld, nur wenig bekannt.

Wird von Ökonomie, Betriebswirtschafts- oder Managementlehre gesprochen, so verbinden sich damit in der Regel Vorstellungen von genauen, ingenieurmäßigen Disziplinen. Steuerungseingriffe folgen exakten, linearen Ursache-Wirkungs-Mechanismen. Dieser Auffassung wird hier nicht gefolgt. Die Unternehmenspraxis zeigt, dass auf den dynamischen, globalisierten Märkten unserer Tage die Führung eines Unternehmens spürbar schwerer geworden ist und viele Manager scheitern. Woran mag das liegen? Unabhängig davon, ob es sich um die Führung eines ganzen Unternehmens, einer IT-Abteilung oder eines IT-Projektes handelt, die meisten Manager folgen einem **deterministischen Weltbild**. Diese bewusst oder unbewusst verfolgte Management-Philosophie baut auf der **physikalischen Logik der Mechanik** auf und versucht, das einzelne Unternehmen sowie seine Prozesse über direkte Wirkungsbeziehungen zu steuern. Diese Logik erscheint für komplexe ökonomische Zusammenhänge zu einseitig. Nach der hier vertretenen Auffassung ist ein Unternehmen viel eher mit einem **lebenden Organismus**, denn mit einer über lineare Führungsimpulse steuerbaren Maschine zu vergleichen. Unternehmen sind **offene, hoch vernetzte, komplexe und adaptive Systeme**, die weder eindeutig bestimmbar, noch durch lineare Impulse steuerbar sind.

Diese „System-Logik" lehrt Bescheidenheit. Manager können nicht alles managen! Uneingeschränkte Machbarkeit, Beherrschbarkeit, Steuerungsfähigkeit und Kontrollierbarkeit aller betrieblichen Ereignisse ist eine Utopie. Unternehmen sind keine „trivialen Maschinen", in denen sich alles effizient und reibungslos durch „allwissende Manager" planen und steuern lässt. Dennoch sind wir nicht völlig hilflos. Es ist in vielen Fällen zwar nicht möglich, die erwünschten Zustände im Unternehmen **direkt** herbeizuführen. Man kann aber günstige Voraussetzungen (eine entsprechende Unternehmenskultur, entsprechende Organisationsstrukturen, Kommunikationsverfahren, Informationssysteme etc.) dafür schaffen, dass sich die erwünschten Zustände mit hoher Wahrscheinlichkeit einstellen. Es macht daher Sinn, auf die **Selbstorganisation** und **Selbstinformation** der Mitarbeiter sowie auf die **Selbstevolution** des Unternehmens zu setzen. Das Management hat hier einen allgemeinen Rahmen (ein Regelwerk) zu gestalten, das genügend Freiräume zur Selbstanpassung bzw. Selbstorganisation sowie zur freiwilligen Kommunikation, Wissensweitergabe und Evolution (Entwicklung) lässt. Die betrieblichen Informationssysteme sind so zu gestalten, dass sie, wo immer möglich, dezentrale Organisations- und Entscheidungsstrukturen und damit Selbstorganisation ermöglichen!

„**IT-Management**" umfasst damit mehr als das „Informationsmanagement". IT-Management versucht den vielschichtigen und interdisziplinären Anforderungen, denen die Mitarbeiter des IT-Bereichs ausgesetzt sind, mit einer sowohl ökomisch-betriebswirtschaftlichen als auch systemorientierten-ganzheitlichen Managementperspektive gerecht zu werden. Es verabschiedet sich in zahlreichen Punkten von den „Allmachtsfantasien" (der „Anmaßung von Wissen") klassischer Managementansätze. Gleichzeitig wird aber auch deutlich, welche (neuen) Aufgaben IT-Management zu übernehmen hat, will es einen wesentlichen Beitrag zur „Lebensfähigkeit" eines Unternehmens leisten. Hierfür werden Begriffe, Methoden und Konzepte vorgestellt, die der **ökonomisch-betriebswirtschaftlichen Analyse** des IT-Umfeldes sowie der **ganzheitlich-kybernetischen Steuerung** des IT-Bereichs dienen. Das Buch versucht hierdurch der Vielfalt der für das IT-Management relevanten Ansätze gerecht zu werden. Die Abbildung 3 vermittelt die inhaltliche Grundstruktur der vorliegenden Arbeit.

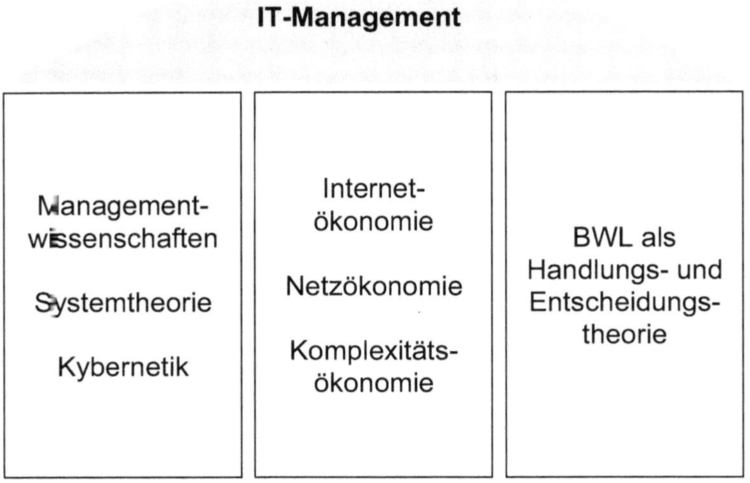

IT-Management

Management-wissenschaften Systemtheorie Kybernetik	Internet-ökonomie Netzökonomie Komplexitäts-ökonomie	BWL als Handlungs- und Entscheidungs-theorie

Abbildung 3: Die drei wesentlichen theoretischen Säulen des IT-Managements

2 IT-Management: Grundbegriffe und Basiskonzepte aus Managementlehre, Systemtheorie und Kybernetik

2.1 Begriffe und ökonomische Konzepte für ein Grundverständnis des IT-Managements

„Es muss versucht werden, die Methoden und Begriffe so klar als irgend möglich zu explizieren, damit ihre Unzulänglichkeit und Unvollkommenheit deutlich wird."
Niklas Luhmann

Böse Zungen behaupten, die Betriebswirtschaftslehre definiere sich über Definitionen. Dem kann leider nicht umfassend widersprochen werden. Die Definition von Begriffen und Konzepten stellt die Voraussetzung für eine „einheitliche Sprache" und damit für Kommunikation und Verständnis dar. Die vorliegende Arbeit baut, wie bereits erwähnt, auf drei Säulen auf:

- Auf der Betriebswirtschaftslehre, verstanden als angewandte Handlungswissenschaft (Kapitel 4 und 5),
- den Konzepten der Internetökonomie bzw. Netz- und **Komplexitätsökonomie** (Kapitel 3) sowie
- der theoretischen Fundierung durch die Managementwissenschaften, Systemtheorie und Kybernetik (Kapitel 2).

Diese, für ein Buch zum Thema IT-Management, vielleicht etwas ungewöhnliche Vorgehensweise begründet sich wie folgt:

Die Anforderungen, die an das Management im IT-Bereich aktuell gestellt werden sind äußerst vielschichtig. Die Praxis zeigt, dass ohne die Kenntnis betriebswirtschaftlich-ökonomischer Grundkonzepte und Vorgehensweisen Probleme quasi „vorprogrammiert" sind. Allerdings zeigt die Praxis auch, dass sich mit der Einführung eines betriebswirtschaftlichen Instrumentariums die Probleme noch längst nicht in Wohlgefallen auflösen. Ökonomische Kenntnisse und deren Anwendung sind im IT-Bereich notwendig, aber leider noch nicht hinreichend. Etwas Wichtiges fehlt. Die IT-Praxis muss, um nachhaltig erfolgreich zu sein, ihr **ökonomisches Wissen mit Erkenntnissen über den Umgang mit Komplexität**, und das heißt mit Konzepten der Kybernetik bzw. der Selbststeuerung/Selbstorganisation, verbinden. Das IT-Management hat damit zwei grundlegende Ziele zu verfolgen:

Den IT-Bereich erfolgreich als Geschäft zu betreiben sowie den IT-Bereich so als System zu gestalten, dass er sich auch zukünftig (nachhaltig) erfolgreich betreiben lässt.

In Anlehnung an Fredmund Malik kann man dieser Zielsetzung nur gerecht werden, wenn das IT-Management zwei unterschiedliche, aber äußerst praxisrelevante, Perspektiven einnimmt:

- Zum einen die Sichtweise der „**Sachebene**" und zum anderen
- die Perspektive der „**systembezogenen Lenkungsebene**".

Diese Unterscheidung ist damit zu begründen, dass beim Management von Wirtschaftsunternehmen unterschiedliche **Kernprobleme** zu analysieren und zu lösen sind, je nachdem ob man die Sach- und Systemebene betrachtet.

Das Kernproblem der Sachebene ist der **Geschäftserfolg**. Dagegen stellt sich auf der Systemebene die Frage, wie sich der **Geschäftserfolg möglichst lange verstetigen** lässt. Die Zielsetzung „Geschäfte zu machen" ist eine andere als die, „nachhaltig im Geschäft zu bleiben". Auf der Sachebene (Geschäfte machen!) stehen daher Märkte, Produkte, Technologien, Finanzen und Mitarbeiter als Ziel- und Analyseobjekte im Vordergrund. Das Management hat es hier mit den klassischen ökonomischen Kenngrößen wie Umsätze, Marktanteile, Wertschöpfung, Kosten, Gewinnen etc. zu tun. Die „Welt der Sachebene" ist die „Welt der Wirtschaftswissenschaften" (der Betriebs- und Volkswirtschaftslehre). Auf der Systemebene geht es dagegen um das „**Gestalten, Lenken und Regulieren von Komplexität**". Die zentrale Anforderung an das Management ist hier der **Umgang mit Komplexität**. Dieser lässt sich aber leider nicht mehr ausschließlich mit den Instrumenten der „klassischen Wirtschaftswissenschaften" bewerkstelligen. Die System- bzw. Lenkungs- und Regulierungsebene benötigt ein anderes Instrumentarium, das sich in der **Kybernetik**, als „Wissenschaft vom Regulieren und Funktionieren", findet.

Somit werden im vorliegenden Buch Begriffe, Konzepte und Methoden sowohl der Sachebene als auch der systembezogenen Lenkungsebene vorgestellt. Ziel ist es, ein **ganzheitliches Verständnis** für die Probleme und Anforderungen des IT-Bereichs und damit tragfähigere Lösungskonzepte zu bekommen.

2.2   Management und IT-Management

„Management is the greatest social innovation of the last century."
Peter F. Drucker

„..., dass die Manager von heute das, was sie tun, nicht wirklich verstehen."
Hans-Dieter Krönung

Dieses Buch trägt den Titel „**IT-Management**". Es darf also erwartet werden, dass sich im folgenden Aussagen darüber finden lassen, wie man den Einsatz von Informations- und Kommunikationstechnologien in Unternehmen „am besten managt". Was aber heißt Management? Was soll in diesem Buch unter dem Schlagwort Management verstanden werden?

Der Begriff des Managements ist ebenso weit verbreitet wie schillernd. Es existiert in Theorie und Praxis eine mittlerweile unüberschaubare Flut an mehr oder weniger ernst gemeinten Definitionen. Wie der *Berliner Professor und Managementforscher Wolfgang Staehle* in seinem Standardlehrbuch „*Management*" feststellt, existieren zwei zentrale Bedeutungsvarianten:

- „*Management im funktionalen Sinn, d.h. Beschreibung der Prozesse und Funktionen, die in arbeitsteiligen Organisationen notwendig werden, wie Planung, Organisation, Führung, Kontrolle…*" und
- „*Management im institutionalen Sinn, d.h. Beschreibung der Personen(-gruppen), die Managementaufgaben wahrnehmen, ihrer Tätigkeiten und Rollen…*".

Im Folgenden soll in einem ersten Schritt die **funktionale** Begriffsvariante als Ausgangspunkt für die weiteren Ausführungen zu Zweck bzw. Aufgaben des Managements gewählt werden. (Wir befinden uns hier überwiegend auf der „Sachebene" des IT-Managements. „Überwiegend" deshalb, weil sich sach- und systembezogene Lenkungsebene in der Unternehmenspraxis nicht immer so einfach trennen lassen, sich vielfach überlappen und eng miteinander verbunden sind.) In einem zweiten Schritt wird dann aufgezeigt, dass in einem umfassenden Sinne „**Management als Umgang mit Komplexität**" zu verstehen ist. (Hierbei handelt es sich dann um die oben erwähnte „Systembezogene Lenkungsebene" des IT-Managements.)

Betrachtet man nun zuerst, welche **Aufgaben** an ein wirksames Management generell gestellt werden, so lassen sich, in Anlehnung an *Fredmund Malik*, die folgenden Punkte identifizieren:

- **Für Ziele sorgen:**

Ohne Ziele fehlen im beruflichen, wie auch im privaten Umfeld Orientierungspunkte, an denen man sein Entscheiden und Handeln ausrichten kann. Das Setzen von Zielen ist im betrieblichen Steuerungsprozess der zentrale Ausgangspunkt, an dem sich dann Planung, Kontrolle, Situationsanalyse und Gegensteuerung auszurichten haben. Ohne Ziele gibt es kein Management, gibt es keinen sinnvollen Steuerungsprozess im Unternehmen! Es überrascht daher kaum, dass gewisse Managementtechniken explizit das „**Managen durch Zielvorgabe**" (*Management by Objectives*) herausstellen. Allerdings sollte im Folgenden deutlich werden, dass das Finden und Festlegen von Zielen eine notwendige, aber noch keine hinreichende Voraussetzung für den Unternehmenserfolg darstellt.

Typische Ziele des IT-Bereichs sind u.a.

- die Erfüllung der mit den Endkunden (Anwendern) vereinbarten *Service Level Agreements*. Solche *Service Level Agreements* (*SLAs*) dokumentieren alle relevanten Punkte, die von Seiten des IT-Dienstleisters dem Kunden zugesagt und von Letzterem zu bezahlen sind. Es geht hierbei darum, die Mindestgüte einer IT-Leistung in möglichst quantifizierbaren Werten darzulegen.
- Kontinuierliche Steigerung der Verfügbarkeit der eingesetzten IT-Systeme und IT-Leistungen.
- Reduzierung der Kosten für die Aufrechterhaltung bzw. für den Betrieb der IT-Systeme.

Die hier aufgeführten Ziele des IT-Bereichs stellen im Wesentlichen auf die Unterstützung des Geschäfts, die Verbesserung der IT-Services (Qualität und Termintreue) sowie die Verbesserung der Kostensituation bzw. der Wirtschaftlichkeit ab. Als Orientierungspunkte hierfür sind eine konsequente Anwender- bzw. Kundenorientierung sowie der Einsatz erprobter innovativer Technologien zu nennen. Das **Oberziel** des IT-Bereiches muss es sein, die **Effektivität und Effizienz des Unternehmens zu verbessern**.

- **Planen:**

    „Planung ist die geistige Vorwegnahme zukünftigen Handelns".

Diese zugegebenermaßen etwas geschraubt klingende Definition macht deutlich, dass es im betrieblichen Alltag darum geht, die zur Zielerreichung notwendigen **Maßnahmen** zu treffen sowie die erforderlichen **Mittel** und **Ressourcen** festzulegen. Die Planung gibt jene **Sollwerte** vor, mit denen die später realisierten **Istwerte** zu vergleichen sind. Dieser „**Plan-Ist-**" bzw. „**Soll-Ist-Vergleich**" stellt das **Kernstück jeder Unternehmenssteuerung** (des „**Unternehmens-Controlling**") dar. Mit dem Plan-Ist-Vergleich wird ein einfaches Berichtswesen zu einem **Steuerungssystem**, da die ermittelten Abweichungen des Ist vom Plan die Basis für eine Ursachenanalyse und die Einleitung von Gegenmaßnahmen bilden.

Immer wieder stellt sich in diesem Zusammenhang die berechtigte Frage, wie sich eine Zukunft planen lässt, die bekanntermaßen unbekannt ist. Oder, um es mit dem *Freiburger Professor für Betriebswirtschaftslehre Ralf-Bodo Schmidt* zu sagen:

    „Eines ist gewiss, die Zukunft sie ist ungewiss".

Selbstverständlich ist Planung mit Unsicherheit behaftet. Aber sie zwingt uns, im beruflichen, wie auch im privaten Umfeld erwünschte Zustände und die möglichen Wege dahin zu durchdenken und zu artikulieren. Planung ist eine fundamentale unternehmerische Aufgabe, die ein hohes Maß an Erfahrung auf Seiten der Planenden voraussetzt. Gerade der erfahrene Planer weiß aber nur zu gut, dass praktisch nie genügend Informationen zur Verfügung stehen, um das zukünftige Unternehmensgeschehen exakt vorausplanen zu können. Im Rahmen jeder Planung sollten daher auch immer verschiedene Alternativen für unterschiedliche Situationen bedacht werden. Damit ist insbesondere das Denken und Planen in **Szenarien** sowie die (möglichst zeitnahe) Anpassung der Pläne an ein sich im Zeitverlauf änderndes Umfeld zu fordern. Die Fähigkeit, sich schnell an veränderte Rahmenbedingungen (neue Technologien, veränderte Kundenwünsche, neue Wettbewerber etc.) anpassen zu können, setzt **Rückkoppelung** voraus. Damit ist die Planung Teil eines **Regelkreises**, der bei Abweichungen des Ist vom Plan Maßnahmen zur **Gegensteuerung** auslöst. Auf den Aspekt des Regelkreises bzw. der Rückkoppelung wird im Späteren noch näher eingegangen.

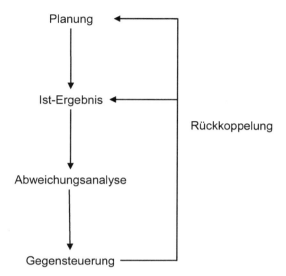

Abbildung 4: Der Regelkreis aus Planung, Ergebnismessung, Gegensteuerung und Rückkopplung
Quelle: Mann, R., 1990, S. 23.

IT-Planung ist die zentrale Voraussetzung für einen effektiven und effizienten Mittel- bzw. Ressourceneinsatz. So gleicht auf Gesamtunternehmensebene die IT-Landschaft oftmals einem „Flickenteppich". Nicht ohne Stolz besitzen einzelne Unternehmensbereiche eigene Systeme, Methoden und Standards, mit denen sie ihre Architekturen, Prozesse, Anwendungs- und Programmportfolios gestalten und steuern. Eine einheitliche, unternehmensweite IT-Planung fehlt, was zu unnötig hohen **Koordinationskosten**, in Form von Kosten der Schnittstellengestaltung, Kosten fehlender Transparenz, Kosten fehlender Standards, Kosten der Mehrfacharbeit etc. führt.

Auch im Rahmen von IT-Projekten sind zahlreiche Planungsaufgaben zu erledigen. So beim Erstellen eines Projektstrukturplanes, wo es unter anderem darum geht festzulegen, welche Aktivitäten für das Erreichen der Projektziele nötig sind. Des Weiteren spielen hier auch Terminpläne, Ressourcenpläne, Kosten- und Finanzpläne sowie Risiko- und Qualitätssicherungspläne eine herausragende Rolle. Insbesondere im Projektgeschäft sind die IT-Manager häufig mit den Tücken der Planungsunsicherheit konfrontiert, weshalb eine zeitnahe Dokumentation der wesentlichen Istdaten und, falls erforderlich, ein schnelles Gegensteuern, eine schnelle Anpassung der Planung notwendig wird.

• **Organisieren:**
An die Planung muss sich zwingend die Organisation anschließen. Schöne und hoch ambitionierte Pläne bringen nichts, wenn man die erforderliche **Umsetzung** nicht in Angriff nimmt. Die „geistige Vorwegnahme zukünftigen Handelns" bedarf der **realen Umsetzung im Hier und Jetzt**. Um ihre gesetzten Ziele zu erreichen, setzen die Unternehmen auf **Arbeitsteilung** und **Spezialisierung**. Aufgabe des Managements ist es, diesen arbeitsteiligen Zielerreichungsprozess entweder mit Hilfe einer **vorgegebenen Organisationsstruktur** (Organigramm, Handbücher etc.) fremd zu steuern oder aber durch das bewusste Einräumen von

Freiheiten (insbesondere dem freien, dezentralen Zugang zu Information!) die **Selbstorganisation** und **Selbstinformation** der Mitarbeiter zu fördern.

In einer wettbewerbsorientierten Marktwirtschaft müssen Unternehmen, Unternehmensbereiche, Kostenstellen, Prozesse und Projekte bestmöglich organisiert sein, um die schnelle und kostengünstige Zielerreichung zu ermöglichen. Die Organisation ist somit ein zentraler **Erfolgsfaktor**, der über eine geeignete **Aufbauorganisation** sowie eine effizient gestaltete **Ablauf-** bzw. **Prozessorganisation** wirksam wird. Wie aber sieht eine „perfekte Organisation" aus? Mit dem Managementtheoretiker und Unternehmensberater *Professor Hermann Simon* kann man feststellen, dass die meisten Unternehmen eher zuviel Organisation haben als zu wenig. Vor allem haben zahlreiche Unternehmen zuviel Zentralisation. Noch immer ist der Irrglaube weit verbreitet, dass die Zentrale bzw. die Unternehmensspitze intelligenter und weitsichtiger ist, als die Mitarbeiter in dezentralen Einheiten bzw. auf niedrigeren Hierarchiestufen. Dabei lieferte der österreichische Ökonom und Nobelpreisträger *Friedrich August von Hayek* bereits in den vierziger und fünfziger Jahren des vergangenen Jahrhunderts starke Argumente gegen die These von der „allwissenden Zentrale". *Von Hayek* untersuchte die Frage, ob das Erkennen und Lösen wirtschaftlicher Probleme von einer zentralen Instanz oder besser dezentral von den Menschen „vor Ort" zu bewerkstelligen sei. In seinem Aufsatz *„The Use of Knowledge in Society"* legte er überzeugend dar, dass ein Großteil der Probleme eines Unternehmens durch Änderungen im äußeren Umfeld (veränderte Kundenwünsche, neue Wettbewerber, neue Technologien, neue Produkte etc.) hervorgerufen werden. Diese Veränderungen bzw. die damit verbundenen Probleme werden aber zuerst von den Menschen an den „Unternehmensgrenzen" wahrgenommen. Bei entsprechenden organisatorischen Freiheitsgraden und bei einschlägig guter Ausbildung können diese dann schnell, flexibel und kompetent reagieren. Die Vorstellung, man könne in einem dynamischen Markt- bzw. Wettbewerbsumfeld Probleme allein an der Unternehmensspitze zentral lösen, ist naiv und kommt einer „**Anmaßung von Wissen**" gleich. Warum? Mit der Arbeitsteilung geht auch eine „**Wissensteilung**", d.h. eine „geistige Arbeitsteilung", einher. Die Personen an der Spitze der Hierarchie werden nur in den allerseltensten Fällen, wenn überhaupt, in Besitz aller relevanten Informationen sein. Um Probleme zielstrebig, schnell und ergebnisorientiert lösen zu können, muss man sich daher vom „Allwissenden-Paradigma" verabschieden und vielmehr das dezentrale Wissen der Mitarbeiter „vor Ort" nutzen.

Im IT-Umfeld hat man sich schon vor geraumer Zeit von diesem „Allwissenden-Paradigma" hierarchisch strukturierter Gestaltungsansätze verabschiedet, was unter anderem durch das Aufkommen des Ansatzes der „**verteilten Intelligenz**" sowie der „**Client-Server-Architekturen**" und der **internetbasierten Netzwerkstrukturen** zum Ausdruck kommt. Der Mitarbeiter im IT-Bereich ist ein „Wissensarbeiter", dessen Wertschöpfung bzw. Problemlösungskompetenz sich in erster Linie aus „vor Ort" erworbenem Erfahrungswissen und seiner Kreativität speist. Die globale Vernetzung auf Basis der Internettechnologie macht das verteilte, dezentrale Wissen von Millionen Menschen erschließ- und nutzbar. Ob *Wikipedia* oder *Linux*, immer geht es um die gemeinschaftliche Entwicklung und Wertschöpfung von zehntausenden Menschen, die außerhalb von traditionellen Unternehmensgrenzen, rund um den Globus verteilt arbeiten und ihr ganz eigenes Wissen einbringen. Der „organisatorische Imperativ" ist vor diesem Hintergrund eindeutig: Je mehr die Mitarbeiter im Rahmen ihrer Arbeit auf die Erschließung und Nutzung von verteiltem Wissen angewiesen sind, desto weniger Regelungen, Vorschriften und Fremdsteuerung benötigen sie. Es kommt auf **Dezentralisation** und **Selbstorganisation** an. Dies bedeutet, dass die Unternehmensführung, anstatt Problemlösungsprozesse vorzuschreiben bzw. ständig in sie eingreifen zu müssen, „nur" die Ergebnisse prüft. Damit kommt man von einer **störenden** und **demotivierenden Verhaltenskontrolle** zu einer **effizienten und mobilisierenden Ergebniskontrolle**.

Dies setzt allerdings voraus, dass man den „Mitarbeitern vor Ort" den **freien Zugriff auf alle verfügbaren Informationen** erlaubt und ermöglicht. Und das ist nicht nur eine technische Frage, sondern insbesondere eine der Organisations- bzw. Unternehmenskultur. Es geht um die im Umgang mit Mitarbeitern und Untergebenen gelebten Werte und Überzeugungen. Man hat sich von jenem Statusdenken zu verabschieden, das den Zugang zu Informationen automatisch mit hierarchischen Positionen bzw. mit Macht gleichsetzt. In dem Film *Total Recall* mit *Arnold Schwarzenegger* gibt es eine Szene, welche die perverse Logik des „privilegierten Zugangs zu Informationen" deutlich vor Augen führt: *„Also, ich denke ..."*, beginnt eine Person ihr Gespräch mit ihrem Vorgesetzten. Der Vorgesetzte fällt seinem Mitarbeiter jedoch barsch ins Wort: *„Wer hat Ihnen befohlen zu denken? Ich gebe Ihnen, nicht genügend Informationen, um zu denken!"* Wie *Anja Förster* und *Peter Kreuz* in ihrem Buch „*Alles, außer Gewöhnlich*" feststellen, sind es gerade Hightech-Unternehmen wie *Sun Microsystems*, die hier einen anderen Weg gehen und aufgrund des harten globalen Wettbewerbs, dem sie ausgesetzt sind, auch gehen müssen. *Sun Microsystems* macht seinen Mitarbeitern sämtliche Informationen über Kunden, Forschungs- und Entwicklungsstand der Produkte oder die finanzielle Situation über das Intranet transparent. Die dahinter stehende Logik ist einfach: Je schneller jeder einzelne Mitarbeiter Zugang zu Informationen hat, ohne dabei auf das Wohlwollen anderer angewiesen zu sein, desto schneller kann er auf Kundenwünsche reagieren bzw. seinen Beitrag zu einer Problemlösung leisten. Die IT schafft hier jene **Transparenz**, welche die zentrale Voraussetzung für schnelle und kosteneffiziente Geschäftsprozesse ist.

IT und Organisation, das haben die kurzen Ausführungen zur Wissensteilung und Informationstransparenz gezeigt, sind eng miteinander verknüpft. Als die Unternehmen überwiegend zentral-hierarchisch organisiert waren, beruhte auch die betriebliche Datenverarbeitung auf zentralisierten „Riesenrechnern" („*mainfraims*"), welche die gesamten Daten an einer zentralen Stelle verwalteten. Mit der zunehmenden Globalisierung der Märkte und den damit verbundenen Dezentralisierungstendenzen konnte dieser zentral-monolithische IT-Ansatz jedoch nicht mehr mithalten. Die betriebliche Datenverarbeitung musste den neuen, dezentralen Organisationsstrukturen angepasst werden. Dies war der Beginn des Einsatzes so genannter „*Client-Server-Architekturen*". Mit dieser Architektur wurde den Anwendern mehr Funktionalität unmittelbar „vor Ort" zur Verfügung gestellt. Mit der Internettechnologie wurde diese Tendenz zur Dezentralität und zu flexiblen Netzwerkstrukturen nochmals verstärkt. So erlaubt der IT-Einsatz im Internetzeitalter die Gestaltung und Nutzung völlig neuer Organisationsstrukturen im Hinblick auf die Wertschöpfungstiefe bzw. die Geschäftsprozesse. Der IT-Einsatz ermöglicht hier beispielsweise die konsequente Fokussierung auf die eigenen Kernkompetenzen und die Vergabe aller anderen Tätigkeiten an externe Wertschöpfungspartner. Mit Hilfe der Internettechnologie werden damit **neue Formen der Arbeitsteilung und der Geschäftsprozessgestaltung über die Grenzen des eigenen Unternehmens hinaus realisierbar**. Die IT ist hier *Enabler* („Ermöglicher") für neue Organisationsformen.

- **Entscheiden:**

Die Auswahl einer geeigneten Handlungsalternative zur Zielerreichung, d.h. das Treffen einer **Entscheidung**, ist eine wichtige und immer wiederkehrende Aufgabe im betrieblichen Alltag. Etwas abstrakt formuliert ist eine Entscheidung ein Akt der **Willensbildung**, bei der sich eine Person entschließt, etwas auf eine ganz bestimmte Art zu tun und eben nicht anders. Managementfehler und Unternehmenskrisen werden sehr häufig an Entscheidungsfehlern festgemacht. Dies mag in vielen Fällen zu kurz greifen, da dem Management auch bei der Zielfindung, der Planung oder der Realisierung etc. schwerwiegende Fehler unterlaufen können. Allerdings bieten Entscheidungssituationen ein geradezu idealtypisches Umfeld für Fehler und Defizite auf Seiten der Entscheidungsträger. Entscheidungsprobleme sind oftmals von einer nicht zu unterschätzenden Komplexität, wie beispielsweise die Entscheidung zwischen Eigenerstellung oder Fremdbezug einer Software oder die Investitions- bzw. Personalplanung etc. Betriebliche Entscheidungen sind grundsätzlich „**zukunftsgerichtet**" und unterliegen daher einer großen Unsicherheit. In betrieblichen Entscheidungssituationen stehen in der Regel mehrere **Alternativen der Zielerreichung** zur Auswahl. Hier ist es Aufgabe des Managements mit Hilfe von **Szenarien** die wahrscheinlichen Wirkungen der einzelnen Alternativen auf die Zielerreichung zu durchdenken, zu diskutieren und hierauf aufbauend dann eine begründete Entscheidung zu treffen.

Ob Entscheidungen eher systematisch oder aber eher „aus dem Bauch heraus" getroffen werden sollten, lässt sich pauschal nicht bestimmen. Der Entscheidungsfindungsprozess sollte aber grundsätzlich ein **Informationsverarbeitungsprozess** sein. Diese Informationsverarbeitung kann rational und systematisch erfolgen, indem man die aktuelle Situation nüchtern analysiert, mögliche Aktionen (alternative Handlungen) bestimmt und die hiermit verbundenen Ergebnisse antizipiert. Allerdings zeigt die Praxis, dass sich durch das Einfließen von eigenem, **subjektivem Erfahrungswissen** („implizitem Wissen") die Entscheidungsqualität häufig signifikant verbessern lässt. Eine wesentliche Aufgabe der IT ist es, Entscheidungsprozesse informatorisch zu fundieren. Hierzu sind Informationen „vor Ort" zur Verfügung zu stellen, um die **dezentrale Selbstinformation** durch die Mitarbeiter zu ermöglichen und damit ihre Entscheidungskompetenz zu verbessern.

- **Kontrollieren:**

Die **Kontrolle** als weitere zentrale Managementaufgabe beinhaltet in ihrem Kern

> *„das Vergleichen von* **Sollgrößen** *(den Ergebnissen der Entscheidungen) mit den ermittelten* **Istgrößen** *(den Ergebnissen des konkreten Handelns und Verhaltens)."*

Die im Rahmen der Kontrolle eventuell ermittelten **Soll-Ist-Abweichungen** dienen als Grundlage eines **Lern-** bzw. **Rückkoppelungsprozesses** und damit letztlich der **Selbstkontrolle**. Dieser Prozess hat zur Aufgabe, die Abweichungsursache(n) zu identifizieren und je nach Diagnose eine Ziel- bzw. Plankorrektur und/oder eine Verbesserung der Durchführungsprozesse (Organisation) und/oder eine Verhaltensänderung auf Seiten der Mitarbeiter zu bewirken. Die Kontrolle ist damit ein zentrales Element des Dreiklangs aus Planung – Umsetzung/Organisation – Kontrolle und dient als Basis für Gegensteuerungs- bzw. Korrekturmaßnahmen und Lernprozesse. Damit kommt man zu einem wichtigen **Regelkreis des**

Managements: Ein Regelkreis, in dem Planung, Berichtswesen, Abweichungsanalyse und Gegensteuerungsmaßnahmen eng miteinander verzahnt sind. Nach der hier vertretenen Auffassung stellen „**Regelkreise ein Universalprinzip**" für erfolgreiches Management dar. Durch das Prinzip Rückkopplung können Regelkreise sich selbst steuern und Lernprozesse auslösen.

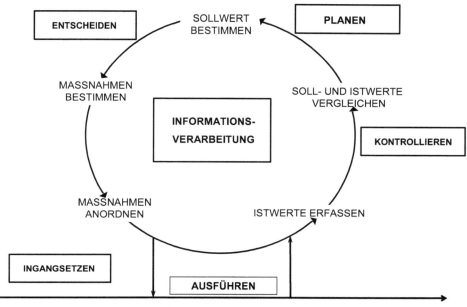

Abbildung 5: Der Regelkreis als Universalprinzip des Managements
Quelle: Ulrich, H. 2001, S. 248.

Zur Sicherstellung der Wirtschaftlichkeit im IT-Bereich und seiner Steuerbarkeit sind permanente Fortschrittskontrollen zu den Projekten, Ressourcen (Personaleinsatz, Materialverbrauch, Termineinhaltung etc.), Qualität und Kosten notwendig. Dies setzt allerdings voraus, dass messbare (quantifizierbare) bzw. genau beschreibbare Sollwerte vorhanden sind und eine zeitnahe Informationsversorgung möglich ist. Ein in diesem Sinne wirksames IT-Controlling sollte daher, unter anderem, Kennzahlen zur Verfügbarkeit von IT-Systemen, zum Budgetausschöpfungsgrad, zur Anzahl an *Change Requests*, zu Deckungsbeiträgen (der Deckungsbeitrag ist definiert als Preis minus variablen Kosten), zum *Return on Investment* etc. bereitstellen.

- **Menschen fördern und entwickeln**

Die wohl wichtigste, und zugegebenermaßen auch schwierigste, Managementaufgabe ist das **Fördern und Entwickeln von Menschen**. Es sind – Gott sei Dank! – immer noch Menschen, die in Unternehmen durch ihr Wissen, durch ihre Initiative und ihr Engagement Ergebnisse (im Sinne von Lösungen für Kunden- bzw. Anwenderprobleme) schaffen. Es ist eine Tatsache, dass es in einer Informations- bzw. Wissensgesellschaft in erster Linie auf die

Bereitschaft jedes Einzelnen ankommt, sein Wissen vorbehaltlos in ein Unternehmen einzubringen und es mit anderen zu teilen. Allerdings lassen sich die Wissens- und Kreativpotenziale der Mitarbeiter nur innerhalb eines kooperativen Führungsklimas nachhaltig erschließen und nutzen. Bei hierarchischen Machtstrukturen, innerhalb derer die Führungskräfte der anmaßenden Annahme unterliegen, nur sie alleine wären im Besitz der relevanten Informationen, gehen wichtige Impulse und Kompetenzen der Mitarbeiter leicht verloren. Vor diesem Hintergrund liegt die zentrale Managementaufgabe in der Fähigkeit, die Träger der Ressource Wissen, die Menschen, auf diese Herausforderungen vorzubereiten und im Rahmen ihrer Aufgabenerfüllung zu unterstützen; sie zumindest jedoch nicht zu behindern. Keine leichte Aufgabe! Nachweislich werden hier immer noch die meisten Managementfehler gemacht. Was aber wollen wir unter „fördern und entwickeln" verstehen?

Es ist wichtig zu erkennen, dass es hierbei nicht um die weit verbreitete These geht, „wonach Führungskräfte die Mitarbeiter zu motivieren haben". Nach der hier vertretenen Auffassung ist es äußerst fraglich, ob Menschen sich überhaupt motivieren lassen. Vielmehr ist schon viel erreicht, wenn Führungskräfte durch ihr Verhalten und ihre Entscheidungen die Mitarbeiter nicht demotivieren. Was aber wollen wir unter „fördern und entwickeln" verstehen?

Fredmund Malik gibt hier, in Anlehnung an *Peter Drucker*, eine sehr prägnante Definition:

> *„Menschen zu entwickeln heißt zuerst und vor allem, sie nicht ändern zu wollen, sondern sie so zu nehmen, wie sie sind und daraus das Beste zu machen. Es heißt, ihre Stärken zu nutzen und ihre Schwächen bedeutungslos zu machen – nicht dadurch, dass man diese beseitigt (was ohnehin nur selten gelingt), sondern dadurch, dass man Menschen dort einsetzt, wo ihre Schwächen keine Rolle spielen."*

Will man Menschen fördern und entwickeln, so spielt das von den Vorgesetzten zugrunde gelegte **Menschenbild** eine herausragende Rolle. Die Wirkung des jeweiligen Menschenbildes erfolgt entlang der Logik der **„sich selbst erfüllenden Prophezeiung"** (*„self fullfilling prophecy"*): Ist die Unternehmens- bzw. Projektleitung davon überzeugt, dass ihr Mitarbeiterstab zu 75 Prozent aus faulen, schlecht qualifizierten und egoistischen Dummköpfen besteht, so wird sie auch exakt solche Mitarbeiter bekommen. Ist die Geschäftsleitung jedoch davon überzeugt, dass 75 Prozent der Belegschaft überragende Leistungen erbringen, einsatzfreudig, leistungswillig und ehrlich sind, dann wird sie eine Mannschaft haben, die hoch motiviert herausragende Ergebnisse erzielt.

Die Mitarbeiter im IT-Bereich haben es sehr häufig mit komplexen Problemstellungen zu tun. Ihre Aufgaben sind in der Regel **querschnittsbezogen**, d.h. an abteilungs- bzw. unternehmensübergreifenden Geschäftsprozessen ausgerichtet. Um den damit verbundenen Anforderungen der Zusammenarbeit erfolgreich begegnen zu können, benötigen die IT-Mitarbeiter ein hohes Maß an Verständnis für die mitunter unterschiedlichen Denk- und Sichtweisen der Kollegen in den Fachabteilungen. **Dies setzt ein hohes Maß an sozialen und kommunikativen Fähigkeiten voraus.** *Miriam Meckel*, Professorin für Unternehmenskommunikation an der Universität St. Gallen, drückt es so aus: *„Kommunikation ist die Managementaufgabe unserer Gesellschaft."* Vor diesem Hintergrund ist unter anderem zu fordern, IT-Teams zukünftig „bunter" zusammenzusetzen. Nach den Vorstellungen des Zukunftsforschers *Matthias Horx* sollten IT-Teams nicht mehr ausschließlich mit Technikern

(„*Links-Hirnen*") besetzt sein, die in erster Linie rational denken und handeln. IT-Teams benötigen nach seiner Auffassung einen gesunden Mix aus „Links-Hirnen" und Kreativen, aus Männern und Frauen, aus älteren (Erfahrung) und jüngeren Mitarbeitern (neue Impulse, Andersdenken). Sie brauchen hoch qualifizierte Techniker und Ökonomen, aber auch Kreative und Querdenker.

Vor diesem Hintergrund muss der oftmals als technokratisch verschriene IT-Bereich konsequent auf hohe Freiheitsgrade für die Mitarbeiter, bei klaren Zielvorgaben und Verantwortungsdelegation, als „Führungsprinzip" setzen. Das **Vertrauen**, das man damit in die Mitarbeiter setzt ist nötig, um ungehinderte Kommunikation, Kreativität sowie eigenständiges Handeln und Entscheiden zu fördern. Nur mit diesen Eigenschaften kann schnell und zielführend auf die vielfältigen Herausforderungen und Veränderungen unserer wettbewerbsintensiven Ökonomie reagiert werden. Gerade im Hinblick auf den in Deutschland immer wieder beklagten Fachkräftemangel, stellt die Entwicklung und Förderung eigener Mitarbeiter eine zentrale und permanente Managementaufgabe des IT-Bereichs dar!

- **Für Rückkoppelung sorgen**

Über Rückkopplung lassen sich komplexe Systeme (Unternehmen, Projekte) auch in einem unsicheren und sich ändernden Umfeld steuern. *Fredmund Malik* weist in diesem Zusammenhang darauf hin, dass die Präzision einer solchen Gegensteuerung in hohem Masse von „*Real-Time-Informationen*" abhängig ist. So lässt sich empirisch beobachten, dass im Falle von zeitlichen Verzögerungen bei der Reaktion auf exogene Veränderungen, die Systeme schnell aus dem Ruder laufen. Es ist eine ganz **wesentliche Aufgabe für Informatik** (und Controlling), diese **Echtzeit-Informationen zur Verfügung zu stellen**. Die Aufgabe des Controllings ist es, über entsprechende Kennzahlen (Marktanteile, Deckungsbeiträge, Wertschöpfung, Kapitalumschlag, Produktivitätskennziffern etc.) die entscheidungs- bzw. steuerungsrelevanten Informationen zu liefern. Die Informatik muss hierfür die technologischen Infrastrukturen (Hardware, Software, Vernetzung, Schnittstellen) bereitstellen. Oder wie es *Fredmund Malik* ausdrückt:

„*Die Informatik muss helfen, uns von einer Welt der Organisationen, die von der Mechanik geprägt ist, zu einer Welt von Organisationen zu kommen, die von Kybernetik geprägt ist.*"

Die erfolgreiche praktische Umsetzung dieser Forderung lässt sich bei *Würth*, dem schwäbischen Weltmarktführer in den Bereichen Befestigungs- und Montagetechnik, beobachten. Das „*Würth-Info-System*" unterstützt eins zu eins die Organisation des Unternehmens und den „Management-Regelkreis". Die hier zur Anwendung kommenden Regelkreise benötigen Informationen in Echtzeit, um bei Soll-Ist-Abweichungen zeitnah gegensteuern zu können. So stellt das *Würth-Info-System* detaillierte Finanz- und operative Leistungskennzahlen für alle ergebnisverantwortlichen Einheiten und über alle Organisationsebenen bis zum einzelnen Außendienstmitarbeiter zur Verfügung. Damit wird eine (Informations-)Basis zur **Selbstinformation** und **Selbststeuerung** jeder organisatorischen Einheit, jedes einzelnen Mitarbeiters geschaffen. Die IT wird hier zum *Enabler* für effektive Managementsysteme bzw. für eine „**kybernetische Unternehmensführung**". Kybernetische Regelkreise, d.h. sich selbst steuernde Regelkreise, bestimmen den Führungsalltag von *Würth*.

Zentrales Prinzip dieser Regelkreise ist die **Rückkoppelung**, im Sinne eines „**negativen Feedbacks**". Es war *Peter Drucker*, der dieses Prinzip unter der Überschrift „*Management by Objectives and Self Control*" in die Managementlehre einführte.

Vor diesem Hintergrund verstehen wir unter Rückkopplung eine Situation, in der das Ergebnis eines Teils des Systems als Input für einen anderen Systemteil dient.

Rückkoppelung ist somit dann gegeben, wenn sich beispielsweise A auf B und B auf C auswirkt und das Ergebnis von C wiederum A beeinflusst.

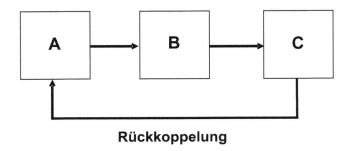

Rückkoppelung

Abbildung 6: Die Logik der Rückkoppelung.

Die Rückkopplung ermöglicht eine Selbstregulation bzw. Selbstorganisation im Unternehmen. Etwas abstrakt formuliert passiert folgendes: Treten Störungen auf, so reagiert das Managementsystem „quasi automatisch" mit einer Bewegung zurück zum Gleichgewicht. Das „System Unternehmung", wie auch seine „Subsysteme" (Abteilungen, Projekte), kann über ein regelkreisbasiertes Management bei Fehlentwicklungen schnell dezentral gegensteuern, um so das vorgegebene Ziel (das „Gleichgewicht") noch zu erreichen.

Konkret heißt dies, dass die einzelnen Managementaufgaben (für Ziele sorgen, planen, organisieren, entscheiden, kontrollieren, Menschen fördern und entwickeln) nicht alleine stehen bzw. dumpf hintereinander geschaltet ablaufen. Sie sind vielmehr über die Regelkreise (Rückkopplungsschleifen) eng miteinander verbunden. Es resultiert ein „**Management-Regelkreis**" bzw. ein „**Managementsystem**". Jede betriebliche Entscheidung bzw. Handlung ist als ein „geschlossener Wirkungskreis" zu sehen, der so lange verbessert wird, bis das Ergebnis (der Ist-Zustand) mit dem Ziel (dem Soll-Zustand) übereinstimmt. Liefert der Soll-Ist-Vergleich im Rahmen der Kontrolle unerwünschte Abweichungen, so hat eine Rückkopplung an die vorgelagerten Managementaufgaben zu erfolgen. Hier gilt es, die Ursachen für die Zielabweichung zu finden und je nach Ergebnis dieser Analyse eine Zielanpassung, eine Plananpassung, eine Prozess- oder Strukturanpassung vorzunehmen bzw. neu zu entscheiden, d.h. neue Maßnahmen zu ergreifen. Die Vorkopplung (*feed-forward*) sensibilisiert die einzelnen Führungsfunktionen für die zu erwartenden Einflüsse bzw. Störungen aus dem Unternehmensumfeld und richtet das Managementsystem damit auf die Zukunft aus.

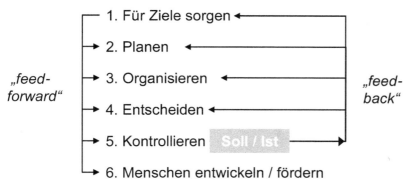

Abbildung 7: Die Aufgaben des Managements
Quelle: In Anlehnung an Malik, F. 2007, S. 71ff.

Die große Herausforderung für das Management in unserer Zeit besteht in der Fähigkeit, das Unternehmen bzw. Unternehmensteile (wie hier den IT-Bereich) an ein von **Komplexität**, **Dynamik** und **Unsicherheit** geprägtes Umfeld anzupassen. Aufgrund von **Arbeits-** und **Wissensteilung** gilt es, zahlreiche **unternehmensinterne** sowie **unternehmensübergreifende Schnittstellen** zu beherrschen und sich auf verändernde Marktbedingungen optimal anpassen zu können.

In Anlehnung an Fredmund Malik muss eine Kernaufgabe von Management in der zielorientierten Bewältigung von Komplexität gesehen werden.

Das gilt gerade auch für das IT-Management. Die Unternehmenspraxis sieht sich mit einer ständig steigenden Komplexität im IT-Bereich konfrontiert. Diese Komplexität ist in hohem Maße durch die Anzahl und Vielfalt („Varietät") der zu berücksichtigenden Daten und Komponenten sowie durch den Grad der Vernetztheit der IT-Systeme untereinander begründet. Die in den Unternehmen sowie im IT-Bereich wahrgenommene Komplexitätszunahme erfordert für deren Management zusätzliche Methoden und Instrumente. Diese kommen in erster Linie aus dem großen Bereich systemtheoretischer und kybernetischer Konzepte. Der große Vorteil dieser Konzepte liegt in der Tatsache begründet, dass sie sich mit dem Verhalten und der Steuerung von Ganzheiten beschäftigen, die sich aus einzelnen Teilen bzw. Elementen zusammensetzen. Konzepte und Instrumente von Management müssen daher an ihrer Fähigkeit gemessen werden, komplexe Situationen der Unternehmenspraxis erkennen und bewältigen bzw. lösen zu können. So weist *Fredmund Malik* darauf hin, dass es um Management verstehen und wirksam ausüben zu können, einer Mindestvorstellung von komplexen Systemen bedarf:

„Man kann nicht vernünftig über den Zweck gesellschaftlicher Institutionen und ihrer Funktionsanforderungen sprechen, ohne Komplexität und Systemhaftigkeit wenigstens in den Grundzügen verstanden zu haben."

Diese Ausführungen dürfen jedoch nicht zu dem falschen Eindruck führen, dass die klassische Betriebswirtschaftslehre für die Steuerung von Unternehmen überflüssig oder gar schädlich wäre. Es ist wichtig zu erkennen, dass sich Unternehmen in einem **wirtschaftlichen Wettbewerb** mit anderen Unternehmen befinden. In diesem Wettbewerb kommt es darauf an, Knappheiten mit möglichst wenig Ressourceneinsatz zu beseitigen sowie durch Innovationen neue Märkte zu schaffen. Es ist die „Klassische Betriebswirtschaftslehre", die über Kosten- und Leistungsrechnung, Produktivitäts- und Wirtschaftlichkeitskennzahlen etc., die informatorische Basis für die betrieblichen Entscheidungen zur Verfügung stellt. Daher verfolgt die vorliegende Arbeit das Ziel, **sowohl betriebswirtschaftlich-ökonomische als auch kybernetisch-systemtheoretische Konzepte** für die Analyse und Steuerung des IT-Bereichs bereitzustellen. Dies bedeutet, dass der hier gewählte Begriff „**IT-Management**" das geläufige Konzept des „**Informationsmanagements**" beinhaltet, Letzteres aber um einige wesentliche Punkte erweitert.

Unter Informationsmanagement wird in der Literatur üblicherweise „die inhaltliche und technische Gestaltung der IT-Infrastruktur auf strategischer und operativer Ebene" verstanden. Dabei ist es, in Anlehnung an *Professor Lutz Heinrich*, generelles **Sachziel** des Informationsmanagements, eine geeignete Informationsinfrastruktur zu schaffen bzw. aufrechtzuerhalten, die das Unternehmen bei der Verfolgung seiner strategischen Unternehmensziele unterstützt. Generelles **Formalziel** des Informationsmanagements ist es dagegen, die operative Wirtschaftlichkeit dieses IT-Einsatzes zu gewährleisten. (Vergleiche hierzu ausführlich *Kapitel 4.3.3.*) Das Informationsmanagement zielt also auf Verbesserung von betrieblicher Effektivität und Effizienz des IT-Einsatzes. Diese Logik kommt im ersten Teil der hier zugrunde gelegten Definition von IT-Management zum Ausdruck:

Zum einen werden unter dem Begriff „IT-Management" sämtliche Planungs-, Organisations-, Entscheidungs-, Kontroll- und Anpassungsaktivitäten subsumiert, die der Bereitstellung und dem Unterhalt adäquater betrieblicher Informationssysteme nach ökonomischen Gesichtspunkten dienen.

Hierzu bedarf es der Qualifizierung und Förderung geeigneter Mitarbeiter.

Des Weiteren ist aber zu berücksichtigen, dass es sich bei Unternehmen um **sozio-technische Systeme** (Mensch-Maschine-Systeme) handelt. Damit weist die dem IT-Bereich zugrunde liegende Systemlogik drei wesentliche Eigenschaften auf:

- **Offenheit**: Die betrieblichen Informations- und Kommunikationssysteme interagieren mit ihrer Umwelt.
- **Dynamik**: Sowohl die Systemelemente, als auch die Beziehungen der Systemelemente können untereinander im Zeitablauf variieren.
- **Komplexität**: Der IT-Bereich ist durch eine große Zahl von miteinander eng verbundenen technologischen Komponenten und Elementen sowie durch eine hohe Kooperationsnotwendigkeit der Mitarbeiter gekennzeichnet. Diese Beziehungen (Vernetzung) sind ihrerseits einer hohen Veränderungsdynamik unterworfen. Als Maß für die Komplexität dynamischer Systeme wird die so genannte „**Varietät**" verwendet. Die Varietät oder Vielfalt gibt die Anzahl unterscheidbarer potenzieller, erwünschter oder unerwünschter, Zustände im Verantwortungsbereich eines Managers an. Komplexitätsmanagement ist daher auf Varietätsbeherrschung, entweder durch Verringerung oder Verstärkung von Varietät, ausgerichtet. (Vergleiche hierzu ausführlich *Kapitel 2.4.2.*)

Hierzu nochmals Fredmund Malik:

> *„Je größer die Zahl und Mannigfaltigkeit der Zustände eines Systems sind, umso*
> *schwieriger ist das Problem des Managements, denn in der Regel sind (...) nicht alle*
> *Zustände akzeptabel. Management besteht ja zu einem erheblichen Teil gerade darin,*
> *Zustände, die inakzeptabel sind auszuschalten und solche, die akzeptabel sind, hervorzu-*
> *bringen oder zu bewahren. "*

Unternehmen sind komplexe Organisationen, die sich nicht nur durch aufbauorganisatorische Strukturen und den dazwischen ablaufenden Geschäftsprozessen beschreiben lassen. Wie *Werner Schuhmann* feststellt, sind in Unternehmen immer auch so genannte „Tiefenstrukturen" zu berücksichtigen, die in Form von dominierenden Sichtweisen, informalen Kommunikationsnetzen und eigenen Unternehmenskulturen, Einfluss auf das Unternehmensgeschehen nehmen. Das IT-Management muss diese komplexen, vernetzten Zusammenhänge erkennen und über die Gestaltung geeigneter Informations- und Kommunikationssysteme (Regelkreise und Management- bzw. Führungsprozesse) einen **Varietätsausgleich** und damit die **Lenkung** und **Selbstorganisation** des Unternehmens ermöglichen.

Somit kommt in einem komplexen, dynamischen Umfeld dem IT-Management zusätzlich die Aufgabe zu, den Unternehmen dabei zu helfen, ihre Komplexität besser zu beherrschen. Dies erfolgt über ein integrales Gestalten, Lenken und Entwickeln von Managementprozessen und Informationssystemen mit dem Ziel, die Möglichkeiten zur Selbstinformation und Selbstorganisation der Mitarbeiter zu verbessern.

Gerade die letzte Definition ist für die Managementwissenschaft und -praxis, wie auch für das IT-Management, keineswegs selbstverständlich. So steht das Konzept der Selbstinformation und Selbstorganisation in deutlichem Gegensatz zur weitläufigen Vorstellung, wonach das Management einem Unternehmen bzw. einem Unternehmensbereich die erforderlichen Informationen sowie Struktur und Aufgaben „von oben" aufprägt. In einem komplexen, dynamischen Unternehmensumfeld erfolgt diese direkte Einflussnahme einer zentralen Instanz aber fast immer zu langsam und fast immer mit zuwenig Wissen. Die Nutzung selbstinformierender, selbstorganisierender und damit selbstlenkender Kräfte dezentraler Unternehmenseinheiten (wie z.B. von Arbeitsgruppen, Projektteams und Stelleninhabern „vor Ort") ist eines der wichtigsten Instrumente zur Bewältigung von Komplexität. Hierzu benötigen diese Einheiten aber **organisatorische Freiräume** (Führung alleine über Ziele und Ergebnisse, flache Hierarchien, Aufbau dezentraler Managementkompetenz, Wissenserwerb und Wissensspeicherung direkt am Arbeitsplatz). Dies setzt wiederum die **zeitnahe Erfassung und Weitergabe von Informationen bzw. Wissen** voraus, um eine schnelle und adäquate Reaktion bei Veränderungen und Störungen im Entscheidungsumfeld der dezentralen Einheiten zu ermöglichen. Das IT-Management muss diese Zusammenhänge mit höchster Priorität berücksichtigen:

Innovative Informations- und Kommunikationstechnologien sind ein zentraler „Enabler" („Ermöglicher") für Selbstinformation sowie Selbstorganisation und damit für die betriebliche Komplexitätsbeherrschung!

Für das IT-Management ergeben sich hieraus neue Anforderungen: Es bedarf

- eines vertieften Verständnisses der innerbetrieblichen Wissensteilung und ihrer Überwindung (*Kapitel 2.3*),
- der Einsicht, dass Unternehmen komplexe, adaptive Systeme sind (*Kapitel 2.4*) sowie
- der Kenntnis von Eigenschaften und Potenzialen der Netzökonomie (*Kapitel 3*).

Erkenntnisse aus diesen Gebieten liefern die Grundlage für die Gestaltung und den wirkungsvollen Einsatz von Informations- und Kommunikationssystemen in unseren Unternehmen. Dabei steht die These im Vordergrund, *dass der IT-Einsatz heute wesentlich auf eine Verbesserung der Selbstorganisation sowie Selbstinformation abzustellen und damit eine erhöhte Anpassungsfähigkeit der Unternehmen zu ermöglichen hat.*

2.3   Daten, Informationen und Wissen

„Daten töten Information."
Gerhard Wohland/Matthias Wiemeyer

„Information is a difference that makes a difference."
Greogory Bateson

„Die Erbsünde im Wissensmanagement besteht darin,
so zu tun, als wüsste man, was Wissen ist."
Ursula Schneider

„Warum kommt dauernd ein Gehirn mit, wenn ich nur um ein paar Hände gebeten habe?"
Henry Ford

Historiker sind wohl eher vorsichtige Menschen. Sie etikettieren eine Epoche immer erst aus sicherem zeitlichem Abstand. Da geht man in Ökonomie, Managementlehre und Wirtschaftsinformatik schon etwas forscher ans Werk. Ganz unverkrampft wird hier festgestellt, dass wir zurzeit in einer „**Informationsgesellschaft**" oder, noch bemerkenswerter, in einer „**Wissensgesellschaft**" leben.

Kein Zweifel, Informationen bzw. Wissen stellen die wichtigsten Ressourcen in unseren hoch entwickelten Volkswirtschaften dar, die es konsequenterweise dann auch zu managen gilt. Aber gerade beim Management dieser wertvollen neuen Ressource kommt es in der Unternehmenspraxis immer wieder zu betriebswirtschaftlichen Fehlentscheidungen. So führen Investitionen in kostenintensive IT-Lösungen zuerst einmal nur zur Erfassung und Anhäufung von **Daten**. Daten sind der „Rohstoff" für Informationen und Wissen und bedürfen, um als Informationen bzw. Wissen Nutzen stiften zu können, entsprechender „Bearbeitung" bzw. „Aufbereitung". Ein Datenabruf bzw. Informationsaustausch kann im Internetzeitalter einem „Wassertrinken aus dem voll aufgedrehten Feuerwehrschlauch" gleichkommen und darf nicht mit **Wissen** oder „**Wissensmanagement**" gleichgesetzt werden. Die von Privatpersonen, Unternehmen und anderen Institutionen ins Netz gestellten Informationen führen zu einer riesigen, größtenteils interaktiven Datenbank. Das Problem hierbei ist jedoch, dass es fast unmöglich ist, auf die hier archivierten Datenbestände effizient zurückgreifen zu können. In der Fähigkeit, dieses fundamentale Problem unserer „Informationsgesellschaft" zu lösen, sah *Peter Drucker* bereits vor etlichen Jahrzehnten eine der zentralen Herausforderung für das (IT-)Management:

> *„We will not be limited by the information we have.*
> *We will be limited by our ability to process that information";*
> oder wie der Zukunftsforscher *John Naisbitt* es ausdrückt:
> *„Wir ertrinken in Informationen und hungern nach Wissen."*

Selbstverständlich werden heute zunehmend innovative Technologien eingesetzt, um andere Technologien, nämlich die sich bereits im Einsatz befindlichen Informations- und Kommunikationstechnologien, effizienter zu machen und um aus Daten bzw. Informationen Wissen generieren zu können. Die Entwicklung und der Einsatz neuer Suchtechnologien stellt eine der wesentlichen Herausforderungen (und ein nicht unerhebliches Marktpotenzial) für die IT-Branche in den kommenden Jahren dar. Mit Hilfe so genannter „*Semantischer Webs*" sollen die in unzähligen Datenbanken niedergelegten Daten so aufbereitet werden, dass sie für die Rechner auswertbar werden. Internetinhalte könnten zusätzlich mit so genannten „Meta-Angaben" (das sind Daten über Daten) „angereichert" werden, so dass sie von Computern interpretierbar werden und von diesen auch gewichtet werden können. Im Idealfall könnte eine solche Suchtechnologie für eine von Menschen gestellte Frage eine übersichtliche und qualitativ gewichtete Antwort liefern. Eine derartige technologische Entwicklung ist eine notwendige, aber jedoch kaum hinreichende Voraussetzung, für die Schaffung „informations- bzw. wissensbasierter Wettbewerbsvorteile".

Eine der wohl größten aktuellen Herausforderungen in der Unternehmensführung betrifft heute die Beantwortung der Frage, welche Informationen bzw. welches Wissen für das Überleben des Unternehmens wichtig sind, und welche nicht. Um diese Frage überhaupt richtig angehen zu können ist es nötig, die Begriffe „Daten", „Informationen" und „Wissen" gegeneinander abgrenzen zu können. Nur aus der bewussten Wahrnehmung dieses Unterschieds kann in der Praxis über Effektivität und Effizienz des IT-Einsatzes entschieden werden:

> *„Gerade die unternehmerische Praxis, die sich oft über Feinheiten begrifflicher Klärung erhaben dünkt, tappt hier in kostspielige Fallen, etwa indem teure IT-,Lösungen' eingekauft werden, die nur Datenfriedhöfe produzieren",*

so Professor *Helmut Willke*, einer der deutschsprachigen Experten zum Wissensmanagement. Wo liegen nun die relevanten Unterschiede zwischen Daten, Informationen und Wissen? Die folgende Abbildung 8 gibt eine Antwort.

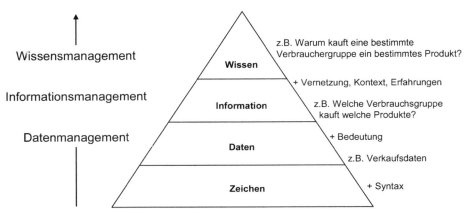

Abbildung 8: Der Zusammenhang aus Daten, Information und Wissen;
Quelle: Krickl, O. 2006, S. 533.

- **Daten**

Computer verarbeiten Daten und keine Informationen. Damit ist der Begriff IT (Informations-Technologie) eigentlich irreführend. Daten bilden die Basis für Informationen und für Wissen. Sie bestehen aus **Zeichen** bzw. **Zeichenfolgen**, die nach ganz bestimmten Ordnungsregeln gebildet werden. Als Basiseinheiten können sie unter anderem aus Zahlen (Fakten und Statistiken), Texten, Bildern etc. bestehen. Daten repräsentieren „bekannte Fakten" zu Ereignissen und Vorgängen, die mit Hilfe traditioneller Technologien und Systeme (Datenbanken, Repositories, Expertensysteme) gespeichert werden können. Charakteristisch für Daten ist die Tatsache, dass sie noch „neutral" sind. D.h., es existiert noch kein Hinweis auf einen konkreten Bezug, einen konkreten Kontext oder einen spezifischen Zusammenhang. So stellen die an einer Supermarktkasse millionenfach erfassten Preise, Artikelnummern etc. Daten dar. Um sie für den Menschen verständlich und verwendbar zu machen, müssen sie geordnet bzw. strukturiert und in einen Kontext eingebunden werden. Damit ist man dann beim Begriff der „**Informationen**" angelangt.

Um nicht missverstanden zu werden: Bei aller Kritik an den „Datenfriedhöfen" in unseren Untenehmen darf nicht vergessen werden, dass **Daten das Rückgrat** aller modernen Betriebsabläufe repräsentieren und somit ein zentrales Gestaltungsobjekt der Wirtschaftsinformatik darstellen. So gilt es aus Kosten- und Qualitätsgründen innerhalb von Unternehmen **unternehmensweit einheitliche Datenmodelle** zu entwickeln. Und auch Geschäftsprozesse zwischen verschiedenen Unternehmen benötigen ein robustes, fein abgestimmtes **Datenmanagement**, das auf **gemeinsamen Begriffen** aufbaut. Gelingt eine unternehmenseinheitliche Datenstrategie, so vermeidet man doppelte Aufwendungen zur Erfassung und Pflege der Daten sowie zusätzliche Kosten für die systemtechnische Integration. Das Datenmanagement stellt somit eine wesentliche Voraussetzung für **betriebliche Effizienz** (Effizienz in den Geschäftsprozessen) dar.

- **Informationen**

Informationen repräsentieren Daten, die so „in Form gebracht" wurden, dass sie für Menschen bedeutungsvoll und nützlich sind. Aus Daten werden Informationen, wenn sie in einem bestimmten **Zusammenhang (Kontext)** angeordnet werden und von Relevanz für die Erreichung eines Zieles bzw. zur Lösung eines Problems sind. Werden die von der Supermarktkasse erfassten Datenelemente aus Artikelnummern und Preisen entsprechend geordnet und zusammengefasst, so lassen sich aussagekräftige Informationen erhalten, beispielsweise über die Gesamtmenge an verkaufter Schokolade in einer Filiale, oder über die am meisten verkaufte Schokoladensorte. Auf Basis derartiger Informationen können dann zielführende, betriebswirtschaftliche Entscheidungen getroffen werden; z.B. Entfernung einer schlecht verkauften Schokoladensorte aus dem Sortiment oder Nachbestellung größerer Mengen einer erfolgreichen Sorte. Informationen besitzen damit grundlegende Relevanz für sämtliche betrieblichen Entscheidungen. Damit wird der Notwendigkeit einer „informatorischen Fundierung" sämtlicher betrieblicher Entscheidungen und Handlungen Rechnung getragen.

In der deutschsprachigen Betriebswirtschaftslehre wurde weit vor Ausrufung des „Informationszeitalters" auf die besondere Funktion des „Faktors Information" bzw. der „Informationsströme" für die Unternehmen hingewiesen. *Erich Kosiol*, neben *Erich Gutenberg* einer der Väter der modernen, deutschsprachigen Betriebswirtschaftslehre, weist in seiner „*Einführung in die Betriebswirtschaftslehre*" aus dem Jahre 1968 darauf hin, dass neben dem Realgüterstrom (materielle und immaterielle Realgüter) und dem Nominalgüterstrom (Geld) ein Informationsstrom existiert, der

> *„...alle anderen Güterströme in Bewegung setzt, ganz oder teilweise anhält sowie nach Art, Menge, Raum und Zeit lenkt...".*

Informationen dienen damit der **Steuerung** des betrieblichen Geschehens und sind die Basis für den effektiven und effizienten Ablauf sämtlicher arbeits- und wissensteilig organisierter Wertschöpfungsprozesse in Unternehmen und Volkswirtschaften. Im tertiären Wirtschaftsbereich dienen Informationen aber nicht nur der Steuerung von Unternehmensabläufen, sondern repräsentieren die zentralen **Produktionsfaktoren** für die Leistungserstellung in Softwarehäusern, Hochschulen, Werbeagenturen, Unternehmensberatungen, Finanzdienstleistungsunternehmen etc. Aber auch in „klassischen Produktionsunternehmen" erlangt der Faktor Information zunehmende Bedeutung. Mit dem global verfügbaren und standardisierten Kommunikationsnetz Internet wird es für Produktionsunternehmen zunehmend leichter, sich stärker auf die eigenen Kernkompetenzen zu konzentrieren und alle nicht hierzu gehörenden Aktivitäten an Lieferanten (Wertschöpfungspartner) abzugeben:

> *Anstatt physische Güter im eigenen Unternehmen zu lagern und zu bewegen, werden „nur noch" Informationen bewegt.*

So ersetzt die produktionssynchrone Anlieferung nach dem „*Just in Time-Prinzip*" die Lagerhaltung der Werkstoffe im eigenen Unternehmen und reduziert damit Kapitalbindungskosten. Der Einsatz von Information führt zu Effizienzsteigerungen. Vor dem Hintergrund dieser Ausführungen überrascht es nicht, dass Information in der Betriebswirtschaftslehre gerne als „**zweckorientiertes bzw. zielerreichungsrelevantes Wissen**" definiert wird. Neben dieser sehr entscheidungsorientierten Definition, besitzt für Betriebswirtschaftslehre und Wirtschaftsinformatik ein – von dem Anthropologen und Kybernetiker *Gregory Bateson* gemachter – Vorschlag besondere Bedeutung. Für *Bateson* ist

„information (...) a difference that makes a difference".

Für *Bateson* **baut Information immer auf Differenzen auf** und betont einen Unterschied, der ins Gewicht fällt bzw. Relevanz besitzt. Die österreichische Kybernetikerin *Maria Pruckner* drückt das so aus:

> *„Information ist irgendein Unterschied, der bei späteren Ereignissen*
> *einen Unterschied ausmacht."*

Nach dieser Interpretation ist eine Information beispielsweise eine Erkenntnis, die zu einer Veränderung des bisherigen Informationsstandes führt. Eine Veränderung des Wissensstandes führt zu neuen Einsichten und Perspektiven, die ihrerseits eine Veränderung des bisherigen Handelns und Verhaltens bewirken. Genau dieser Zusammenhang ist in der Betriebswirtschaftslehre, im Management von zentraler Bedeutung. Die in Kostenrechnung, Bilanzierung oder Budgetierung ausgewiesenen Zahlen (Kennzahlen, Meilensteine, Benchmarks) sollten immer „Differenzen" bzw. Vergleiche ausweisen, um hierüber entsprechende Handlungen bzw. Entscheidungen auszulösen. Sowohl das betriebliche Rechnungswesen (Bilanzierung und Kosten-Leistungsrechnung) als auch das Controlling (Unternehmenssteuerung bzw. Koordination mit Hilfe von Zielen und betriebswirtschaftlichen Instrumenten) bedienen sich dieser Logik: Ein zentrales Ziel aller Controlling-Aktivitäten ist es, für **Transparenz** bei den Kosten und Ergebnissen eines Unternehmens bzw. eines Unternehmensbereichs zu sorgen. Diese Transparenz wird unter anderem durch so genannte Plan-Ist-Vergleiche in den wesentlichen Kosten- und Ergebnisgrößen erreicht. Für die Verantwortlichen in den Kostenstellen, Projekten etc. stellen etwaige Abweichungen des Ist vom Plan eine Differenz, eine Information und damit eine Handlungsaufforderung dar. Auch das in der Unternehmenspraxis beliebte Konzept des *„need to complete"* baut auf dieser kybernetischen Informationsdefinition auf. Beim „*need to complete*" kommt zum Ausdruck, wie viel ein Budget- oder Kostenstellenverantwortlicher schon „verbraten" hat und was ihm daher zur Planerfüllung für den Rest des Betrachtungszeitraumes an Ressourcen noch zur Verfügung steht. Der verantwortliche Manager muss sein Handeln bzw. seine Entscheidungen an dieser Information ausrichten, will er sein Projekt oder seine Kostenstelle zu wirtschaftlichem Erfolg führen. Hier zeigt sich der **kybernetische Charakter** einer Definition des Informationsbegriffs, der auf Differenzen aufbaut und Differenzen als Anstoß für Korrekturen, Veränderungen und Lernprozesse betrachtet.

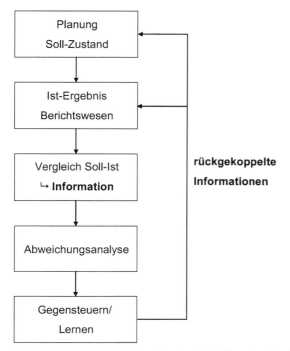

Abbildung 9: Der kybernetische Charakter des Informationsbegriffs

Eine der wesentlichen Fragen im Umgang mit Informationen im Unternehmensumfeld lautet: **Welche Informationen sind relevant?** Diese Frage kann nur dann sinnvoll beantwortet werden, wenn man fragt, für welchen Zweck, welche Informationen relevant sein sollen. Nach Auffassung des Management-Kybernetikers *Stafford Beer* besitzen diejenigen Informationen die höchste Relevanz, die dem Erreichen und Bewahren der „**Lebensfähigkeit**" eines Systems am besten dienen:

> *„Jedes System kann nur so gut gemanagt werden, so viel*
> *Informationen es über sich selbst (!) hat".*

Die wesentliche Grundlage für die Unternehmenssteuerung sind somit Informationen über die „inneren Zustände", d.h. über Ressourcen, betrieblichen Ereignisse und Entwicklungen sowie betriebswirtschaftlich relevante Ergebnisse. Informationen über die externe Umwelt des Unternehmens, Beschaffungs- und Absatzmärkte, Verhalten von Kunden und Wettbewerbern, Markt- und Technologietrends dürfen jedoch nicht unberücksichtigt bleiben. Sie müssen insbesondere Eingang und Berücksichtigung im Rahmen des strategischen Managements finden.

Nach der Auffassung von *Beer* ist ein Unternehmen erst dann „lebensfähig", wenn es sich unabhängig von fremder Hilfe laufend an veränderte Umfeldbedingungen anpassen, Erfahrungen bzw. Erfahrungswissen aufnehmen und verwerten sowie lernen und sich weiterentwickeln kann. Es geht somit um **Selbstorganisation**, **Lernfähigkeit** und **Offenheit**. Hierfür sind, aus der Perspektive der Organisationsgestaltung, **komplexitätserhöhende Freiräume** zu schaffen! Zum anderen bedarf es eines Controllingsystems, das entsprechende Informationen darüber zur Verfügung stellt,

- was das System gerade tut (operative Kennzahlen über den Ist-Zustand relevanter Projekte bzw. Prozesse in Form von Umsatzentwicklung, Wertschöpfung, Gesamtkostenentwicklung, Deckungsbeiträge, Kapazitätsauslastung, Kundenreklamationen, Durchlaufzeiten etc.),
- was zur effektiven Koordination dezentraler Bereiche nötig ist (Koordination beispielsweise über Finanz- und Budgetzahlen oder über Verrechnungspreise etc.),
- wie die Systemleistung zu optimieren ist (Kennzahlen zur operativen Exzellenz in den Kernprozessen) und
- wie die Beziehungen zur Umwelt zu gestalten sind (Informationen über Chancen und Risiken auf den Märkten, über Aufbau und Erhaltung strategischer Erfolgspotenziale etc.).

Es ist originäre Aufgabe des IT-Bereichs, zusammen mit dem Controlling, diese Informationen zur Verfügung zu stellen und damit für die erforderliche Transparenz in den Unternehmensentscheidungen und Geschäftsprozessen zu sorgen. Die notwendig enge Verzahnung zwischen IT-Bereich und Controlling wird deutlich, wenn man die **drei Kernaufgaben des Controlling** betrachtet:

- Das Schaffen betriebswirtschaftlicher Transparenz,
- die erfolgsorientierte Steuerung sowie
- die Koordination von Planung, Informationsversorgung und Kontrolle.

Die Erfüllung dieser drei Kernaufgaben setzt die systematische Erfassung, Aufbereitung und Bereitstellung entscheidungs- bzw. führungsrelevanter Informationen, „Informationen über die relevanten inneren und äußeren Umstände des Unternehmens", voraus. Das Controlling vollzieht sich dabei in der Logik des Regelkreises. Parallel zu den Durchführungs- bzw. Ausführungsprozessen wird laufend kontrolliert, analysiert und, falls notwendig, gegengesteuert. Mit Hilfe der Transparenz von in Echtzeit zur Verfügung gestellten Informationen, initiieren IT-Bereich und Controlling einen ständigen Lernprozess für alle (dezentralen) Unternehmensteile.

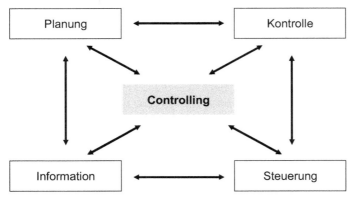

Abbildung 10: Kernaufgaben des Controlling und ihr Zusammenwirken
Quelle: Peemöller, V. 2005, S. 45.

Dem Kybernetiker *Norbert Wiener* wird die Aussage zugeschrieben: „*Information ist Information, nicht Materie oder Energie.*" Information ist immer eine individuelle Leistung, nämlich die der Interpretation, deren Ergebnis Wissen ist. Die Qualität des produzierten Wissens hängt von der Qualität der angewandten Interpretation ab, womit wir bei der Definition des Wissensbegriffs angelangt sind.

• **Wissen**

Dank des Internets erhalten immer mehr Menschen Zugang („*access*") zu immer mehr Informationen. Was heißt das für die Praxis? Es bedeutet, dass der einfache Zugang zu Informationen in manchen Fällen signifikante Vorteile bringt. Es kann aber auch zu einer „**Informationsüberladung**" führen. Ein Beispiel: Bevor sie zum Arzt gehen, suchen viele Menschen heute zuerst im Internet nach medizinischem Rat. Nach ein paar Stunden Internetrecherche **haben sie zwar (fast) alle Informationen der Welt, wissen aber trotzdem nur sehr wenig**! Warum? Leider ist in einer komplexen Welt das Sichten bzw. Sammeln von Information notwendig, aber längst nicht hinreichend. Es geht darum, **die Bedeutung einer Information verstehen zu können**. Sie vor dem Hintergrund **eigener Erfahrungen und Kompetenz einordnen zu können**. Es ist somit nicht nur von theoretischer, sondern auch von großer praktischer Bedeutung, zwischen Daten, Informationen und Wissen zu unterscheiden. Im Kontext der Unternehmensführung ist insbesondere die Unterscheidung von Informationen und Wissen von herausragender Relevanz, da beide Formen grundsätzlich unterschiedliche Managementstile und Aktivitäten erfordern. So ist Wissen häufig an Personen gebunden und damit aus Unternehmenssicht schwerer festzuhalten und nur im Rahmen interaktiver sozialer Prozesse aufzudecken. Die Unternehmensleitung muss daher in wissensintensiven Branchen den dezentralen Unternehmenseinheiten große Handlungs- und Entscheidungsfreiräume gewähren sowie in weitem Masse die aus Zeiten der Industrialisierung („*Taylorismus*") kommende Fremdorganisation durch Selbstorganisation ersetzen.

Was wollen wir unter Wissen verstehen?

„*Zu Wissen gelangt man, indem Informationen mit bereits vorhandenem und gespeichertem Wissen in Form von Erfahrungsmustern verknüpft werden. Mit anderen Worten: Werden Informationen analysiert, interpretiert und so mit eigenen Erfahrungen und Werten in Verbindung gebracht, wird, nach der hier vertretenen Auffassung, von Wissen gesprochen.*"

Helmut Willke weist in diesem Zusammenhang darauf hin, dass Entstehung und Transfer von Wissen immer einen Erfahrungskontext, eine „*community of practice*", voraussetzt. *Albert Einstein* bemerkt: „*Die einzige Quelle von Wissen ist Erfahrung.*" Die Erfahrungen die eine Person, z.B. im Rahmen eines Projektes, macht, hängt von ihren Zielen, ihren Fähigkeiten (kognitiven Fähigkeiten, interpretatorisch-analytischen Fähigkeiten, kommunikativen Fähigkeiten) sowie dem konkreten Kontext ab. Dabei ist wichtig zu erkennen, dass Wissen nicht gleich Wissen ist:

• Zum einen lässt sich **explizites** und **implizites Wissen** unterscheiden. **Explizites Wissen** lässt sich artikulieren und kodifizieren. Es steht für Kenntnisse über feststehende Tatsachen, Gesetzmäßigkeiten und bestimmte Sachverhalte, die sich explizit festhalten lassen. Damit ist explizites Wissen das „*Know-what*" und „*Know-that*", ein **Faktenwissen**, das sich in Handbüchern aufschreiben, in Datenbanken ablegen und sprachlich leicht weitergeben lässt. Wie der japanische Experte für Wissensmanagement *Ikujiro Nonaka* allerdings anmerkt, stellt dieses Faktenwissen nur einen kleinen Teil unseres produktiven Wissens dar. Wir bedienen uns in hohem Maße des, im Gegensatz zum expliziten Wissen, nur schwer fassbaren **impliziten Wissens**. Implizites Wissen ist **Erfahrungswissen**, es ist das Können bzw. „*Know-how*" der Mitarbeiter, d.h. deren Erfahrung, deren Fachkenntnisse und Fertigkeiten etwas praktisch umzusetzen. Das implizite Wissen entzieht sich formalem sprachlichem Ausdruck und lässt sich weder in Handbüchern noch in Datenbanken archivieren. Implizites Wissen ist im alltäglichen Handeln verwurzelt und immer an Personen gebunden. Beispiele hierfür sind Geschicklichkeiten technischer, künstlerischer oder sportlicher Natur. Wie *Professor Georg von Krogh*, Experte für Wissensmanagement an der ETH Zürich, feststellt, verlangt die Weitergabe von implizitem Wissen eine physische Nähe beim Ausführen der Arbeitstätigkeiten sowie eine gewisse Mindestzeit der Zusammenarbeit.

• Zum anderen muss **individuelles Wissen** von **kollektivem Wissen (Gruppenwissen)** unterschieden werden. Wissen kann an eine einzelne Person gebunden sein, wie z.B. an einen erfahrenen Programmierer innerhalb eines IT-Projektteams. Gleichzeitig kann Wissen aber auch in Form kollektiven Wissens vorliegen. Hier zeigt sich ein wichtiges, *emergentes Phänomen*: Gewisse Fähigkeiten eines Unternehmens oder eines Unternehmensteils lassen sich nicht durch die Summe der Fähigkeiten der einzelnen Mitarbeiter erklären. Durch den Austausch individueller Wissenselemente entsteht ein **kollektives**, bzw. **organisationales Wissen**, das sich beispielsweise in einer gemeinsamen Sprache, in organisatorischen Routinen, der Unternehmenskultur oder den Verhaltensnormen eines Teams konkretisiert. Nach der hier vertretenen Auffassung sind insbesondere auch **Geschäftsprozesse Träger von organisationalem Wissen**. In der Art und Weise wie ein Geschäftsprozess gestaltet ist bzw. abläuft, findet sich ein – vielleicht über viele Jahre hinweg aufgebautes – spezifisches Wissen, das dem Unternehmen einen Wettbewerbsvorteil garantiert. Es ist das individuelle Wissen, das über die Zeit in die Optimierung des Prozesses geflossen ist und heute in Form von kollektivem Wissen die Grundlage für die einzigartige Prozessbeherrschung darstellt. Das kollektive Wissen in einem Geschäftsprozess ist immer größer als die Summe der individuellen Wissensteile. Die Tatsache, dass es in Unternehmen zwingend zur Erschließung von individuellem Wissen kommen muss führt uns zum so genannten „*Hayek-Problem*", d.h. zum „**Management der Wissensteilung**", als besondere Herausforderung für das IT-Management.

Mit dem „Management der Wissensteilung" ist das so genannte „**Wissensmanagement**" angesprochen. Es erscheint einleuchtend, dass mit der gestiegenen Bedeutung von Wissen als (strategischer) Ressource, diese auch „gezielt zu managen ist". Es soll an dieser Stelle keine theorieschwere Haarspalterei betrieben werden. Es ist allerdings nicht von Schaden, den inflationären Gebrauch des Begriffs „Wissensmanagement" kritisch zu hinterfragen. Nach Auffassung von Teilnehmern der Wissenschaftlichen Jahrestagung der „*Gesellschaft für Wirtschafts- und Sozialkybernetik*" im Jahre 2002 mit dem Titel „*Kybernetik und Wissensgesellschaft*", **kann es streng genommen so etwas wie „Wissensmanagement" gar nicht geben**. Es ist für ein Unternehmen nicht so leicht möglich, den Faktor Wissen, wie die „klassischen betrieblichen Ressourcen", **direkt zu managen**, d.h. zu planen, zu beschaffen, zu organisieren, zu kontrollieren und im Unternehmen zu verteilen. Vor diesem Hintergrund wird auf einen Ansatz zurückgegriffen, der

> *unter Wissensmanagement die „explizite organisatorische und technologische Intervention in die (digital vernetzte) Wissensteilung" einer Gruppe bzw. eines Unternehmens versteht.*

Diese Definition baut auf einer einleuchtenden These *Friedrich August von Hayeks* auf, wonach Wissen in Gesellschaften grundsätzlich auf viele Menschen verteilt ist:

> *„Die Problematik einer ökonomischen Ordnung wird von der Tatsache bestimmt, dass das Wissen, dessen wir uns bedienen, nie in integrierter Form existiert, sondern nur als verstreute Bruchstücke eines unvollkommenen und widersprüchlichen Wissens, das die Einzelnen getrennt besitzen."*

Nach *von Hayek* ist diese **Wissensteilung mit der Arbeitsteilung vergleichbar**: Wissensteilung führt zu ähnlichen Produktivitätsschüben wie die Arbeitsteilung. Nur ist die Überwindung der Wissenteilung im Falle von individuellem (und vielleicht auch noch gleichzeitig implizitem) Wissen kein triviales Problem. Die Wissensteilung in Unternehmen und Gesellschaft weist menschliche, technische, organisatorische und ökonomische Aspekte auf. Beabsichtigt man die Wissensteilung durch Wissensmanagement zu überwinden, so ist zuerst ein ganzheitlicher Ansatz zu wählen, der lediglich einen allgemeinen Rahmen festlegt und auf konkrete Vorgaben verzichtet. Instruktionistische Vorgaben für die Wissenserschließung und Wissensweitergabe sind abzulehnen. **Vielmehr sind soziale und kommunikative Fähigkeiten zu fördern, die als Schlüsselgrößen für die Nutzung verstreuten individuellen Wissens gelten.** *Peter Mambrey*, vom Fraunhofer Institut für Angewandte Informationstechnik in St. Augustin, führt als Beispiel die Wissensvermittlung an Hochschulen an. Instruktionistische Formen der Wissensvermittlung, wie Vorlesungen und andere „synchrone Belehrungen", müssen um kooperative Elemente eines gemeinsamen, gruppenbasierten Lernens ergänzt werden. Etwas überpointiert – den Kern der Sache aber treffend – formuliert es der Bremer Informatikprofessor *Frieder Nake*: *„Der Professor soll Anekdoten aus seinem Leben erzählen, alles Andere lässt sich auch nachlesen."*

Für das IT-Management hat das Konsequenzen: Das über viele Personen verteilte individuelle (implizite) Wissen gilt es produktiv zu machen. Das Wissensmanagement hat das *„Hayek-Problem"* zu lösen. D.h., das Wissen, das Einzelne mit sich tragen, ist in neue Technologien bzw. neue Produkte und Leistungen zu transformieren. **Es geht um die Anwendung von Wissen!** Professor *Jürgen Röpke* von der Universität Marburg ist zuzustimmen wenn er feststellt, dass in den meisten Fällen das **Wissen an sich keinen Engpassfaktor** mehr darstellt. Den Engpass sieht *Röpke* in der **selbstorganisierenden, kooperativen, arbeitsteiligen und produktiven Nutzung des Wissens**. Es geht damit um die **„organisatorische Intervention" in die Wissensteilung** und erst in zweiter Linie um die technologischen Konzepte. Es muss ein organisatorischer Rahmen geschaffen werden, der die Transformation von implizitem zu explizitem Wissen ermöglicht. Geht man davon aus, dass individuelles (und implizites) Wissen nur persönlich übertragbar ist, so ist **Kommunikation** das zentrale Übertragungsvehikel. Um Kommunikation zu ermöglichen, bedarf es der Schaffung von (komplexitätserhöhenden) Freiräumen, in denen Selbstorganisation und Emergenz möglich sind

(*„Enabling Knowledge Creation"*). Aus Sicht der Wirtschaftsinformatik relativiert sich die Bedeutung von *KI- und Repository-orientierten Ansätzen* zugunsten der organisatorischen Gestaltung.

Im Rahmen des Einsatzes von Technologien zur *Künstlichen Intelligenz* (*KI*) wird davon ausgegangen, dass sich Wissen, z.B. mit Hilfe von Expertensystemen, explizieren, formalisieren und damit automatisch verteilen und bearbeiten lässt. Die *Repository-orientierten* Konzepte unterstellen, dass sich Wissen expliziert textlich oder multimedial, z.B. mit Hilfe von *Content Management Systemen (CMS)*, kommunizieren lässt. Diese technologieorientierte Perspektive muss erweitert werden. Es muss davon ausgegangen werden, dass sich individuelles, implizites Wissen nie vollständig explizieren lässt, sondern bei Individuen bzw. bei sozialen Gruppen verbleibt. **Dieses implizite Wissen muss (vor-)gelebt werden**. *Mambrey* fordert hierzu die Einrichtung von *„Community Networks"*, die den **Informations- und Erfahrungsraum** der Mitarbeiter sowohl um sozio-technische Aktivitäten, als auch um technologische Infrastrukturen erweitern. Diese organisatorisch-technologische Intervention in die Wissensteilung erfolgt in der Absicht,

- die Wissensbasis und den Handlungsspielraum der Akteure durch Vernetzung zu vergrößern und damit lokales Wissen unternehmensweit verfügbar zu machen,
- durch flache Strukturen die Beziehungen der Mitarbeiter sowie die Kommunikation untereinander zu fördern,
- den Informations- und Erfahrungsraum durch ein gemeinsam genutztes „Gruppeninformationssystem" (Einsatz eines *Groupware-Systems*) zu erweitern,
- eine dichte, örtlich und zeitlich unabhängige Kommunikation in Form eines digitalen (virtuellen) Gruppenraumes aufzubauen sowie
- die Wahrnehmung, Interpretation und Nachahmung der Kompetenz eines individuellen Mitarbeiters (dessen impliziten Wissens) in der Gruppe zu fördern.

Wissensmanagement, verstanden als Intervention in die Wissenteilung, ist ein **indirektes Managen** des Faktors Wissen. Es beruht auf dem Setzen einfacher organisatorischer Regeln: Da die einfachste und natürlichste Art Wissen zu teilen und neues Wissen zu schaffen immer noch Gespräche und Diskussionen sind, muss die Organisationsstruktur entsprechende Anreize zur Verfügung stellen. Hoch innovative Unternehmen wie *Google* oder *3M* räumen ihren Mitarbeitern ein, 20 Prozent ihrer Arbeitszeit zur Verfolgung eigener Projekte nutzen zu können. In Meetings, Diskussionsforen oder ganz banalen Kaffeepausen kommen die Mitarbeiter zusammen, tauschen sich über ihre eigenen Ideen und Projekte aus und teilen so ihr Wissen. Wirksame Kommunikation sowie *„shared understanding"* und *„shared knowledge"* setzen allerdings eine **gemeinsame Sprache** voraus. *Fredmund Malik* weist darauf hin, dass nur mit Hilfe „gemeinsamer Modelle" über das Unternehmen, seine Umwelt und sein Management-System eine gegenseitige Verständigung und damit Wissensaustausch möglich ist.

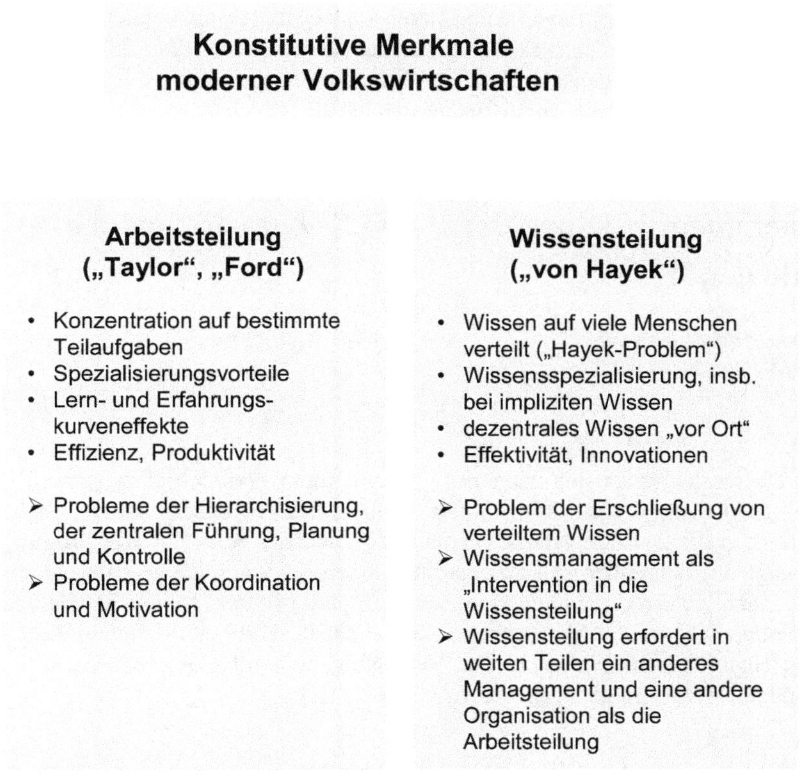

Konstitutive Merkmale
moderner Volkswirtschaften

Arbeitsteilung ("Taylor", "Ford")	**Wissensteilung** ("von Hayek")
• Konzentration auf bestimmte Teilaufgaben • Spezialisierungsvorteile • Lern- und Erfahrungs- kurveneffekte • Effizienz, Produktivität	• Wissen auf viele Menschen verteilt ("Hayek-Problem") • Wissensspezialisierung, insb. bei impliziten Wissen • dezentrales Wissen "vor Ort" • Effektivität, Innovationen
➢ Probleme der Hierarchisierung, der zentralen Führung, Planung und Kontrolle ➢ Probleme der Koordination und Motivation	➢ Problem der Erschließung von verteiltem Wissen ➢ Wissensmanagement als "Intervention in die Wissensteilung" ➢ Wissensteilung erfordert in weiten Teilen ein anderes Management und eine andere Organisation als die Arbeitsteilung

Abbildung 11: Arbeitsteilung und Wissensteilung als konstitutive Merkmale moderner Ökonomien.

Die Wissenteilung ist heute aber längst nicht mehr nur ein Phänomen, das sich auf das Unternehmen innerhalb seiner klassischen Grenzen beschränken ließe. Vielmehr liegt viel Wissen auch „neben dem eigenen Unternehmen": In anderen Unternehmen (bei Lieferanten, Konkurrenten), bei den Kunden oder bei Universitäten, Instituten, *Think Tanks*. Hier gilt es neue Organisationskonzepte und -strukturen zu gestalten, die den neuen Formen der Kommunikation und Kooperation von Menschen innerhalb der Unternehmen sowie zwischen den Unternehmen und ihrer relevanten Umwelt Rechnung tragen. Unternehmensnetzwerke („virtuelle Unternehmen") sind technologiebasierte Organisationskonzepte, die dem einzelnen Unternehmen die Möglichkeit bieten, auf das Wissen und die Kompetenz anderer Akteure im Wertschöpfungsprozess zurückzugreifen. Das Konzept der **„interaktiven Wertschöpfung"** ist ein Beispiel hierfür: In Form von **„Open Innovation"**, **„Prosuming"** etc. wird auf Basis des Internetstandards ein technologisches Netzwerk geknüpft, das die Integration des Wissens von Kunden und Lieferanten in die eigenen Wertschöpfungsprozesse ermöglicht. Oder, um es mit den Worten des Präsidenten der Zeppelin University Friedrichshafen, *Professor Stephan Jansen* zu sagen: *„Innovative Unternehmen organisieren die Kreativität ihrer Anspruchsgruppen."*

Die moderne, wissensintensive Wertschöpfung vollzieht sich somit zunehmend innerhalb von **Netzwerkstrukturen** und damit auf Basis IT-gestützter Kooperation. Um derartige

Netzwerke und deren Verbindungen besser analysieren und gestalten zu können wird im Folgenden auf die „**Systemtheorie**" zurückgegriffen. Nach einer Erläuterung des Systembegriffs, werden die besonderen Eigenschaften des „Systems Unternehmung", im Hinblick auf seine Lenkbarkeit im Sinne der Kybernetik, näher dargestellt.

2.4 Systemtheorie, Komplexität und Kybernetik und die Rolle der IT

„Eine triviale Maschine ist ein Kasterl, das,
wenn es auf der einen Seite gekitzelt wird,
immer auf der anderen Seite niest".
Heinz von Foerster

Die Mitarbeiter im IT-Bereich sehen sich heute mit immer komplexeren betriebswirtschaftlichen sowie technologischen Problemen konfrontiert. Daher wurde bereits an anderer Stelle darauf hingewiesen, dass die zentrale Managementaufgabe heutzutage in der **Bewältigung von Komplexität** liegt. Im Folgenden soll nun das Phänomen der Komplexität näher untersucht werden. Dies macht automatisch auch eine Beschäftigung mit der **Systemtheorie** und **Kybernetik** notwendig. Sowohl die Systemtheorie als auch die Kybernetik stellen Erklärungsansätze sowie Handlungsempfehlungen zur Verfügung, um mit Komplexitätsproblemen in der Unternehmenspraxis besser umgehen zu können.

2.4.1 Systemtheorie – Unternehmen als Systeme

„More often than we realize, systems cause their own crisis,
not external forces or individuals' mistakes."
Peter Senge

Wie entsteht ein Wespennest? Wie entsteht und funktioniert eine Volkswirtschaft? Wie entsteht eine Epidemie? Wie entsteht und funktioniert ein Unternehmen? Wespennester, Volkswirtschaften, Epidemien und Unternehmen sind ganz unterschiedliche Beispiele für **komplexe Systeme**. Charakteristisch für diese Systeme ist, dass vieles von dem was sie ausmacht niemals geplant war, sondern spontan und selbstorganisiert entstanden ist. Es sind Systeme mit vielen „Akteuren", von denen jeder seine eigenen Ziele verfolgt und aus deren ungeplantem Zusammenspiel dann etwas (neues) Ganzes entsteht. So regiert überraschenderweise in allen ungeregelten Systemen unserer Erde, ob es sich um das menschliche Gehirn, um die Börse oder um ein ökologisches System handelt, nicht (nur) das reine Chaos. Dies ist dem Umstand zu verdanken, dass hier Strukturen und Mechanismen der Selbstorganisation am Werke sind, die eine (ungeplante bzw. spontane) Ordnung erzeugen. Wir wollen im Folgenden diese interessante Erkenntnis im betriebswirtschaftlichen Kontext anwenden.

Der vorliegenden Untersuchung liegt der **systemorientierte Ansatz der Betriebswirtschafts- bzw. Managementlehre** zugrunde. Das klingt recht abstrakt. Daher soll zuerst geklärt werden, was unter einem System zu verstehen ist und inwieweit der systemorientierte

Ansatz für die betriebswirtschaftliche Analyse und Steuerung im IT-Umfeld einsetzbar ist. Der Begriff „**System**" wird in unterschiedlichsten Wissenschaften verwendet. So spricht man in der Biologie von Zellsystemen, in der Medizin von Organsystemen, in der Physik von Planetensystemen, in den Umweltwissenschaften von Ökosystemen usw. In der Informatik spricht man von Softwaresystemen, von Systementwicklung (Entwicklung von „Software-systemen"), Systemanalyse (Systementwicklung unter Berücksichtigung von Steuerungs-, Qualitätssicherungs- und Konfigurationsaufgaben), Systementwurf, Systemarchitektur etc.[1] Um die grundlegenden, allgemeingültigen Merkmale all dieser Systeme beschreiben und analysieren zu können, muss der Systembegriff sehr allgemein definiert sein:

Ein System ist ein integriertes Ganzes, das aus Teilen (Komponenten, Elementen) aufgebaut ist, die wiederum in strukturierter Beziehung (Relationen, Verbindungen) zueinander stehen.

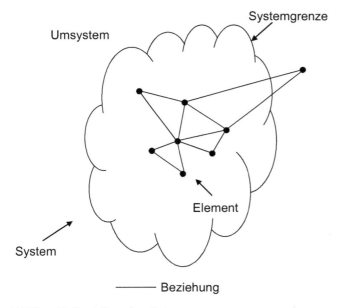

Abbildung 12: Darstellung eines Systems
Quelle: Grass, B. 2000, S. 69.

Komplexe Systeme bestehen aus einer Vielzahl von miteinander verbundenen und interagie-renden Teilen, Entitäten oder Agenten. Diese Teile organisieren und reorganisieren sich ständig im Konflikt gegenseitiger Anpassung und Rivalität.

Die Erforschung komplexer Systeme ist im Grunde eine Wissenschaft der Emergenz.

---

[1] Vgl. hierzu ausführlich Heinrich 2007.

Hinter diesen Definitionen stehen eine Reihe wichtiger Erkenntnisse über die allgemeinen Eigenschaften von Systemen:

- Jedes **Teil** bzw. **Element** und jede **Beziehung** besitzt Eigenschaften, die sich durch Attribute beschreiben lassen. Elemente bzw. Teile des „Systems Unternehmung" sind beispielsweise Menschen, Computer und Maschinen. Die Beziehungen im „System Unternehmung" können **materielle Beziehungen** (z.B. von eingekauften Produktteilen zur Produktion), **informationelle Beziehungen** (z.B. Verkaufszahlen an die Vertriebsleitung) sowie **finanzielle Beziehungen** (z.B. Überweisung eines Rechnungsbetrags an einen Lieferanten) sein.
- Die Teile bzw. Elemente sind so miteinander vernetzt, dass sie eine bestimmte Struktur bilden. Die Struktur kann Ausdruck einer Anordnung zu einem gegebenen Zeitpunkt (Aufbaustruktur/Organigramm) sein, oder aber als Abfolge von Ereignissen in zeitlicher Hinsicht (Prozessstruktur/Ablauforganisation) betrachtet werden.

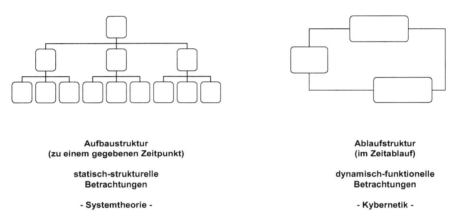

Aufbaustruktur
(zu einem gegebenen Zeitpunkt)

statisch-strukturelle
Betrachtungen

- Systemtheorie -

Ablaufstruktur
(im Zeitablauf)

dynamisch-funktionelle
Betrachtungen

- Kybernetik -

Abbildung 13: Mögliche Systemstruktur-Betrachtungen
Quelle: Grass, B. 2000, S. 69.

- Ein System verhält sich völlig anders als seine einzelnen Teile und es ergibt sich das Phänomen der **Emergenz**: *„Das Ganze ist mehr als die Summe seiner Teile"*. Mit anderen Worten: Die ganzheitlichen Eigenschaften eines Systems sind nicht aus den Eigenschaften seiner Teile erklärbar. In den Naturwissenschaften werden emergente Phänomene häufig beobachtet: Bringt man zwei Wasserstoff- und ein Sauerstoffatom zusammen, so erhält man Wasser. Das Wasser ist aber weder im Wasserstoff, noch im Sauerstoff enthalten. Erst das „Zusammenspiel" der beiden Stoffe ergibt Wasser. In der Ökonomie kann der Preis ein emergentes Phänomen sein. Auf marktwirtschaftlich organisierten Märkten ist der Preis das Ergebnis der unzähligen Angebots- und Nachfragehandlungen der Unternehmen und Konsumenten. Keine einzelne Person legt den Preis fest. Er emergiert aus den unabhängigen Kauf- und Verkaufsentscheidungen aller Marktteilnehmer. Auch in Unternehmen gibt es Emergenz. So finden wir in den Organigrammen von Unternehmen keine „Kästchen", die für Lernen, Motivation oder Kommunikation stehen. Und das obwohl in den Unternehmen gelernt, kommuniziert und (hoffentlich) motiviert gearbeitet wird. Emergenz tritt auch hier durch das *„wohlabgestimmte Zusammenwirken bestimmter Elemente auf, das dann zu neuen, anderen Elementen führt"* (*Fredmund Malik*). Aus der Art und Weise, wie wir in IT-Abteilungen planen, steuern, kontrollieren etc. entstehen konkrete Formen des Lernens, der Kommunikation bzw. der Motivation. Wird der Kontext eines IT-Projektes so gestaltet, dass ein offener Austausch von Informationen innerhalb des Projektteams sowie die Wissensgenerierung und der Wissensaustausch durch Dialog ermöglicht wird, setzt man gezielt auf die (positiven) emergenten Eigenschaften des „Systems IT-Projekt".

In Netzökonomien (in der Internetökonomie) ist Emergenz die Folge der ungeplanten „Massenkooperation" tausender von Individuen. Webbasierte Tools führen zu Produkten und Leistungen, die das emergente Ergebnis der Aktivitäten sehr unterschiedlicher, höchstens lose über das Internet miteinander verbundener Personen sind. Die Beispiele hierfür sind vielfältig. Sie reichen von der Entwicklung von *Open-Source-Software* über die *Blogosphäre* bis hin zu *Wikipedia* und *Open Innovation*.

- Komplexe Systeme sind **adaptive Systeme**. Sie bilden ein **dynamisches Netzwerk** in dem der Einzelne agiert und auf das reagiert, was die anderen Akteure machen. **Kontrolle** erfolgt innerhalb eines komplexen adaptiven Systems **dezentral als Selbstkontrolle über Rückkoppelungs- und Selbstorganisationsprozesse**. Wird ein koordiniertes Verhalten innerhalb des Systems angestrebt, so kann dies nicht von außen verordnet werden, sondern muss aus dem Wettbewerb und der Kooperation der einzelnen Akteure kommen. Das Verhalten des gesamten Systems ist zwar das **Resultat von Handlungen und Entscheidungen einer großen Anzahl von Akteuren, jedoch nicht zwingend das Ergebnis ihrer Planung bzw. Absichten**. In komplexen, adaptiven Systemen kommt es somit zu **„spontanen Ordnungen"**, die *„das Ergebnis menschlichen Handelns, aber nicht menschlichen Entwurfs"* sind (*Friedrich August von Hayek*).

Nach Professor *Hans Ulrich* von der Universität St. Gallen, einem Begründer der systemorientierten Managementlehre, bezeichnen wir ein Objekt immer dann als System, wenn wir dessen **ganzheitlichen Charakter**, seine **Vernetztheit** sowie die **Existenz eines Ordnungsmusters** hervorheben wollen. Vor diesem Hintergrund wollen wir im Folgenden **Unternehmen als dynamische, offene und komplexe sozio-technische Systeme** interpretieren:

- **Vernetztheit** besagt, dass die Systemelemente über vielfältige Beziehungs- und Wirkungsgefüge miteinander verbunden sind. Dabei sind die Elemente über **zirkuläre Wirkungsverläufe** miteinander verbunden. Ein solches „Netzwerk" weist als typische Form der Wechselwirkung so genannte „Rückkoppelungen" auf, die selbst verstärkend (positive Rückkopplung) oder stabilisierend (negative Rückkopplung) wirken können. Will man das Verhalten eines solchen Systems (eines Netzwerkes) verstehen, so ist das Erkennen dieser zirkularen Vernetztheit von grundlegender Bedeutung. Kenntnisse über das Verhalten sozialer Netzwerke (z.B. von Unternehmen und Märkten) sowie technologischer Netze (z.B. dem Internet) ist für ein wirksames IT-Management von herausragender Bedeutung.

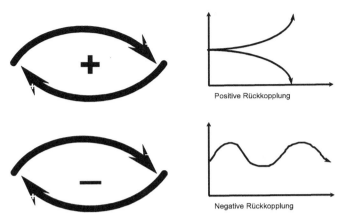

Abbildung 14: Positive und negative Rückkoppelung
Quelle: Ulrich/Probst 1995, S. 47.

- **Dynamik** steht hier für die Tatsache, dass Unternehmen bzw. Unternehmensbereiche ihr Verhalten im Zeitablauf ändern können bzw. müssen. In der klassischen Betriebswirtschaftslehre wird, aus Gründen der Vereinfachung, häufig mit „statischen bzw. starren Systemen" gearbeitet. Als Beispiele lassen sich die zeitbezogene Preis-Absatzfunktion oder die zu einem Stichtag erstellte Bilanz anführen. In der Praxis sind betriebliche Systeme jedoch immer dynamisch. Der IT-Bereich bzw. das Management von IT-Projekten sind gute Beispiele für die Dynamik, denen betriebliche (Teil-)Systeme permanent ausgesetzt sind. Nach dem Motto „*Veränderung ist die einzige Konstante in unserem Geschäft*" ist der IT-Bereich ständig mit technologischen Innovationen, neuen Produkten und Leistungen sowie neuen betriebswirtschaftlichen Konzepten konfrontiert. Im Rahmen von IT-Projekten gilt es, neue Konzepte und Programme in immer kürzeren Zeiträumen zu entwickeln und umzusetzen. Die eingesetzten Hard- und Softwaresysteme müssen immer wieder angepasst („*customized*") werden. Folgt man nicht einer **neuen Denkweise**, fühlt man sich aufgrund dieser Dynamik des eigenen Geschäfts als Mitarbeiter im IT-Umfeld schnell überfordert. Diese neue Denkweise setzt darauf, die allen dynamischen Systemen zugrunde liegenden Gesetzmäßigkeiten verstehen zu lernen. Sie setzt auf das **Denken in (systemischen) Zusammenhängen** und damit auf **vernetztes, statt linearem Denken**.

Dynamische Systeme tragen ein **Programm der Selbstorganisation bzw. Selbstregulierung** in sich, das zu ihrer eigenen Veränderung (Anpassung) führt. Dynamische Systeme besitzen damit den Charakter einer lebendigen Individualität (jedes Unternehmen ist auf seine Weise einzigartig!). Sie ist das Ergebnis von Kommunikationsprozessen innerhalb des Unternehmens (Informationsaustausch zwischen Stellen, Abteilungen oder entlang eines Geschäftsprozesses) sowie aufgrund des Informationsaustauschs mit außen (mit Kunden und Lieferanten). Es ergeben sich dynamische Strukturen, die deutlich machen, dass sich Unternehmen (fast) nie in einem, wie auch immer definierten, Gleichgewicht befinden. Diese Kräfte der Selbstorganisation gilt es zu nutzen. Dies setzt die Schaffung entsprechender Informationssysteme und Kommunikationsprozesse sowie Entscheidungsfreiheit und Verantwortungsübernahme durch „die Mitarbeiter vor Ort" voraus.

- Dynamische, „lebende" Systeme sind „**offene Systeme**", die sich über **Selbstregulie-rungsprozesse** (Feedback- bzw. Rückkoppelungsprozesse) **selbst steuern** und **anpassen**. Die Offenheit des Systems Unternehmung bezeichnet den Umstand, dass Unternehmen mit ihrer Umwelt interagieren, kommunizieren und „**überlebenswichtige Informationen**" austauschen. So müssen sie beispielsweise Kunden- bzw. Lieferantenbeziehungen aufbauen, pflegen und hierfür entsprechende Geschäftsprozesse sowie integrierte IT-Systeme gestalten. Nur **mit Hilfe von in Echtzeit vorhandenen Informationen** können sich Unternehmen dynamisch an Veränderungen ihrer „Umsysteme" anpassen. „Informationen von außen", d.h. über Änderungen auf Absatz- und Beschaffungsmärkte sowie über veränderte Markt- und Technologietrends, müssen schnell ihren Weg ins Unternehmen finden, um dort Veränderungen auslösen zu können. „*Information is a difference that makes a difference*"!

  Open Innovation und die *Open-Source-Bewegung* sind aktuelle Beispiele für die Notwendigkeit, Unternehmen als „offene Systeme" sehen, verstehen und gestalten zu müssen. Man hat erkannt, dass clevere und qualifizierte Menschen auch außerhalb des eigenen Unternehmens zu finden sind. Immer mehr Firmen wollen diese Wissensteilung überwinden, indem sie ihr „System Unternehmung" für Außenstehende öffnen. Diese Öffnung hat neben einer organisatorischen und kulturellen auch eine zentrale informationstechnische Dimension: Die Unternehmen setzen offene Standards sowie „*Open Application Programming Interfaces*" (*API*), d.h. Schnittstellen für die Anwendungsprogrammierung, ein. Hierüber versuchen sie von den Fähigkeiten und dem Wissen zigtausender externer Entwickler zu profitieren. *Don Tapscott* von der Universität Toronto zitiert zur betriebswirtschaftlichen Logik solcher „offener Geschäftssysteme" einen erfahrenen *Open-Source-Manager*: „*No need to send you a formal request (....). They can just take those APIs and innovate. Then, if someone builds a great new service or capability, we'll work out a commercial licensing agreement so that everyone makes money.*

- **Komplexität** beschreibt die Vielfalt all jener Möglichkeiten, die in einem System latent vorhanden sind bzw. potenziell entstehen können. So können auf den ersten Blick einfache Systeme sehr schnell, und für alle überraschend, astronomische Größenordnungen von Komplexität erreichen. Die Komplexität des „Systems Unternehmung" zeigt sich an der großen Zahl von verschiedenen Elementen, die ein Unternehmen ausmacht sowie deren Verknüpfung und Dynamik im Zeitablauf. Unternehmen setzen sich aus einer Vielzahl unterschiedlicher, spezialisierter Einheiten und Teile zusammen, die im Rahmen vielschichtiger Wertschöpfungsprozesse voneinander abhängen.

- Unternehmen werden nach der hier vertretenen Auffassung als „**sozio-technische Systeme**" betrachtet. Hinter diesem Begriff verbirgt sich die schlichte Erkenntnis, dass in Unternehmen zum einen Menschen zusammenarbeiten, zueinander in Beziehungen stehen und voneinander abhängig sind („Sozio-Aspekt" des Systems Unternehmung). Zum anderen bedienen sich die Menschen „technischer Instrumente" wie Computer, Maschinen etc. („technischer Aspekt" des Systems Unternehmung), die sowohl untereinander vernetzt, als auch mit den Menschen verbunden sind. Fallen z.B. im Forschungs- und Entwicklungsbereich eines Unternehmens die Rechner aus, so trommeln hoch qualifizierte Ingenieure mitunter für Stunden ungeduldig mit ihren Fingern auf den Tischen. Arbeiten können sie nicht, da ihr Wertbeitrag in sozio-technischen Systemen unmittelbar von der Funktionsfähigkeit der Technologie abhängig ist. Dieser „sozio-technische Zusammenhang" wird in der traditionellen Kostenrechnung oftmals nicht erfasst: Man sieht und kennt die Größe „Offline-Kosten" überhaupt nicht. Für die Mitarbeiter im IT-Bereich ist es daher wichtig zu wissen, in welchen Abteilungen ein Rechnerabsturz besonders viele wertschöpfende Mitarbeiter schachmatt setzt. Solche Abteilungen sind aufgrund ihrer besonderen Abhängigkeit von der Funktionsfähigkeit der IT-Systeme zu priorisieren.

Um das „System Unternehmung" greifbar und die gegenseitigen Abhängigkeiten seiner Vernetzung verstehbar zu machen, verabschiedet sich der Systemansatz von der linearen, monokausalen Denkweise der „klassischen Betriebswirtschaftslehre". Er stellt damit eine tragfähige Basis für die ganzheitliche Erfassung und Analyse vernetzter Wirtschaftsabläufe zur Verfügung. Will man die Potenziale der Selbstorganisation und Adaption für ein Unternehmen nutzen, so muss sein „Eigenleben" so gelenkt werden, dass die Unternehmensziele bestmöglich erreicht werden. Dabei spielen das Konzept des **„Managements von Komplexität"** bzw. der **„Kybernetik"** eine herausragende Rolle.

2.4.2   Das Management der Komplexität – Kybernetik

„Complexity is the very stuff of today's world.
The tool for handling complexity is ORGANIZATION."
Stafford Beer

„Komplexität bedeutet, dass bei jeder Handlung und Entscheidung
immer noch etwas Unerwartetes nachkommen kann."

Zahlreiche in der Systemtheorie verwendeten Ideen und Begriffe sind eng mit dem Ansatz der Kybernetik verbunden. So kommt in beiden Konzeptionen

* den Informationen,
* der Kontrolle bzw. Selbstkontrolle,
* dem Feedback (der Rückkoppelung),
* der Kommunikation sowie
* der Selbstorganisation

eine herausragende Rolle zu.

Management in einem komplexen Umfeld lehrt Bescheidenheit. Es verabschiedet sich vom „Allmachtsglauben" eines allwissenden zentralen Planers und unerschrockenen Machers. Stattdessen setzt man auf die komplexen adaptiven Systemen „innewohnenden" Mechanismen der Selbstorganisation, Zirkularität und Rückkoppelung. Lewis Thomas drückt das so aus: „Wenn man einem komplexen sozialen System gegenübersteht, einem Stadtzentrum oder einem Hamster, mit Dingen darin, die einem nicht gefallen und die man in Ordnung bringen möchte, dann kann man nicht einfach hingehen und Ordnung machen. Das hat wenig Aussicht. Diese Erfahrung gehört zu den Enttäuschungen unseres Jahrhunderts."

Das IT-Management muss dem Systemcharakter der Unternehmen sowie der inneren und äußeren Komplexität ihres Umfeldes gerecht werden. Nun kann ein System sowohl kompliziert, als auch komplex sein. Umgangssprachlich wird hier selten ein Unterschied gemacht.

Von einem wissenschaftlichen Standpunkt aus, bedeutet Komplexität jedoch mehr als Kompliziertheit. So bezeichnen wir ein Buch dann als kompliziert, wenn es aus vielen Kapiteln und Unterkapiteln besteht und sich eines umständlichen Satzbaus sowie vielleicht noch zahlreicher mathematischer Formeln bedient. Mit viel Fleiß und unter hohem Zeitaufwand können wir es aber schließlich verstehen und für den Fall, dass wir etwas vergessen haben, können wir es uns wieder anschauen und dieselben Inhalte nochmals lesen. Der Inhalt des Buches verändert sich nicht, er ist statisch. Ein Projekt wird als kompliziert bezeichnet, wenn eine Vielzahl von Einflussgrößen zu berücksichtigen sind, die zudem noch eine relativ enge gegenseitige Verknüpfung aufweisen. Als komplizierte Problemstellungen im Projektalltag lassen sich beispielsweise die Budgeterstellung oder die Optimierung der Auftragsabwicklung identifizieren. Diese Aufgaben sind kompliziert, aber mit dem Instrumentarium der klassischen Betriebswirtschaftslehre beherrschbar, da es sich um Optimierungsaufgaben, unter Berücksichtigung bestimmter Rahmenbedingungen, handelt.

Von Komplexität spricht man dagegen, wenn etwas nicht nur in seiner Zusammensetzung kompliziert ist, sondern auch seinen Zustand permanent ändert.

Unter Komplexität wollen wir die Fähigkeit eines Systems verstehen, innerhalb einer gegebenen Zeitspanne eine große Zahl an verschiedenen Zuständen einnehmen zu können.

Professor *Peter Gomez* von der Universität St. Gallen bringt diese Einsicht auf eine einfache Formel:

$$Komplexität = Vernetzung + Wandel$$

Die folgende Abbildung macht diesen Unterschied zwischen Kompliziertheit und Komplexität nochmals deutlich.

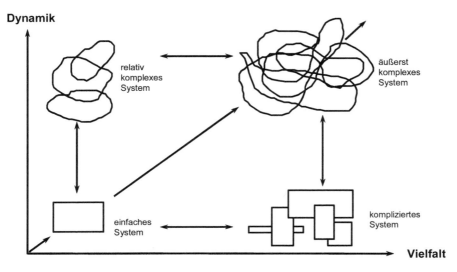

Abbildung 15: Komplizierte und komplexe Systeme
Quelle: Ulrich/Probst 1995, S. 61.

Komplexität ist gerade im IT-Bereich ein allgegenwärtiges Phänomen. Es sind hier unter anderem die Gesetze des technischen Fortschritts, die Logik der Netzökonomie sowie die veränderten Wertschöpfungsmodelle, die in den vergangenen Jahren zu Komplexitätstreibern geworden sind:

- Nach dem *Gesetz von Moore* verdoppelt sich die Leistung der in den Computern eingebauten Prozessoren, bei konstanten Kosten, alle 18 Monate.

- Nach dem *Gesetz von Metcalfe* wächst der Nutzen eines Netzwerks, z.B. des Internets, mit jedem neuen Knoten bzw. Teilnehmer im Quadrat. Damit steigt die Komplexität derartiger Netzwerke unablässig an.

- In **IT-Projekten** wird häufig über die „Komplexität der Projektaufgabe bzw. Projektabwicklung" geklagt. Die Mitarbeiter „erfahren" oder „erleiden" hier ganz konkret die Komplexität in Form von **technischer Komplexität**, wie z.B. im Falle der Architektur, der Systemschnittstellen etc., oder als **organisatorischer Komplexität**. Letztere zeigt sich in der Vielzahl der beteiligten Projektmitarbeiter aus ganz unterschiedlichen Abteilungen oder an den zahlreichen Fremddienstleistern, die alle ihre ganz eigenen Interessen haben und verfolgen. Gerade in IT-Projekten wirkt die echte, oder nur „scheinbare Komplexität" fatal: So wird in kritischen Projektsituationen häufig pauschal die „unbeherrschbare Komplexität" für Fehler, Verzögerungen oder das Scheitern verantwortlich gemacht. Dies entlastet ganz bequem von der eigenen Verantwortung für das Projektergebnis.

- **Software**, die Geschäftsprozesse und betriebliche Anwendungen miteinander verbinden soll, **muss ein Abbild der komplexen betrieblichen und zwischenbetrieblichen Realität sein**. Die heutige industrielle Produktion ist durch eine hohe Variantenvielfalt sowie durch zahlreiche unternehmensinterne wie unternehmensübergreifende Geschäftsprozesse und entsprechende Schnittstellen charakterisiert. Software und die dazugehörenden Hardwareprodukte müssen die einzelnen Teile dieser hochkomplexen Wertschöpfungssysteme in alle Richtungen verbinden und damit sowohl die Binnenkomplexität des Unternehmens als auch die seiner relevanten Umsysteme abbilden.

- Die **Informations- und Kommunikationstechnologien** werden damit ihrerseits zu einer ganz beachtlichen Quelle der innerbetrieblichen Komplexität. Sie produzieren eine Flut aus Einzelinformationen, die es den Mitarbeitern oftmals unmöglich macht, die Informationen ganzheitlich zu erschließen und zu überblicken. Dies führt dann zu komplexitätsbedingter Unsicherheit und zu Fehlentscheidungen auf Seiten des „Faktors Mensch". Es ist also naiv zu glauben, alleine durch hohe Investitionen in Informationstechnologien und der Generierung von immer mehr Daten und Informationen automatisch der Komplexität Herr zu werden. Dies führt unweigerlich zum „*Information Overkill*". Komplexe betriebliche Prozesse benötigen ein transparentes Management, das anhand weniger, aber **aussagekräftiger Kennzahlen** (wie z.B. Wertschöpfung, Deckungsbeiträge, Durchlaufzeiten, Kapitalbindung etc.) **den Fortschritt bzw. die Performance des konkreten Prozesses transparent macht** und hierdurch Rückkoppelung sowie Gegensteuerungsmaßnahmen auslöst.

- Ein weiterer Komplexitätstreiber ist in der „**Eigenkomplexität**" der Informations- und Kommunikationstechnologien selbst zu sehen. Komplexe unternehmerische Aufgaben erfordern, neben langen Rechenzeiten, auch umfangreiche Softwareprogramme mit vielen Programmierzeilen, die von den Computern abzuarbeiten sind. In der Praxis werden solche Programmierzeilen in Chips untergebracht, die sich leider nicht beliebig verkleinern lassen. Daher stellt neben der Rechenzeit auch der Umfang eines Programms einen zentralen Komplexitätstreiber dar. Des Weiteren müssen IT-Systeme eine Vielzahl betrieblicher Ziele, Prozesse und Instrumente abbilden, weshalb sie sich oftmals als „wild gewachsene IT-Landschaften" präsentieren. Darüber hinaus sind netzartige Informationstechnologien (wie insbesondere das Internet) „ein ganz besonderer Fall von Systemen": Sie sind zwar „*das Ergebnis menschlichen Handelns, aber nicht das Ergebnis menschlicher Absicht*", wie es *Friedrich August von Hayek*, in Anlehnung an den schottischen Philosophen *Adam Ferguson*, formuliert hat. Das Internet, wie auch unsere globalen Finanz- bzw. Wirtschaftssysteme, sind also nicht das Ergebnis des Gestaltungsentwurfs oder der Planung bzw. Konstruktion einer einzelnen bzw. einiger weniger Personen. Sie sind das Ergebnis der unabhängigen Handlungen bzw. Entscheidungen von Millionen von Menschen, die sich weder kennen, noch ihr Handeln direkt untereinander absprechen und koordinieren. Derartige Systeme evolvieren spontan und führen zu unerwarteten, nicht im Voraus planbaren, emergenten Ergebnissen. *Social Networks*, wie wir sie aktuell im Rahmen der Entwicklung des *Web 2.0* erleben, sind das Ergebnis des Handelns von Millionen, aber nicht das Resultat irgendeiner bewussten Planung. Die gleiche Logik liegt Börsencrashs oder konjunkturellen Auf- bzw. Abschwüngen zugrunde.

Es dürfte klar sein, dass sich aufgrund dieser komplexen Beziehungen das Verhalten von Unternehmen kaum mehr mit Hilfe einfacher Ursache-Wirkungs-Beziehungen beschreiben oder steuern lässt. Eine Volkswirtschaft, ein Unternehmen oder ein Unternehmensbereich funktionieren nur in den seltensten Fällen nach dem Prinzip einer „linearen Steuerungskette", in der jede getroffene Entscheidung eine im Voraus bestimmbare Wirkung zeigt. Ausgangspunkt für den Einsatz kybernetischer Managementmodelle ist somit die Erkenntnis, dass sich bei zunehmender Komplexität die Funktionsfähigkeit eines sozio-technischen Systems nicht mehr durch noch sorgfältigere bzw. noch detailliertere Planung verbessern lässt. Vielmehr bedarf es des Einsatzes allgemeiner Regeln, welche die Kräfte der Selbstorganisation im Unternehmen bzw. in einzelnen Unternehmensbereichen fördern. Wie Professor *Bernd Venohr* von der Hochschule für Wirtschaft Berlin darlegt, führen die Kräfte der Selbstorganisation dazu, dass sich ein beobachtbares betriebliches Ergebnis (z.B. der Unternehmenserfolg) nicht strikt auf das Verhalten einzelner Elemente (z.B. die Aufbauorganisation) zurückführen lässt, sondern sich aus dem Zusammenwirken mehrerer (vieler) Systemelemente (z.B. Aufbauorganisation, schlanker Prozessorganisation, integrierte IT-Systeme, offene Kommunikation, motivierte Mitarbeiter etc.) ergibt (Emergenz). Es ist aber wichtig zu erkennen, **dass ohne das Setzen bestimmter Rahmenbedingungen die Prozesse der Selbstorganisation auch in ein Desaster führen können**. Die Kräfte der Selbstorganisation sind durch den **Rahmen eines kybernetischen Managementsystems** in die erwünschte Richtung zu lenken. Dies erfolgt in erster Linie über **organisatorische Regelungen**. Die Unternehmensorganisation wird als ein Ordnungsmuster zur Bewältigung von Komplexität verstanden:

„*Complexity is the very stuff of today's world. The tool for handling complexity is ORGANIZATION.*" (*Stafford Beer*)

Im Kern geht es darum, der wachsenden Dynamik und Komplexität mit einem ganzheitlichen, auf die Selbstorganisation setzenden Management- bzw. Organisationskonzept zu begegnen. Die **Kybernetik** stellt ein solches Management-Konzept zur Verfügung.

Die **Kybernetik** wird von ihrem Gründungsvater und Namensgeber *Norbert Wiener* als „ *die Wissenschaft von der Lenkung und Kommunikation im Lebewesen und in der Maschine*" definiert.

Der Physiker und Kybernetiker Heinz von Foerster sieht die Kybernetik als die Wissenschaft, „*die sich der Erforschung kreis-kausal geschlossener und rückgekoppelter Mechanismen in biologischen und sozialen Systemen*" widmet.

Allgemein ausgedrückt befasst sich die Kybernetik (deutsch: „Steuermannskunst") mit der Information, Kommunikation, Lenkung und Steuerung, der Struktur und dem Verhalten von und in Systemen verschiedenster Arten.

Charakteristisch für die kybernetische Methode ist die Konzentration auf Rückkoppelung und Regelkreise sowie der Versuch, Erkenntnisse zwischen verschiedenen Systemklassen, insbesondere zwischen biologischen, technischen und sozialen Systemen, zu übertragen. Die Kybernetik beschäftigt sich damit mit der Frage, inwieweit sich komplexe Systeme selbst steuern und regulieren können. Damit fällt dem „**Faktor Information**" sowie den **Steuerungs- und Regelungsvorgängen** eine zentrale Rolle für das Erreichen zweckorientierten Verhaltens zu. Kybernetische Modelle unterscheiden sich von herkömmlichen ökonomischen Modellen dadurch, dass sie nicht nur materielle Netzwerke darstellen, sondern vor allem deren **Überlagerung durch Informationsnetzwerke** betonen. Dies führt nach der Auffassung von *Hans Ulrich* dazu, **dass man – aus kybernetischer Sicht – der Informationsversorgung im Unternehmen eine ganz besondere Bedeutung zuzumessen hat**. Das heißt unter anderem, dass ein kybernetisches Management das Rechnungswesen als integralen Bestandteil der betrieblichen Informationssysteme nutzen muss, was in modernen Controlling-Konzeptionen so auch berücksichtigt ist. Die **Informationsverarbeitung** ist eine zentrale Aufgabe des kybernetischen Managements. Die Unternehmensführung (das Management) bildet ein „**Lenkungssystem**", das die operativen Tätigkeiten in den Vollzugs- und Versorgungssytemen des Unternehmens überlagert und steuert bzw. regelt. Innerhalb dieses Lenkungssystems werden Informationen über unternehmensinterne und – externe Tatbestände und Entwicklungen zu Entscheidungen und Vorgaben verarbeitet.

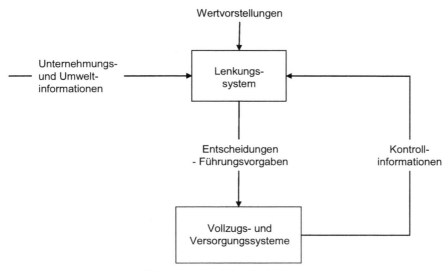

Abbildung 16: Management als informationsverarbeitendes Lenkungssystem
Quelle: Ulrich 2001, S. 255.

Alle Pfeile in der obigen Abbildung stehen für Informationen bzw. deren Weitergabe und Aufnahme:

„Typisch für das kybernetische Denken ist jedoch das Hervorheben der Informationsbearbeitungsvorgänge und der Kommunikation. Aus kybernetischer Sicht bedeutet Führen Informationen aufnehmen, verarbeiten und abgeben, und Führungsvorgänge sind überhaupt nur auf informationeller Ebene fassbar.“ (*Hans Ulrich*)

Ganz grundsätzlich berücksichtigt ein kybernetisches Management explizit die **Dynamik von Systemen durch Rückkoppelungsschleifen** („rückgekoppelte Informationen"), um nicht von Bumerangeffekten überrascht zu werden. Dieser Sichtweise liegt das **Gesetz der Zirkularität** zugrunde. Betriebliche Zusammenhänge, sowie die dazugehörigen Informationsströme, werden als (Regel-)Kreisläufe abgebildet. Hierin ist das **Konzept der Homöostase** als **„Leitidee für Selbstorganisationsprozesse"** enthalten. Das Konzept der Homöostase kommt aus der Medizin und beschreibt „das Unter-Kontrolle-Halten" vitaler Parameter des menschlichen Körpers. So hält der menschliche Körper bestimmte kritische Parameter, wie z.B. die Körpertemperatur, die Herzfrequenz oder den Sauerstoffanteil im Blut, ungeachtet der mitunter stark variierenden externen Einflüsse, innerhalb sehr enger Bandbreiten konstant. Dies ist eine grundlegende Voraussetzung für das Überleben des Organismus. Der Psychiater *Ross Ashby* übernahm das Konzept der Homöostase für die Kybernetik und machte es damit auch für sozio-technische Systeme wie Unternehmen fruchtbar. Variablen, deren Stabilität für die Gesundheit und das Überleben des Systems Unternehmung als Ganzes von Bedeutung sind, wären z.B. Liquidität, Cash Flow, Eigenkapitalquote, Marktanteile, Qualifikation der Mitarbeiter, Produktivitäten, Kundenzufriedenheit, Produktqualität etc. (Vergleiche hierzu die Ausführungen in *Kapitel 5*). Diese Größen stehen untereinander in engen

Wechselwirkungen, sodass schon eine negative Veränderung eines einzigen Parameters auch die übrigen Parameter in den „roten Bereich" zieht. Daher gilt es, diese relevanten Schlüsselgrößen kontinuierlich zu dokumentieren und über ein entsprechend gestaltetes Informationssystem (Reporting) in Echtzeit den Entscheidungsträgern zur Verfügung zu stellen. Aufgabe des IT-Bereiches ist es hier, die entsprechende **führungsrelevante Informationsbasis** zur Verfügung zu stellen, um schnell entsprechende Gegenmaßnahmen auslösen zu können.

Kommen die IT-Systeme dieser kybernetischen Aufgabe nicht nach, so besteht die Gefahr, dass Probleme erst dann wahrgenommen werden, wenn sich die Unternehmenssituation bereits derart verschlechtert hat, dass es für rettende Gegenmaßnahmen zu spät ist. Den Mechanismus des „Unter-Kontrolle-Haltens" der wesentlichen Parameter bezeichnet *Hans Ulrich* als „**Lenkung**":

Durch Lenkungsmechanismen wird ein System in die Lage versetzt, selbst, d.h. ohne Eingriffe von außen, die Erreichung bestimmter Vorgaben bzw. Ziele zu bewerkstelligen sowie das Eintreten unerwünschter Systemzustände zu vermeiden.

Dabei sind zwei grundsätzliche „Lenkungsarten" zu unterscheiden: Die „**Steuerung**" und die „**Regelung**".

- Mit Hilfe der **Steuerung** wird versucht, eine Zielerreichung bzw. ein erwünschtes Systemverhalten durch die Vorgabe einer informationellen Anweisung zu erreichen. Mittels der Steuerung wird ein System „**vorkoppelnd**" auf einen Zielzustand ausgerichtet.
- Dagegen handelt es sich bei der **Regelung** um einen „**Lenkungsmechanismus**", der sich Prozessen der **informationellen Rückkoppelung** bedient.

Die Bedeutung dieser Unterscheidung lässt sich sehr schön am Beispiel eines IT-Projektes als „regelungstechnische Aufgabe" illustrieren. Professor *Peter Elzer* von der TU Clausthal stellt dieses Beispiel vor dem Hintergrund seiner eigenen Projekterfahrungen dar. Der Entwicklungschef eines Unternehmens gab ihm als jungem Projektmitarbeiter folgende Erfahrung mit auf den Weg:

„Die Genauigkeit von 3–5%, die Sie brauchen, um ein Projekt wirtschaftlich zum Erfolg zu führen, können Sie nicht mit reiner Steuerung erzielen. Dafür müssen Sie Regelung einsetzen".

Die kybernetische Funktionsweise der hier favorisierten Regelung wird in Abbildung 17 dargestellt.

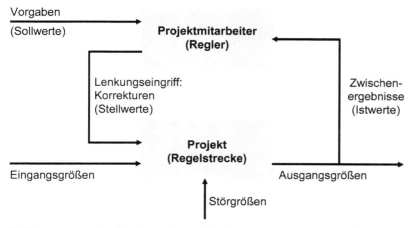

Abbildung 17: Das IT-Projekt als regelungstechnische Aufgabe
Quelle: Elzer, P. 2003, S. 9.

Der zu regelnde Prozess, der als „Regelstrecke" bezeichnet wird, sei ein konkretes IT-Projekt. Dieses Projekt weist so genannte „Eingangsgrößen" auf, die beispielsweise das Budget, das Lastenheft, oder die vorhandene technische Ausstattung sein können. Auf der anderen Seite liefert das Projekt (hoffentlich) erwünschte „Ausgangsgrößen", wie z.B. ein fertiges, funktionsfähiges Softwaresystem. Leider wirken auf diesen Prozess immer wieder „Störgrößen" ein, die sich in technischen Problemen, Budgetkürzungen, oder dem Ausfall von Mitarbeitern konkretisieren können. Wird gegen diese Störungen nichts unternommen, werden die Ausgangsgrößen in Mitleidenschaft gezogen. Im schlimmsten Fall scheitert das Projekt. Vor diesem Hintergrund ist es nun die Aufgabe des Reglers (in unserem Falle die Aufgabe des kybernetisch geschulten Projektmitarbeiters), die Auswirkungen der Störgrößen abzumildern oder bestenfalls sogar ganz zu kompensieren. Hierzu muss der Projektmitarbeiter den konkreten Zustand der Ausgangsgrößen (das sind die „Istwerte") kennen, diese mit den Vorgaben (den „Sollwerten") vergleichen sowie entsprechende Korrekturmaßnahmen („Stellwerte") ergreifen, d.h. einen **Lenkungseingriff** vornehmen. Das klingt alles recht banal, der Teufel steckt jedoch in den Details der Regelung, d.h. hier im Verhalten des regelnden Projektmitarbeiters. Es gibt ein einfaches Prinzip, um die Regelung möglichst „problemadäquat" ausfallen zu lassen. Dieses Regelungsprinzip ist der so genannte „**PID-Regler**". PID steht dabei für die Begriffe „**Proportional – Integral – Differential**". Um eine hohe Regelgüte zu erreichen, müssen mindestens diese drei Vorgehensweisen kombiniert werden. Diese „Mixtur" an Regelungsprinzipien wird notwendig, da Menschen bei Störungen mitunter ganz unterschiedlich reagieren und ihre (gut gemeinten) Regelungseingriffe das System nicht immer stabilisieren:

- „**Proportionales Verhalten**" eines Reglers bedeutet, dass die Intensität der von ihm eingeleiteten Korrekturmaßnahmen proportional zur gemessenen Abweichung der Ist-Werte von den Soll-Werten ist. Dies sollte eigentlich reichen. Leider ist es in der Praxis sehr schwierig, diesen „Proportionalitätsfaktor" (= „Verstärkungsfaktor") präzise zu bestimmen und einzuhalten. Wird dieser „Proportionalitätsfaktor" zu groß gewählt, so gerät das ganze System ins Schwingen. Das ist in der Praxis nur zu gut bekannt: Der hektische Projektleiter, der zwar immer eingreift, wenn Probleme sichtbar werden, aber häufig überreagiert, bewirkt eher eine Destabilisierung als die erwünschte Stabilisierung im Projekt.

- Hier wird als erste Korrektur das „**Integrierende Verhalten**" relevant. Es hat zum Ziel, die Intensität der Reaktion des Reglers auch von der Summe aller bisher schon aufgetretenen Abweichungen abhängig zu machen und das Systemverhalten damit etwas zu beruhigen. Dies entspricht in etwa der Logik des „alten Hasen", der „schon alles gesehen" hat und sich aufgrund seiner langjährigen Erfahrung darauf verlässt, dass sich viele Probleme „von selbst lösen können". Diese Vorgehensweise liegt allerdings gefährlich nahe an der „Taktik des Aussitzens". Hiermit wird zwar gewöhnlich das Betriebsklima verbessert, allerdings wird es brandgefährlich, sobald auf plötzlich auftretende, echte Probleme viel zu spät reagiert wird.

- Damit wird ein weiterer Korrekturmechanismus relevant: Das „**Differentialverhalten**". Es besagt, dass sich die Intensität der Korrektur nach der Geschwindigkeit der Änderung der Abweichung der Ist- von den Sollwerten richtet. Der Projektmitarbeiter wird ein ernsthaftes Problem an der **Geschwindigkeit der Änderung** ihm wichtiger **Kenngrößen** erkennen und sofort kräftige Gegenmaßnahmen einleiten.

Wie erkennt man nun Abweichungen so rechtzeitig, dass noch Zeit und finanzielle Reserven zu ihrer Korrektur bleiben? *Peter Elzer* schlägt ein sehr einfaches Verfahren vor, das nur eine Seite „A4 quer" benötigt und aus zwei Kurven besteht: Dem geplanten und dem tatsächlichen Mittelabfluss (Aufwand, Werteverzehr, Kosten) über die Zeit. Diese Vorgehensweise hat sich in der Praxis als hervorragend bewährt und gilt als eines der besten „Frühwarnsysteme" für Projektprobleme.

Im Rahmen der bisherigen Ausführungen wurden grundlegende Konzepte eines kybernetischen Managements vorgestellt. Hierauf aufbauend ist nun die konkrete Frage zu beantworten, wie man Komplexität im Unternehmensalltag managen bzw. beherrschen kann? Die vielleicht überraschende Antwort lautet: **Sowohl durch Komplexitätsreduktion als auch durch Komplexitätserhöhung!**

Eine Komplexitätsbeherrschung durch Komplexitätserhöhung führt zum wohl bekanntesten Gesetz der Kybernetik, dem „*Law of Requisite Variety*" von *Ross Ashbys*. Es besagt, „*only variety can destroy variety*", oder mit *Maria Pruckner* etwas vereinfacht ausgedrückt:

> „*Komplexe Probleme benötigen ebenso komplexe Mittel, um sie zu lösen*".

*Nach Ashby ist die **Varietät** („variety") die **Messgröße für Komplexität**. Varietät definiert er als „Zahl der verschiedenen Elemente eines Systems" bzw. als die „Zahl der möglichen verschiedenen Zustände, die ein System aufweisen bzw. einnehmen kann. Die Varietät des Systems Unternehmung ist somit nichts anderes, als ein großer Reichtum an Verhaltensmöglichkeiten, über die das Unternehmen verfügt.*

So ist vielfach zu beobachten, dass Unternehmen auf die Verschiedenheit der Kundenwünsche mit einem vielfältigen, differenzierten Produkt- bzw. Leistungsangebot reagieren. Die Unternehmen antworten in diesem Fall auf die Zunahme der Komplexität ihres Umfeldes mit einer Erhöhung ihrer Binnenkomplexität; ganz im Sinne des *„Law of Requisite Variety*. Hat ein Unternehmen ein Varietätsdefizit, so kann es den differenzierten Anforderungen seiner Umwelt (der Märkte) nicht mehr in vollem Umfange nachkommen. Das Unternehmen fällt im Wettbewerb zurück, im schlimmsten Falle geht es in die Insolvenz. Ohne eine entsprechende Varietäts- bzw. Komplexitätserhöhung, gerät das System Unternehmung außer Kontrolle. Ist aber eine solche Strategie der bewussten Varietätserhöhung nicht gefährlich? Kann es nicht sein, dass man geradezu in eine „Komplexitätsspirale" läuft, in der die Unternehmen zuletzt an ihrer eigenen Komplexität ersticken? Wäre es nicht besser, konsequent auf komplexitätsreduzierende Maßnahmen zu bauen und dem „*KISS-Prinzip*" („*Keep it Simple and Stupid*") den Vorrang zu geben?

Fredmund Malik ist zuzustimmen, dass das „*KISS-Prinzip*" eine klare, wenn aber auch nur begrenzte, Berechtigung für den Unternehmensalltag besitzt. Solange es gelingt, die Unternehmenswirklichkeit (Geschäftsprozesse, IT-Systeme, Produkte etc.) einfach zu halten, können auch die Steuerungs- und Regelungsmechanismen einfach sein. Allgemein kann man sagen, dass komplexitätsreduzierende Maßnahmen immer dann richtig sein können, wenn es um die effiziente und sichere Erreichung **bekannter Ziele auf bekannten Wegen** geht. So wären für den IT-Bereich Ansätze zur Komplexitätsreduktion z.B. in Form der Normierung von Kundenbeziehungen

- durch exakt formulierte Verträge,
- durch *Service-Level-Agreements*,
- durch die Klassifikation innerhalb des *Customer-Relationship-Managements* mit Hilfe von ABC-Analysen sowie
- durch die Normierung und Standardisierung von Abläufen und Geschäftsprozessen etc.

zu benennen.

Die Strategie des *KISS*, d.h. der Komplexitätsreduktion, ist aber spätestens dann falsch, wenn es um die **Suche nach neuen Zielen und Wegen** sowie um die **schnelle und flexible Anpassungen an eine dynamische Umwelt** im unternehmerischen Kontext geht. Was noch völlig unbekannt ist, lässt sich eben (noch) nicht vernünftig regeln. Unabhängig davon, ob ein Unternehmen ein neues innovatives Geschäftsmodell für sich finden muss, eine neue Technologie zu entwickeln und zu vermarkten hat, oder es sich immer wieder schnell an nicht vorhersehbare Änderungen der Umwelt anpassen muss: Erfolg ist in solchen komplexen Situationen nur durch den **Abbau von Regelungen**, also durch das **Zulassen möglichst vieler Verhaltensmöglichkeiten** (und damit durch Komplexitätserhöhung) erreichbar.

IT-Systeme müssen vor diesem Hintergrund als Varietätsverstärker verstanden und gestaltet werden. Berücksichtigt man die unüberschaubaren Datenfluten des Internetzeitalters, so ist dies keine unproblematische Forderung. Die entscheidende Bedingung für einen varietätsverstärkenden Einsatz von Informations- und Kommunikationstechnologien muss daher die **Erhöhung der Komplexitätsbewältigungskompetenz** der Entscheidungsträger sein. Aufgabe der IT, im kybernetischen Sinne der Varietätserhöhung, ist es, den Entscheidungsträgern ein möglichst **ganzheitliches Bild der inneren und äußeren Situation des Unternehmens in Echtzeit** zu liefern. Controlling-Instrumente wie die *Balanced Scorecard* gehen in diese Richtung. Solche Instrumente verhindern die einseitige, und damit schädliche, Ausrichtung sämtlicher betrieblicher Entscheidungen an nur einer einzigen Kenngröße, wie sich das am Negativ-Beispiel des „*Shareholder Value-Konzeptes*" belegen lässt. Vergleiche hierzu ausführlich *Kapitel 5*.

Moderne Management-Informationssysteme sind, wie *Stephan Büttner* in seiner Untersuchung zur „*Kybernetisch intelligenten Unternehmung*" fordert, als „Varietätsverstärkungs-Instrumente" zu gestalten. Dies wird erreicht, indem die „Kontrollspanne" der Führungskräfte, d.h. der Umfang der von den ihnen zu verantwortenden Lenkungsbereiche bzw. Lenkungsinformationen, erhöht wird. Dabei bedient man sich zum einen der Möglichkeit,

- für einzelne kritische Lenkungsgrößen vorab bestimmte Bandbreiten bzw. Schwellenwerte zu definieren, bei deren Überschreitung automatische „Abweichungs-Warnmeldungen" ausgelöst werden, die dann einen Eingriff der Führungskraft, im Sinne des „*Management by Exception*", zur Folge hat.

- Zum anderen ermöglichen entsprechend gestaltete Management-Informationssysteme einen „*Drill Down*", d.h. „ein in die Tiefebohren" bei solchen Größen, von denen man sich Aufschluss über ihre genaue Zusammensetzung bzw. die Ursachen ihrer Veränderung verschaffen möchte.

- Eine weitere Variante von varietätserhöhenden Informationssystemen ist in den IT-gestützten „*Knowledge Management-Systemen*" zu sehen. Hierzu werden im weitesten Sinne all jene Systeme gezählt, welche die Mitarbeiter darin unterstützen, auf den Wissens- und Erfahrungsschatz Dritter zurückzugreifen. Mit dem Einsatz von „Wissensbanken" oder „Expertensystemen" wird versucht, das dezentral in den Unternehmen verteilte Wissen für andere Mitarbeiter zugänglich zu machen bzw. einschlägiges Expertenwissen abzubilden und „auf Knopfdruck" abrufbar zu machen. Nach der anfänglichen Euphorie auf diesem Gebiet, ist man mittlerweile wieder deutlich von der Idee abgerückt, das menschliche Wissen nahezu vollständig in Datenbanken erfassen zu können. Wie bereits im *Kapitel 2.3* deutlich wurde, lebt Wissen nur in den Köpfen von Menschen und nicht in den betrieblichen Datenbanken. Vor diesem Hintergrund ist zu versuchen, das in den Köpfen von Experten vorhandene Wissen dadurch zu „erschließen", indem man es für andere leichter auffindbar und besser zugänglich macht. Zu diesem Zweck werden in zahlreichen Unternehmen „**Expertenverzeichnisse**" erstellt, die es dem einzelnen Mitarbeiter ermöglichen, ähnlich einem Branchentelefonbuch, diejenige Person im Unternehmen zu finden, welche über eine nachweisliche Expertise zu einem bestimmten Problemfeld besitzt. Das Ersetzen von „*Know-how*" durch ein „*Know-where*" stellt ein mächtiges Instrument zur Varietätsverstärkung dar, da sich hiermit sowohl interne, als auch zunehmend externe Wissensquellen (von Kunden, Konkurrenten, Lieferanten etc.) erschließen lassen. Mit Hilfe von Internet und Intranet lassen sich solche varietätssteigernde Formen des Wissensmanagements technologisch unterstützen.

Das wohl wirkungsmächtigste Instrument zur Erhöhung der Eigenvarietät, und damit zur Bewältigung umweltinduzierter Komplexität, ist aber die konsequente Nutzung der **Selbstorganisation als organisatorischem Prinzip**. *Stephan Büttner* merkt hierzu an:

„Komplexe soziale Gebilde, wie Unternehmen es sind, können die zum Überleben in ihrer dynamisch-komplexen Umwelt erforderliche Flexibilität und Anpassungsfähigkeit überhaupt nur mit Hilfe relativ autonomer, selbststeuernder und -organisierender Teileinheiten errei-

chen, die einen Großteil der Umweltvarietät selbstständig bewältigen. Für das Management stellen die in diesen dezentralen Einheiten wirkenden Selbstlenkungsmechanismen unverzichtbare Komplexitätsabsorber bzw. -verstärker dar, die es von Routineaufgaben entlasten und so seinen Handlungsspielraum und seine Eigenvarietät erhöhen."

In Anlehnung an *Stafford Beer* und *Fredmund Malik* lautet der **organisatorische Imperativ eines kybernetischen Managements** damit:

„Organisiere ein Unternehmen oder einen Unternehmensbereich so, dass er sich so weit als möglich selbst organisieren und selbst regeln kann. "

Aus dieser Perspektive liegt die Kunst des (IT-)Managements im Beherrschen des Wechselspiels aus komplexitätsreduzierenden und -erhöhenden Maßnahmen im richtigen Ausmaß und zur richtigen Zeit. Dabei ist es eine wesentliche Aufgabe der IT mit dafür zu sorgen, dass ein Unternehmen sich schnell an wechselnde Rahmenbedingungen anpassen kann. Der IT-Bereich trägt eine wesentliche (Mit-)Verantwortung für die Adaptionsfähigkeit des Unternehmens.

2.4.3   Unternehmen als komplexe adaptive Systeme

„It is not the strongest of the species that survive, nor the most intelligent, rather it is those most responsive to change. "
Charles Darwin

Nach der hier vertretenen Auffassung sind Unternehmen als **komplexe adaptive Systeme** zu sehen. Komplexe adaptive Systeme zeichnen sich

*   durch ihre Nicht-Linearität und Dynamik sowie
*   durch ihre Vielzahl an miteinander interagierenden Elementen bzw. Komponenten aus.
*   Diese Komponenten entwickeln sich in einem permanenten Prozess der Ko-Evolution in bzw. mit ihrer Umwelt.

Klassische Beispiele für komplexe adaptive Systeme sind Volkswirtschaften, Unternehmen, Ameisenkolonien oder das menschliche Gehirn. Auch Softwaresysteme können als solche Systeme beschrieben und analysiert werden. Auf Basis der Erkenntnisse des *Santa Fe Institutes, New Mexico, USA* hat der amerikanische Technologieforscher *Kevin Kelly* in seinem Buch *„Out of Control"* einige zentrale Prinzipien zur Gestaltung und Entwicklung von komplexen adaptiven Systemen vorgeschlagen. Im Folgenden werden, in Anlehnung an die Untersuchung von *Manfred Stüttgen*, vier dieser Prinzipien kurz vorgestellt und auf ihre Bedeutung für das Management im IT-Umfeld näher erläutert:

1. Das Prinzip der verteilten Intelligenz („Distribute Being"**)**

Mit dem Begriff der „**Verteilten Intelligenz**" beschreibt *Kelly* die Tatsache, dass sich die Lebendigkeit, die Eigendynamik und die oftmals als intelligent erscheinenden Selbstorganisationsprozesse komplexer adaptiver Systeme daraus ergeben, dass sie aus einer Vielzahl an

Subsystemen zusammengesetzt sind, die vielfältig miteinander verknüpft sind und eng miteinander interagieren. Die dezentral organisierten Subsysteme sind grundsätzlich in der Lage, sich relativ autonom an ihre jeweiligen lokalen Rahmenbedingungen bzw. deren Änderungen anzupassen. Das in jüngster Zeit auch in der Ökonomie Beachtung findende Konzept der **Schwarmintelligenz** baut auf dieser Logik auf. Trotz der Abwesenheit einer zentralen Steuerungseinheit, zeigen z.B. Fisch- oder Vogelschwärme ein äußerst kohärentes, hochgradig koordiniertes Systemverhalten. Kommt eine Gefahr auf den Fischwarm zu, so reagieren die am Rande des Schwarms schwimmenden Fische sofort und verändern ihre Richtung. In Bruchteilen von Sekunden richtet sich der gesamte Schwarm, als Reaktion auf das Verhalten einiger weniger am Rande schwimmender („dezentraler") Fische, an der neuen Richtung aus. Damit zeigt ein intelligenter Schwarm, im Hinblick auf die Art und Weise seiner Informationsverarbeitung, charakteristische Eigenschaften wie sie auch im menschlichen Gehirn oder bei künstlichen neuronalen Netzwerken zu finden sind: Die Fähigkeit zur **Parallelität der Informationsaufnahme und Informationsverarbeitung** sowie zur **verteilten Informationsverarbeitung und Informationsspeicherung**.

Verteilte, dezentral organisierte Unternehmensstrukturen verfügen damit, im Vergleich zu zentralistisch strukturierten Ordnungen, über einen wesentlichen Anpassungs- und Lenkungsvorteil. Aufgrund ihrer zahlreichen dezentral operierenden Problemerkennungs-, Problemlösungs- und Entscheidungszentren (die Fische am Rand des Schwarms oder selbstorganisierende Unternehmenseinheiten etc.) können sie größere Informationsmengen parallel, und damit sehr viel schneller verarbeiten. Des Weiteren sind sie im Vergleich zu zentralisierten Systemen sehr viel besser in der Lage, verteiltes Wissen zu erschließen und zu nutzen.

Aufgrund ihrer Dezentralität verfügen „verteilt organisierte Systeme" auch über eine deutlich größere Anzahl an „Sensoren", um Umweltinformationen wahrzunehmen (Veränderung von Kundenwünschen, Gefahren aufgrund neuer Technologien oder neuer Wettbewerber etc.) als zentralistisch aufgebaute Unternehmen. Den dezentralen Einheiten müssen allerdings Führungsfunktionen eingeräumt werden, damit sie auf der Basis ihrer frisch gewonnenen Informationen schnell handeln und entscheiden können. Die Gestaltung der betrieblichen IT-Systeme ist an dieser Logik (hohe Dezentralität und Parallelität von Informationserfassung sowie Informationsweitergabe in Echtzeit) auszurichten. Gelingt die enge Verzahnung zwischen dezentralem Organisationsdesign und IT-Unterstützung, so kann das Gesamtsystem Unternehmung ein deutlich höheres Maß an Umweltkomplexität absorbieren. Die IT-gestützte Bildung von kleinen, spezialisierten Organisationseinheiten stellt ein zentrales Aktionsmuster von **Unternehmensnetzwerken** dar und ist die Basis für weitere Strategien der Komplexitätsbewältigung. Hierzu zählt auch die Strategie der „Lenkung von unten herauf".

2. Das Prinzip der Lenkung von unten herauf („*Control From Bottom Up*")

Dieses Prinzip muss als Verdichtung der Erkenntnisse über wirksame Steuerungs- und Lenkungsmechanismen komplexer Systeme verstanden werden. Wie bereits mehrfach aufgezeigt, ist in einem komplexen und dynamischen Umfeld ein detailliertes Wissen über die „konkreten Umstände vor Ort" nötig. Über ein solches lokales Wissen verfügt eine „Steuerung von oben" jedoch nur in den seltensten Fällen. Daher ist ein von der tiefsten Systemebene des Unternehmens initiierter Problemlösungs- bzw. Steuerungsprozess der „*Top-Down-Steuerung*" einer hierarchisch höhergestellten Führungseinheit fast immer überlegen. Dies ist damit zu begründen, dass Lenkung im Sinne einer Kombination von Steuerung und (Selbst-)Regelung auf dem Prinzip der Rückkoppelungsinformation beruht. Die systemweit verteilten Informationen lassen sich durch „Lenkung von unten" weitaus effizienter ausschöpfen, als durch eine umständliche und zeitaufwändige Steuerung „von oben". Die Überlegenheit der "Lenkung von unten" kommt insbesondere in ihrer Fähigkeit zum Ausdruck, dezentrales kontextuelles Wissen der Entscheidungsträger „vor Ort" erschließen und nutzen zu können.

3. Das Prinzip der Kultivierung zunehmender Grenzerträge („*Cultivate Increasing Returns*")

Mit dieser Regel wird der – für die Funktionsweise komplexer Systeme zentrale – Mechanismus der „**positiven Feedbacks**" angesprochen. Komplexe adaptive Systeme können positive Rückkoppelungseffekte dazu nutzen, um ihre Lebens- und Entwicklungsfähigkeit zu sichern. Sich selbst verstärkende Rückkoppelungsmechanismen konkretisieren sich in komplexen Systemen z.B. in Form von Lerneffekten und autokatalytischen Prozessen. Autokatalytische (d.h. positiv rückgekoppelte) Prozesse, sind eine zentrale Voraussetzung für wirksame Selbstorganisation. Innerhalb von **Netzstrukturen**, wie z.B. der **Internetökonomie**, besitzen positive Feedbacks in Form von zunehmenden Grenzerträgen zentrale Bedeutung für die strategische Markterschließung. Positive Rückkopplungen bzw. zunehmende Grenzerträge repräsentieren hier den entscheidenden Antriebsmotor für unternehmerische Dynamik und nachhaltige Wettbewerbsvorteile. Diese Zusammenhänge werden ausführlich im folgenden *Kapitel 3* beschrieben.

4. Das Prinzip des Wachstums über funktionierende Einheiten („*Grow by Chunking*")

Mit der Leitlinie „Wachse über funktionierende Einheiten" wird die Logik der Entstehung und Entwicklung von komplexen adaptiven Systemen zum Ausdruck gebracht: So ist der Versuch, ein hochkomplexes System in einem einzigen Schritt zu entwickeln, in der Regel von vornherein zum Scheitern verurteilt. Sowohl für komplexe anpassungsfähige Systeme natürlicher Art, als auch für komplexe künstliche Systeme (wie z.B. Software) gilt eine wesentliche Forderung: Die **Entwicklung des Systems ist zunächst einmal auf Basis kleinerer, in sich funktionsfähiger Einheiten zu beginnen**. Erst in weiteren Schritten sind die einzelnen Komponenten des Systems zu Systemen höherer Komplexität zusammenzufügen.

Die Prinzipien eins, zwei und vier sind eng mit dem betriebswirtschaftlichen Konzept des „**fraktalen Unternehmens**" verbunden. Das Organisationsmodell des fraktalen Unternehmens geht auf den ehemaligen Präsidenten der deutschen *Frauenhofer Gesellschaft*, *Professor Hans-Jürgen Warnecke*, zurück. Es wird im Folgenden in Anlehnung an *Bernd Venohr* definiert:

„*Ein fraktales Unternehmen ist durch die Selbstähnlichkeit seiner Unternehmensteile charakterisiert. Sämtliche Unternehmenseinheiten sind nach denselben Regeln aufgebaut und enthalten eine verkleinerte Version der Gesamtstruktur. Ähnlich wie bei einer Kaskade besteht das Unternehmen aus einer Kette miteinander verknüpfter Kaskaden. Jedes Fraktal stellt eine verkleinerte und ähnliche Version des übergeordneten Fraktals dar.*"

Vereinfacht ausgedrückt besteht ein Unternehmen dann aus mehreren, nach den gleichen Prinzipien aufgebauten Unternehmensbereichen. Fraktale Unternehmen nutzen dabei die Prinzipien der Selbstorganisation, der „Lenkung von unten" sowie der „verteilten Intelligenz": Unabhängig von ihrer hierarchischen Einordnung agieren Fraktale selbständig und eigenverantwortlich, so wie ein „Unternehmen im Unternehmen". Dabei garantiert die „Selbstähnlichkeit", dass alle Einheiten auf der Basis gleicher Leitlinien und untereinander abgestimmter Ziele arbeiten. Innerhalb eines vereinbarten Zielkorridors werden dem einzelnen Fraktal große unternehmerische Freiräume zugesprochen. Mit seiner Betonung von dezentralen Entscheidungsbefugnissen und Selbstorganisation will das fraktale Unternehmen das Wissen und Können der Mitarbeiter möglichst optimal ausschöpfen. „*Fraktale Unternehmensstrukturen sind*", so die These von *Warnecke*, „*ein überlegenes Organisationsmodell in komplexen und dynamischen Situationen, da nur die ständige Anpassung an die Umwelt und die Nutzung aller Mitarbeiterpotenziale zu den jeweils besten Lösungen führt.*"

Unternehmen, die als adaptive Systeme einer dynamischen und komplexen Umwelt gerecht werden wollen, benötigen entsprechend gestaltete Informations- und Kommunikationssysteme. Diese müssen die

*   Selbstorganisation der dezentralen Einheiten (Fraktale) und ihre „Lenkung von unten herauf" über detaillierte Finanz- und Leistungskennzahlen in Echtzeit sicherstellen sowie
*   die „verteilte Intelligenz" innerhalb des Unternehmens durch Vernetzung und Integration erschließen.

Dies ist nicht nur eine technologische Aufgabe, sondern insbesondere auch eine Frage der Gestaltung der Systeme des innerbetrieblichen Rechnungs- und Berichtswesen sowie des Controlling. Als Beispiel für diese Vorgehensweise, sei das bei *Würth* eingesetzte Informationssystem („*Würth-Info-System*") angeführt.[2] Dieses Informationssystem liefert detaillierte Finanz- und operative Leistungszahlen (Rohertrag, Umsatzrendite, Lagerumschlag, Reklamationskosten etc.) für alle ergebnisverantwortlichen Einheiten, über alle Unternehmensebenen hinweg bis hinunter zum einzelnen Außendienstmitarbeiter. Hierdurch erhalten die dezentralen Einheiten (Fraktale) jene Zahlenbasis, die sie für ihre Selbststeuerung benötigen. Eine monatliche Erfolgsmessung ist dabei sowohl Basis als auch Auslöser von Rückkoppelungen und eventuell nötigen Korrekturmaßnahmen. Jede dezentrale Einheit soll in die Lage versetzt werden, die eigene Leistung selbst zu messen, diese mit den vereinbarten Zielen zu vergleichen und falls nötig, selbstständig Korrekturmaßnahmen einzuleiten. Damit sich die einzelnen Unternehmensbereiche auf Basis des Informationssystems schnell an Veränderungen des Umfeldes anpassen können, bedarf es einer hohen **Konsistenz** und **Aktualität** der zur Verfügung gestellten Daten. Es wird eine **unternehmensweit einheitliche Datenbasis** benötigt, die auf fest vorgeschriebenen Standards bei der Definition von betrieblichen Kennzahlen und Prozessdaten basiert.

---

[2] Vgl. hierzu ausführlich Venohr 2006, S. 129ff.

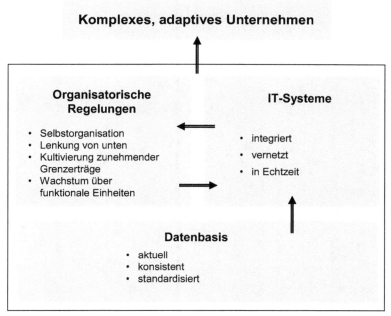

Komplexes, adaptives Unternehmen

Organisatorische Regelungen

- Selbstorganisation
- Lenkung von unten
- Kultivierung zunehmender Grenzerträge
- Wachstum über funktionale Einheiten

IT-Systeme

- integriert
- vernetzt
- in Echtzeit

Datenbasis

- aktuell
- konsistent
- standardisiert

Abbildung 18: Das komplexe, adaptive Unternehmen und die Rolle der IT

Als wesentliche Erkenntnis für das IT-Management bleibt festzuhalten: Um ein komplexes adaptives Unternehmen zu erhalten, bedarf es einer engen Abstimmung der organisatorischen Regelungen (Selbstorganisation, Lenkung von unten) mit den Informationssystemen (integriert, in Echtzeit) und der notwendigen Datenbasis (aktuell, konsistent, standardisiert). Wird nur einem dieser drei Punkte nicht entsprechend Rechnung getragen, so verliert das Unternehmen seine Anpassungsfähigkeit und sein Potenzial, mit hoher Komplexität erfolgreich umgehen zu können.

Viele der in diesem Kapitel skizzierten Methoden und Lösungsansätze finden ihre Bedeutung und konkrete Anwendung in der so genannten Netzökonomie bzw. Internetökonomie.

3   IT-Management im digitalen Zeitalter – Eigenschaften der Internet- bzw. Netzökonomie

„Das Internet ist ein großer Misthaufen, in dem man
allerdings auch kleine Schätze und Perlen finden kann."
Joseph Weizenbaum

„Früher haben Maschinen die Arbeit automatisiert,
heute automatisieren Maschinen die Produktion von Information."
Esther Dyson

Wer nimmt heutzutage den wohl nachhaltigsten Einfluss auf unser Leben? Die Politik, die Kirchen oder die Schulen bzw. Hochschulen? Sicher haben diese Institutionen Bedeutung für unser Wertesystem, unser Denken und Handeln. Beim einen mehr und beim anderen weniger. Aber fast unbemerkt, quasi durch die Hintertüre, wird unser privates wie auch berufliches Leben durch **Technologien** (Biotechnologien, Nanotechnologie, Informationstechnologien etc.) beeinflusst und nachhaltig verändert. Die Auswirkungen der **Informationstechnologien** auf unsere globale Wirtschaft sind unübersehbar: Breitbandige Übertragungsnetze, Internet, E-Mail, integrierte Softwareprodukte, IT-basiertes Geschäftsprozessmanagement usw. verändern Art und Weise von Produktion und Konsum, von privatem wie geschäftlichem Informationsaustausch. Die schwedischen Managementprofessoren *Jonas Ridderstrale* und *Kjell Norström* bringen es auf den Punkt:

> *„Heute fließen Informationen ungehindert. Es ist, als ob man Sand in der Badehose hätte –*
> *lästig, aber kaum mehr los zu werden."*

Ohne **Digitalisierung** und **Vernetzung** gäbe es diesen Informationsfluss nicht. Die zunehmende globale Vernetzung von Menschen, Rechnern und Infrastrukturen stieß Ende des abgelaufenen Jahrtausends ein Paradigmenwechsel der Wirtschaft an. Diese neue ökonomische Realität wurde mit den Begriffen **„digitale Wirtschaft"**, **„Netzwerkwirtschaft"** bzw. **„Internet-Ökonomie"** belegt. Dies ist damit zu begründen, dass dieser neue Wirtschaftsbereich erst durch das Internet („das Netz der Netze") entstanden ist bzw. von ihm zumindest nachhaltig geprägt wurde. Das Internet ermöglicht über seine technologische Basis, das Internet-Protokoll, eine Digitalisierung der Wertschöpfung, die alle Bereiche von Wirtschaft und Gesellschaft umfasst. Diese technische Transformation setzt die Kenntnis besonderer ökonomischer Regeln voraus und macht auf Seiten der Unternehmen neue Strategien notwendig.

	Treiber der Vernetzung	Aktionsmuster der Unternehmen
Wirtschaftlicher Treiber	• Käufermarkt • Globalisierung • Schneller Wandel	• Flexibilisierung der Organisationsstruktur • Konzentration auf Geschäftsbeziehungen • Management des Wissens
Informations- und Kommunikationstreiber	• Entwicklungen der IT • Entwicklungen der „Informatisierung"	• IT als strategische Notwendigkeit • IT als Wettbewerbsfaktor

Abbildung 19: Die Netzökonomie – Treiber und Aktionsmuster der Vernetzung
Quelle: Fleisch, E. 2001, S. 18.

Wie die Professoren *Arnold Picot*, *Ralf Reichwald* und *Rolf Wigand* in ihrem Buch „*Die grenzenlose Unternehmung*" feststellen, konkretisiert sich die ökonomische Logik der Netz- bzw. Internetökonomie

- in einer Dematerialisierung durch Digitalisierung,
- in Netzwerken und den damit verbundenen Netzgesetzen,
- im Erreichen kritischer Massen sowie dem Setzen von Standards,
- in den Veränderungen bei den Transaktionskosten sowie
- in neuen Formen des Technologiemanagements.

Das Internet stellt eine technologische Infrastruktur zur Verfügung, die den **Wechsel von physischen Atomen** (materiellen Gütern) **zu digitalen Bits** (Informationen) ermöglicht. Das Internet schafft damit neue Geschäftsmodelle und Geschäftsprozesse, da der direkte Informationsaustausch zwischen einem Unternehmen und seinen Lieferanten und Kunden deutlich vereinfacht wird. Es entstehen neue Formen der Vernetzung. Konkret bedeutet dies, dass Unternehmen mehr Informationen und weniger physische Güter bewegen: „Dematerialisierung durch Digitalisierung!" So wird ein Weniger an Lagerhaltung durch ein Mehr an *Just-In-Time-Anlieferung* ersetzt. Das senkt die Kosten und erhöht die Flexibilität der Unternehmen.

> „*Das Ersetzen materieller Bestände durch Informationen wird in Zukunft die gesamte Wertschöpfung, das Supply Chain Management, maßgeblich beeinflussen*".

Der von den neuen Informations- und Kommunikationstechnologien ausgelöste Technologieschub ermöglicht **neue Formen der Arbeitsteilung und der Wissensgewinnung**. Es kommt zu einer zunehmenden Vernetzung von Wirtschaft und Gesellschaft, welche die Unternehmen dazu zwingt, den Vernetzungsprozess (Transformationsprozess) in ihrem Sinne aktiv zu gestalten.

3.1   Die Logik der Netze

„Niemand kann es kontrollieren, das ist wahr,
aber das ist nicht notwendigerweise schlecht.
Es ist ein organisches System, es ist ein Netzwerk,
das aus vielen 100 Millionen von Menschen besteht,
von denen jeder seine eigenen Entscheidungen trifft."
David Gelernter

Unsere ökonomische Welt hängt von **Netzwerken** ab. Die Erde ist von Straßen, Wasserleitungen, elektrischen Leitungen, Eisenbahntrassen, Funkwellen, Fernsehsignalen und Glasfaserkabeln umspannt bzw. durchzogen. Diese Netze repräsentieren die Haupt- und Nebenstraßen des Materie-, Energie- und Informationsflusses unserer Volkswirtschaften. Die Wirtschaft selbst besteht darüber hinaus aus höchst komplexen virtuellen Netzwerken. Trotz ihrer herausragenden Bedeutung und Omnipräsenz führten derartige Netzwerke jedoch bis vor kurzem eher ein Schattendasein in der ökonomischen Forschung und Ausbildung. Im Gegensatz zu den Naturwissenschaften, bei denen Netzwerke seit Jahren ein Schwerpunktthema bilden, wurde die ökonomische Relevanz und Logik der Netze von der traditionellen Wirtschaftslehre vernachlässigt. Wie der Leiter des *McKinsey Global Institute*, *Eric Beinhocker*, feststellt, ist diese (Teil-)Blindheit mit der starken Konzentration der Mainstream-Ökonomie auf Gleichgewichtsmodelle zu begründen. Dem Ökonomen *Brian Arthur* vom *Santa Fe Institute* fällt der Verdienst zu, sich gegen die herrschende ökonomische Gleichgewichtslehre gestellt und **die Wirtschaft als ein komplexes adaptives System** interpretiert zu haben. Im Ansatz von *Brian Arthur* gilt die Logik der **Komplexitätsökonomie**, die durch nichtlineare Ungleichgewichtssysteme, dynamischen Beziehungsnetzwerke sowie durch Emergenz und Evolution gekennzeichnet ist. Hierauf begründen sich eine Reihe so genannter „**Netzwerkgesetze**", denen in ökonomischen Systemen, d.h. in Netzwerken aus Menschen, Unternehmen, Technologien, große Bedeutung zukommt.

Bevor aber diese Eigenschaften von Netzwerken näher betrachtet werden, sollen zuerst einige zentrale Begriffe erläutert werden. Ein Netzwerk wird graphisch als eine Menge an Punkten mit Verbindungslinien zwischen diesen Punkten dargestellt. In der Mathematik werden diese Punkte als **Knoten**, die Verbindungslinien als **Kanten** bezeichnet. Das Gesamtbild eines Netzwerkes wird als **Graph** bezeichnet. Kommt die Auswahl der Verbindungslinien zufällig zustande, so spricht man von einem **Zufallsgraphen**.

Zufallsgraph

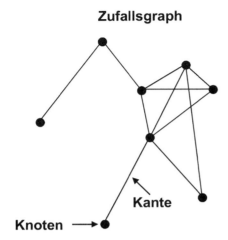

Abbildung 20: Der Zufallsgraph
Quelle: Beinhocker, E. 2007, S. 164.

Folgen die Verbindungen dagegen einem regelmäßigen Muster, indem z.B. jeder Punkt mit seinen vier nächstgelegenen Nachbarpunkten verbunden ist (in diesem Falle entsteht ein „Schachbrettmuster"), wird von einem Gitter gesprochen.

Gitter

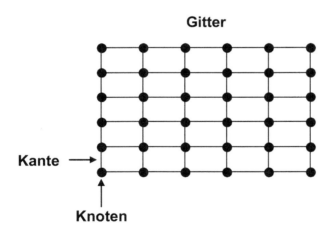

Abbildung 21: Das Gitter
Quelle: Beinhocker, E. 2007, S. 164.

In Ökonomie und Netzwerkwirtschaft sind sowohl Zufallsgraphen als auch Gitter von Bedeutung, wobei einige der interessantesten Netzwerke eine Kombination aus beiden sind.

3.1.1 Charakteristika von Netzinfrastrukturen: Small World-Phänomene, Weak-Ties und strukturelle Löcher

Zur betrieblichen, wie auch privaten Kommunikation wird heute immer mehr auf global verfügbare, breitbandige Netzinfrastrukturen zurückgegriffen. Die beiden US-amerikanischen Ökonomen *Carl Shapiro* und *Hal Varian* drücken das so aus:

> *„Infrastructure is to information as a bottle to wine: the technology is the packaging that allows the information to be delivered to end consumers. A single copy of a film would be of little value without a distribution technology. Likewise, computer software is valuable only because computer hardware and network technology are now so powerful and inexpensive.“*

Das Internet ist vermutlich das aktuellste, aufregendste und anschaulichste Beispiel für eine technologische Infrastruktur, die der Kommunikation, der Verteilung verschiedenster Inhalte dient. Nach einem ca. zwanzigjährigen Mauerblümchendasein fand das *World Wide Web* in den späten neunziger Jahren durch schnellere und billigere Modems sowie anwenderfreundlichere Benutzerschnittstellen (*Browser*) eine fast explosionsartige Verbreitung. Das Ergebnis ist eine weltumspannende Vernetzung. Was aber bedeutet Vernetzung (*Linking*)? Wie kann man aus Vernetzung Mehrwerte für Kunden, Lieferanten und Mitarbeiter schaffen? Wie erreicht man einen *„Linking-Value"*? Durch was sind Netzwerkstrukturen, abgesehen von ihren wichtigen technischen Eigenschaften, charakterisiert? Der Medientheoretiker Professor *Norbert Bolz* von der Technischen Universität Berlin gibt hierauf folgende Antworten:

Zum einen zeichnen sich Netzwerkstrukturen durch so genannte *„**Small World-Phänomene**"* aus. Diese, bereits 1967 von dem Entwicklungspsychologen *Stanley Milgram* entdeckten Phänomene bieten eine verblüffend einfache und zugleich mathematisch höchst komplexe Erklärung dafür, weshalb innerhalb von Netzwerkstrukturen die Summe aus 1 plus 1 nicht zwingend 2 sein muss, sondern auch 3, 5, 8, 175 oder 430 etc. sein kann. Eine Art von **„Kurzschluss"** kann einen Menschen, ein Unternehmen, ein Datenpaket im Internet oder einen biologischen Virus 3, 5, 8, 175 oder 430 Schritte weiter bringen. *Small World-Phänomene* liefern eine Begründung für die Beobachtung, dass zwei Menschen, die einander nicht kennen und an ganz unterschiedlichen Enden unserer Erde leben, durch eine nur sehr kurze Kette von Bekannten miteinander verknüpft sind. So haben empirische Untersuchungen ergeben, dass **niemals mehr als sechs Schritte** (Personen, „Handschläge") notwendig sind, um zwei beliebige Menschen miteinander zu verknüpfen.

Auch die Netzstrukturen des Internets weisen diese Logik auf. Ähnlich wie ein Ökosystem **wächst das Internet selbstorganisiert**. Es existiert keine zentrale Instanz, die Anweisungen gibt, wie die Abermillionen von Websites per Links und Hypertext miteinander zu verbinden sind. Überraschenderweise kristallisieren sich jedoch auch im Internet *Small World-Strukturen* heraus. Im *World Wide Web* sind es maximal neunzehn Klicks, um von einem beliebigen Ort zu jedem anderen zu gelangen. Dass hier mehr Schritte erforderlich sind als in menschlichen Netzen ist mit der Tatsache zu begründen, dass Internet-Seiten im Durchschnitt über lediglich sieben Links verfügen, während es für Menschen eher traurig wäre, wenn sie nur mit sieben anderen Personen in Kontakt stünden.

Welche Konsequenzen hat diese Beobachtung für Unternehmen im Internetzeitalter? Aus Sicht der Unternehmen geht es darum, Small World-Phänomene, d.h. „Kurzschlüsse", in ihren Marktverbindungen zu realisieren. Kurzschlüsse bilden die wesentliche Voraussetzung für Small World-Phänomene oder, um es mit Bernd Ankenbrand zu sagen:

„Kurzschlüsse in der Elektronik machen diese wertlos – Kurzgeschlossene Organisationen sind in Gold nicht aufzuwiegen!"

In der Internetökonomie sind es die *Hyperlinks*, die für derartige Kurzschlüsse und damit für *Small World-Phänomene* im Unternehmensumfeld sorgen. *Hyperlinks* verknüpfen isolierte Webseiten mit dem gesamten *Cyberspace*, mit der gesamten Internetwelt. Für *Hyperlinks* existieren weder geographische noch kulturelle oder ideologische Entfernungen bzw. Barrieren. Wie *Ankenbrand* plastisch darlegt, sind *Hyperlinks* der Kurzschluss zwischen dem *Playboy* und *Unicef*, oder die Verknüpfung zwischen *Amazon.com* und dem *Vatikan*. *Amazon* verkauft Bücher und CDs des Papstes – zu beider Vorteil. Auch bei der Erschließung neuen Wissens sind *Hyperlinks* außerordentlich wertvoll, wie das Konzept von *Wikipedia* deutlich macht. Allgemein lässt sich sagen, dass zur Erschließung neuer Märkte entweder die Vertriebsnetze enorm ausgebaut werden, oder aber einige weinige Kurzschlüsse (*Hyperlinks*) eingebaut werden müssen.

Zum zweiten spielt für die Charakterisierung von Netzwerkstrukturen das Konzept der **„Weak Ties"** bzw. der „*losen Kopplung*" eine bedeutende Rolle. Der Soziologe *Mark Granovetter* suchte im Rahmen einer Studie nach den bestimmenden Eigenschaften sozialer Netzwerke. Er ging davon aus, dass sich zwischenmenschliche Beziehungen als Netzwerke interpretieren lassen. Daher stehen in seiner Analyse die Knotenpunkte eines Netzes für die Menschen innerhalb eines sozialen Netzwerkes (z.B. eines Unternehmens, eines Freundeskreises). Die Verbindungen zwischen den Knotenpunkten repräsentieren dagegen die Arbeitsbeziehungen oder Freundschaften zwischen ihnen. *Granovetter* erkannte hier, dass Freunde, mit denen wir sehr eng verbunden sind („*Strong Ties*"), häufig auch die gleichen Freunde wie wir selbst haben. Entferntere Bekannte (*Weak Ties*) verfügen dagegen über ihren eigenen, von unserem durchaus verschiedenen, Freundeskreis. Das überraschende Ergebnis seiner Studie war nun, dass die *Weak Ties* die entscheidenden Brücken zwischen zwei relativ abgeschlossenen Freundeskreisen darstellen. *Granovetter* konnte belegen, dass Menschen, welche die *Weak Ties* nutzten, um im Berufsleben nach vorne zu kommen erfolgreicher waren als solche, die auf die festen Koppelungen des eigenen, engen Freundeskreises setzten. Ebenso sind Unternehmen innovativer und erfolgreicher, wenn sie auf die Verschiedenartigkeit ihrer Mitarbeiter bauen. IBM war bis in die frühen neunziger Jahre des vergangenen Jahrhunderts hinein eine Bastion weißer, angelsächsischer Protestanten (*„WASP"* genannt) mit nur sehr wenigen weiblichen Führungskräften. Innovation und Kreativität ließen zu wünschen übrig. Nachdem sich aber in nur wenigen Jahren die Anzahl weiblicher Führungskräfte bei IBM fast verdreifacht hatte, wurde IBM fast automatisch zu einem der innovativsten Unternehmen unserer Zeit. Alles nur Zufall, oder lassen sich diese Beobachtungen erklären?

Im Rahmen der engen Kopplung („*Strong Ties*") verbinden sich die Menschen „mit sich selbst", das Netzwerk bleibt das Gleiche. Im Falle von loser Kopplung (*Weak Ties*) verbinden sich die Menschen dagegen mit einem neuen Netzwerk (männliche Führungskräfte mit weiblichen Managern, weiße Manager mit solchen anderer Hautfarbe, *Techies* mit Ökonomen usw.). Daher begünstigen lose Kopplungen unter anderem den Austausch neuer Informationen, den Einbau neuer Ideen sowie die Ergänzung des eigenen Angebots. *Weak Ties* sind somit nichts anderes als Kurzschlüsse, weitreichende Verbindungen, die ansonsten getrennte Bereiche verbinden und hierüber neue Informationen und Ideen erschließen. Hier zeigt sich ein weiteres der von *Kevin Kelly* formulierten Prinzipien zur Gestaltung und Entwicklung komplexer adaptiver Systeme: **Fördere Randgruppen (Diversität***)*! Die Verschiedenartigkeit bzw. Heterogenität eines komplexen Systems erhöht dessen Fähigkeiten, sich besser und schneller an seine Umwelt anpassen zu können. Vielfalt ist die Quelle für neues Wissen und Innovationen in Gesellschaft und Unternehmen. Um es mit General *George Patton* auszudrücken: „*Wenn jeder das Gleiche denkt, dann ist jemand dabei, der nicht denkt*".

Netzwerktheoretisch kann man auch sagen, dass im Falle der losen Verbindung heterogener Gruppen ein „*strukturelles Loch*" gefüllt wird. Der Begriff „*Structural Hole*" wurde von dem US-amerikanischen Soziologen *Ronald S. Burt* geprägt, der sich in langjähriger Forschung mit der Entwicklung von Ideen in und zwischen sozialen Netzwerken auseinandergesetzt hat. *Burt* stellt in seinen Arbeiten fest, dass Neues vor allem an den Rändern bzw. den Zwischenräumen von Netzwerken entsteht und eben nicht in ihren Zentren. Menschen, die sich vorzugsweise unter ihresgleichen aufhalten, tendieren dazu, auch ähnlich zu denken und zu empfinden. Dies fördert zwar einerseits die Stabilität und Integration, weil in einem solchen Umfeld ohne Zweifel Berechenbarkeit und Vertrauen zunehmen. Andererseits wird hierdurch allerdings Kreativität eher blockiert. Dies begründet *Burt* damit, dass Kreativität weniger mit schöpferischen Prozessen und viel mehr mit Kommunikation zu tun hat:

„*Creativity is an import-export game. It's not a creation game.*"

Der Import und Export von Wissen, Ideen etc. findet aber nur an den Rändern von Netzwerken statt. Hierin ist eine wesentliche Forderung an erfolgreiches Netzwerkmanagement im Allgemeinen sowie an wirksames Wissensmanagement im Besonderen zu sehen: Entscheidungsbefugnisse, Verantwortung und Macht sind zu dezentralisieren, die Kompetenzbereiche sind an den „Rändern des Netzwerkes" aufzubauen. Informationen müssen dann nicht lange Übermittlungsketten durchlaufen, welche die erforderlichen Entscheidungen verlangsamen. Hier konkretisiert sich letztlich nichts anderes als die an anderer Stelle aufgestellte Forderung, wonach Intelligenz bzw. Wissen in Unternehmen zu verteilen und zu dezentralisieren ist.

An den Rändern der Netzwerke fließen damit die relevanten Informationen. Hier gilt es aus Sicht der Unternehmen Verbindungen mit anderen Netzwerken aufzubauen, um sich neue Märkte bzw. Geschäftsmodelle zu erschließen. *ebay* ist hierfür ein sehr gutes Beispiel: *eBay* verdient sein Geld ausschließlich mit Vernetzung („*linking*"). Das Geschäftsmodell von *eBay* sieht keinerlei Verkaufspersonal, keine Verkaufsräume oder Lagerhallen vor. Vielmehr basiert es auf dem „Schließen eines strukturellen Lochs" zwischen Menschen, die Produkte bzw. Leistungen besitzen, die sie gerne verkaufen würden und anderen Menschen, die genau diese Produkte und Leistungen erwerben möchten. *eBay* stellt die Technologieplattform zur

Verfügung und schafft damit die notwendige Transparenz zwischen den Transaktionspartnern. Alles Weitere wird dann zwischen Anbietern und Nachfragern direkt abgewickelt. Die geniale Einfachheit dieses Geschäftsmodells der Netzökonomie hat zu der Feststellung geführt, *„dass eBay auch von Affen geleitet werden könne"*. Ist die technologische Plattform erst einmal zur Verfügung gestellt, lassen sich die strukturellen Löcher durch die internetbasierte Vernetzung „stopfen" und ein *„linking value"* (ein Mehrwert durch Vernetzung) wird geschaffen. Damit dreht sich alles um den Aufbau von Verbindungen, mit deren Hilfe Verkäufer interessierte Käufer finden und umgekehrt. So sind es allein die Kunden von *eBay*, die alle relevanten Geschäftstransaktionen durchführen.

Ein weiteres Beispiel für ein Geschäftsmodell, das über Vernetzung seinen Kunden einen zusätzlichen Wert (einen „linking value") schafft, ist das Modell von *Amazon*. Zum einen ist *Amazon* mit Hilfe der Vernetzung ein virtueller Buchladen, der ein zeit- und ortsunabhängiges Stöbern nach und Kaufen von Büchern ermöglicht. Auf einen ersten Blick ist dies das auffälligste Merkmal dieses Geschäftsmodells. Nach Abschluss eines Kaufs macht *Amazon* aber dem Käufer auch personalisierte Vorschläge für weitere Einkäufe („Kunden die … gekauft haben, haben auch … gekauft"). Mit diesen Vorschlägen legt *Amazon* **Präferenzstrukturen** offen. Wie *Norbert Bolz* feststellt, geht es bei *Amazon* damit nicht mehr allein um den Buch-, CD-, DVD-Verkauf. Es geht insbesondere auch um ein **Präferenzmarketing**. Über die Vermittlung von Informationen, und damit über die Schaffung von Transparenz, wird ein wesentlicher Teil des Mehrwertes (linking value) im Geschäftsmodell von *Amazon* geschaffen.

3.1.2   Die Logik Boole'scher Netzwerke – Das Netzwerk ist der Computer

Über Jahre hinweg machte das Unternehmen *Sun Microsystems* mit dem Slogan *„The Network Is The Computer"* Werbung für seine Produkte. Dieser Werbespruch, so *Eric Beinhocker*, benennt eine fundamentale Tatsache, die sowohl für Netzwerke als auch für Computer Gültigkeit besitzt: Lässt man sich auf das Abenteuer ein und öffnet einen x-beliebigen handelsüblichen Computer, so entdeckt man in seinem Inneren verschiedene miteinander vernetzte Elektronikbausteine. Öffnet man einen dieser Bausteine, so offenbaren sich Zigmillionen miteinander vernetzter Transistoren. Die nur mäßig spannende Aufgabe der Transistoren ist es, zwischen den Zuständen 0 und 1 zu wechseln. Ein einzelner Computer lässt sich mit weiteren Rechnern zu einem noch leistungsfähigeren Computer vernetzen. Die meisten modernen Hochleistungsrechner bestehen heute aus vernetzten Einzelrechnern. Nach ihrem Erfinder, dem Mathematiker *George Boole*[3], bezeichnet man Netzwerke, deren Knoten die Zustände 0 und 1 annehmen können, als ***Boole'sche Netzwerke***. *Boole'sche Netzwerke*, wie sie z.B. das Internet erzeugt, sind im Grunde „relativ einfache Wesen". Ihr Verhalten wird durch nur drei Variable bestimmt:

- Die erste Variable bezieht sich auf die Zahl der beteiligten Knoten,
- die zweite ist eine Maßzahl für die wechselseitige Vernetzung und

---

[3] Vgl. zur Boole'schen Algebra und Schaltalgebra Staab 2007, S. 59ff.

- die dritte misst den Grad der Verzerrung („*Bias*") in den Regeln, welche das Verhalten der Knoten steuern.

Im Folgenden werden die Variablen eins und zwei im Hinblick auf ihre ökonomische Relevanz näher untersucht:[4]

Die erste charakteristische Eigenschaft *Boole'scher Netzwerke* zeigt sich darin, dass die Anzahl ihrer potenziellen Zustände mit der Anzahl ihrer Knoten exponentiell zunimmt. So kann ein Netzwerk mit zwei Knoten vier oder 2^2 Zustände annehmen: 00, 10, 01 sowie 11. Diese auf den ersten Blick banal anmutende Feststellung hat eine erstaunliche Konsequenz. Beabsichtigen wir, uns mit der Geschwindigkeit des schnellsten Supercomputers der Welt durch alle möglichen Zustände eines Netzwerkes „*mit lediglich 100 Knoten*" zu klicken, so würden wir hierfür 568 Millionen Jahre benötigen. Wird die Knotenzahl um nur weitere fünf auf 105 erhöht, so befinden wir uns bereits jenseits der Lebensdauer unseres Universums. Wir müssen also akzeptieren, dass wir selbst solch „kleine Netzwerke" wohl niemals vollständig erkunden können. Folgerichtig ist es für uns unmöglich, alle möglichen Zustände eines *Intel-Pentium-Prozessors* oder gar unseres Gehirns erforschen zu können. Positiv ausgedrückt nimmt aber auch die Menge der Informationen, die ein Netzwerk aufnehmen und bearbeiten kann, exponentiell mit seiner Größe zu. So wächst gemäß *Moores Law* nicht nur die reine Rechenpower moderner Computer exponentiell, sondern zugleich auch die Menge dessen, was wir damit machen können. Diese Tatsache hat ökonomische Konsequenzen: Durch die exponentielle Zunahme der möglichen Zustände, werden in jedem aus informationsverarbeitenden Einheiten bestehenden Netzwerk nicht zu unterschätzende **Skalenvorteile** („*economies of scale*") erzeugt. In der traditionellen Ökonomie und Betriebswirtschaftslehre wird unter Skalenvorteilen eine **Kosten- und Volumenfunktion** verstanden, wonach z.B. aufgrund von (Fixkosten-)Degressionseffekten bei zunehmender Produktionsmenge die Stückkosten zurückgehen. Mit den *Bool'schen Netzwerkgesetzen* wird jedoch noch eine andere Art von Skalenvorteilen möglich:

> „*Mit der Größe eines Bool'schen Netzwerkes steigt dessen* **Innovationspotenzial** *exponentiell an.*"

So kennt ein *Bool'sches Netzwerk* mit zehn Knoten 2^{10} mögliche Zustände, während ein *Bool'sches Netzwerk* mit 100 Knoten bereits 2^{100} mögliche Zustände aufweisen kann. Dabei ist der Raum der möglichen Zustände eines 100-Knoten-Netzwerkes nicht einfach nur zehnmal größer als der eines Zehn-Knoten-Netzwerkes. Vielmehr macht der Unterschied nicht weniger als dreißig Größenordnungen (10^{30}) aus! Der Unterschied zwischen einem Café, in dem 10 Menschen arbeiten und den 18.000 Beschäftigten beim Flugzeughersteller Boeing liegt, was die reine Mitarbeiterzahl angeht, lediglich bei vier Größenordnungen. Jedoch fällt der Komplexitätszuwachs von der *Cappuccino-Zubereitung* zur *Jumbo-Jet-Produktion* deutlich größer aus. So verfügen Flugzeugproduzenten wie *Boeing* oder *Airbus* quasi „von Natur aus" über sehr viel mehr an Innovationskapazität. Die größere Anzahl an Zuständen im Organisationsnetzwerk von *Boeing* oder *Airbus* bedeutet, dass diese Unternehmen über sehr

---

[4] Vgl. hierzu ausführlich Beinhocker 2007, S. 169-179.

viel mehr **Möglichkeiten** ihrer Zukunftsgestaltung verfügen als das kleine Café an der Straßenecke. Hier artikuliert sich *Ashby's Law of Requisite Variety*.

In dieser Tatsache liegt eine wesentliche Erkenntnis: Wäre das ökonomische Wachstum lediglich mit „traditionellen Skalenerträgen" einhergegangen, so würden wir wohl auch heute noch, wie vor zwei Millionen Jahren, Faustkeile herstellen; nur möglicherweise etwas billiger. Geht man jedoch dazu über, sich menschliche Organisationsstrukturen als *Bool'sche Netzwerke* vorzustellen, so erkennt man, dass der Raum möglicher Innovationen mit der Größe der Netzstrukturen exponentiell zunimmt. Dies zeigt sich unter anderem darin, dass technologische Innovationen immer mit Sprüngen in der Organisationsgröße einhergingen. *Eric Beinhocker* beschreibt dies als Phänomen positiver Rückkoppelung:

> *„In einer positiven Spirale bewirkt der technologische Wandel die Entstehung immer größerer wirtschaftlicher Kooperationseinheiten, welche die Informationsverarbeitung in eine neue Dimension treiben, was wiederum Raum schafft für weitere technische Innovationen."*

Allerdings gibt uns die *Bool'sche Mathematik* ein organisationstheoretisches Rätsel auf: Folgt man der soeben skizzierten Logik, wonach große Organisationsformen über einen so viel größeren Innovationsspielraum verfügen, warum hält sich dann so eisern der Mythos, wonach kleinere Strukturen (kleinere Unternehmen) den großen im Falle von Innovationen überlegen sind?

Für die Wirtschaftswissenschaften ist es keine Neuigkeit, dass den größenbedingten „*economies of scale*" ab einem bestimmten Punkt so genannte „*diseconomies of scale*" entgegenstehen. Als klassisches betriebswirtschaftliches Beispiel ist hier die Situation zu benennen, in der die größenabhängige Fixkostendegression durch eine Progression der variablen Kosten überkompensiert wird.

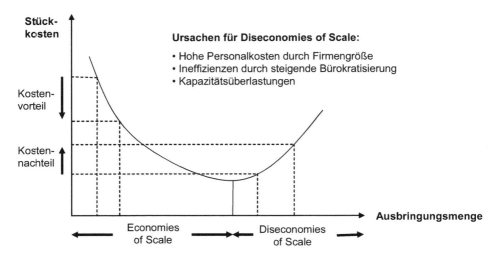

Abbildung 22: Economies of Scale und Diseconomies of Scale
Quelle: Hungenberg/Kaufmann 2001, S. 49.

Auch die Netzwerktheorie kennt diese „dunkle Seite" der Größe. Denn in Abhängigkeit vom **Vernetzungsgrad**, der zweiten Maßzahl *Boole'scher Netzwerke*, können in Netzwerken auch erhebliche Skalennachteile (*diseconomies of scale*) auftreten. So nimmt die Zahl der Verbindungen je Knoten Einfluss auf das Verhalten des Netzwerks. Komplexitätsforscher vom *Santa Fe Institute* haben herausgefunden, dass die Zahl der Verbindungen in einem Netzwerk immer dann exponentiell anwächst, sobald das Durchschnittsverhältnis zwischen Verbindungen und Knoten mehr als eins beträgt. Denn das bedeutet nichts anderes, als dass hier die Zahl der Interdependenzen im Netzwerk schneller wächst als das Netzwerk selbst. An diesem Punkt beginnen die Probleme. Die Zunahme der Verbindungen und Abhängigkeiten erhöht die Wahrscheinlichkeit, dass Veränderungen in einem Bereich des Netzwerkes Auswirkungen in ganz anderen Netzwerkteilen haben. Hier zeigt sich sehr deutlich die in diesen Netzwerken geltende Logik komplexer Systeme. Je stärker die gegenseitigen Interdependenzen im Netzwerk ausfallen, desto größer ist die Gefahr, dass positive Veränderungen in einem Teil des Netzes an anderer Stelle unerwartete negative Konsequenzen bewirken. Als Beispiel aus der Unternehmenspraxis lässt sich hier anführen, dass Unternehmen immer wieder mit Hilfe aufwändiger Effizienzsteigerungsprogramme versuchen, ihrer Bürokratie und Binnenkomplexität Herr zu werden. Sehr schnell stellt man dann allerdings fest, dass trotz aller Bemühungen die Bürokratie weiter gedeiht und wächst. Die Erklärung hierfür ist folgende: Der bürokratische Dschungel entsteht in erster Linie als spontanes, ungeplantes Ergebnis des absichtsvollen Handelns zahlreicher Menschen sobald sie versuchen, ihre lokalen Netzwerkabschnitte zu optimieren. Die IT-Abteilung möchte für das Unternehmen immer die neueste Technologie beschaffen, während das Controlling penibel auf die Einhaltung von Kosten- und Budgetvorgaben achtet und für jeden noch so banalen Vorgang eine Excel-Datei anlegt und Genehmigungsprozesse einfordert. Wachsende Netzwerke, so die traurige Nachricht, führen zu zunehmenden Abhängigkeiten, die ihrerseits oft Interessenkonflikte begünstigen und schlussendlich die Entscheidungsfindung verlangsamen.

In Netzwerken (Netzwerk-Unternehmen) kommen somit zwei einander entgegengesetzte Kräfte zum Tragen: Skalenvorteile aufgrund eines größeren Informationsumfangs in Folge vermehrter Knoten sowie Skalennachteile aufgrund von Komplexitätszunahme und Interessenkonflikten. Welche Möglichkeiten gibt es, aus diesem Dilemma zu entkommen? Eine mögliche Antwort lautet, durch den Aufbau von Hierarchien. Durch die hierarchische Strukturierung von Netzwerken lässt sich die Kopplungsdichte und damit die Interdependenzen innerhalb des Netzwerkes reduzieren. Allerdings produzieren Hierarchien ihrerseits eigene Probleme, z.B. dadurch, dass Informationen auf ihrem Weg von unten nach oben gefiltert, verfälscht und verlangsamt werden. *Scott McNealy*, Vorstandsvorsitzender von *Sun Microsystems*, hat eine einfache Formel um dies zu verdeutlichen: Sie lautet *0,6 E*. Immer, wenn eine Information eine Hierarchieebene (*E*) in einer Organisation passiert, kommen nur noch **60 Prozent** dieser Information auf der nächsten Ebene an. Dies addiert sich schnell – besonders in hierarchisch strukturierten Organisationen bzw. Netzwerken. Diese verlieren hierdurch ihre Fähigkeit, sich schnell und flexibel an veränderte Umweltbedingungen anpassen zu können. Hierarchien sind auf der einen Seite „Interdependenzbrecher", auf der anderen Seite aber auch „Informationsabsorbierer" und „Entschleuniger". Praktikabler erscheint es, den Einheiten innerhalb eines hierarchischen Netzwerkes mehr Autonomie einzuräumen. Die Entscheidung vieler Unternehmen, ihren Geschäftsbereichen mehr Autonomie und Eigenverantwortung einzuräumen, muss als Antwort auf die durch die Größe der Unternehmen entstandene Binnenkomplexität verstanden werden. Flachere Hierarchien, in Verbindung mit netzwerkweiter IT-Unterstützung, wären hier zentrale Faktoren, um die erforderliche Entscheidungstransparenz und Entscheidungsgeschwindigkeit zu gewährleisten.

3.1.3   Netz(werk)effekte – Positive Rückkoppelungen

Die bahnbrechenden technologischen Innovationen des digitalen Zeitalters, da scheinen sich die Experten einig zu sein, haben Wirtschaft und Gesellschaft nachhaltig verändert. Art und Umfang dieser Veränderungen sind jedoch umstritten. So glaubt *Kevin Kelly*, „*Neue Regeln für die Neue Wirtschaft*" identifiziert zu haben, wobei er insbesondere auf neue ökonomische Gesetzmäßigkeiten hinweist. Die US-amerikanischen Ökonomen *Carl Shapiro* und *Hal Varian* kommen dagegen zu der Einsicht,

„Technologien verändern sich, die ökonomischen Gesetze jedoch haben Bestand."

Diese – für die Zunft der Ökonomen in gewissem Maße beruhigende – Aussage besitzt allerdings nur dann ihre Gültigkeit, wenn man neueren Prinzipien der Wirtschaftswissenschaften, und hier insbesondere den vielschichtigen Entwicklungen der neueren Mikroökonomie, Beachtung schenkt. Das vorliegende Buch übernimmt die Ansicht, wonach es für das Verständnis der „Digitalen Ökonomie", der „Netz- bzw. Internetökonomie" keiner neuen Wirtschaftswissenschaften bedarf. Allerdings sind die ökonomischen Konzepte bzw. Regeln der Netzökonomie vielfach noch nicht geläufig, weshalb sie hier in Ausschnitten dargestellt und im Hinblick auf ihre Bedeutung für das IT-Management analysiert werden.

Netz- bzw. Kommunikationstechnologien weisen tückische Eigenschaften auf. Bereits zu Zeiten der Einführung des Telefons wurde dies deutlich. Kurz nach Erfindung des Telefons stand man vor einem neuen Problem: Weshalb sollte sich ein Privathaushalt bzw. ein Unternehmen ein Telefon anschaffen, wenn sich damit so gut wie niemand erreichen ließ?

Das problematische an Kommunikationstechnologien (Telefone, Handys, Faxanschlüsse, E-Mail, Internet) ist, dass sie mehr oder weniger nutzlos sind, wenn nicht eine große Zahl an Nutzern sich ihrer bedient.

Zögert eine Person sich ein Telefon zuzulegen, weil niemand, den sie kennt, ein Telefon besitzt, so werden die Freunde, Bekannte und Geschäftspartner dieser Person vor genau demselben Problem stehen. An dieser kritischen Konstellation kann die Einführung einer neuen Technologie scheitern. Damit eine Technologie sich durchsetzt, muss sie eine **kritische Masse an Nutzern** erreichen. Sobald diese erreicht oder aber überschritten ist, wird die Technologie quasi zu einem Selbstläufer, es kommen so genannte **Netzwerkeffekte (Netzwerkexternalitäten, positive Rückkoppelungen, positive Feedbacks)** zum Tragen. Heute besitzt (fast) jeder ein Telefon, ohne darüber nachdenken zu müssen, ob es sich auch für ihn lohnt. Man will eben erreichbar sein. Es ist sogar feststellbar, dass es einen gewissen Zwang gibt, sich an einen Telefonanschluss anschließen zu lassen, da man sonst zu einem Außenseiter wird. Es stellt sich allerdings die Frage, bei welcher Zahl an Netznutzern (Netzteilnehmern) diese kritische Masse erreicht ist. Grundsätzlich darf vermutet werden, dass ab einer Netz-Teilnehmerschaft von einem Viertel der Haushalte, der Druck sich auch einen

Telefonanschluss zuzulegen, relativ hoch sein dürfte. Dies gilt selbstverständlich auch für E-Mail, Fax und ebenso für Software: Je mehr Menschen ein und dasselbe Betriebssystem nutzen, umso mehr können sie untereinander kompatible Daten austauschen und umso mehr Programme werden angeboten, die auf diesem Betriebssystem lauffähig sind.

Solange das Internet noch nicht existierte gab es auch keinen Nachfrager, der bereit gewesen wäre, einen Preis für den Internetanschluss zu bezahlen. Sein Nutzen wäre gleich null gewesen, da er keine Web-Sites hätte ansurfen und niemand über E-Mail hätte erreichen können. Als aber, aus welchen Gründen auch immer, die Anzahl von Internet-Nutzern stark gestiegen war, wurde auch das Produkt „Internet" interessanter für weitere potenzielle Nutzer. Jeder neue Teilnehmer brachte einen gesteigerten Nutzen für die Summe der dem Netz bereits angehörenden Konsumenten mit. Einflüsse, die durch die Aktivität einer Wirtschaftseinheit auf andere Wirtschaftseinheiten ausgeübt werden, ohne dass dabei ein koordinierender Preismechanismus in Anspruch genommen wird, bezeichnet man als „externe Effekte". Aus diesem Grund hat sich für den Nutzenzuwachs bei einem wachsenden Netz der bereits oben eingeführte Begriff der „Netz(werk)externalitäten" durchgesetzt.

*Allgemein spricht man immer dann von **Netzeffekten** bzw. **Netzwerkexternalitäten**, wenn der Nutzen, den ein Netz für einen Benutzer stiftet, positiv von der Anzahl der Gesamtteilnehmer eines Netzes abhängt.*

Wie wertvoll ist eine Technologie bei Netzeffekten? Formal lässt sich die Frage wie folgt beantworten: Der Nutzen U, den eine Person i aus einem Netzwerkgut zieht (U_i), ist nicht nur von den technischen Eigenschaften (T) dieses Produktes abhängig, sondern insbesondere auch von der Anzahl an Personen (Q), die dieses Gut ebenfalls nutzen:

$$U_i(Q,T) < U_i(Q',T) \quad \text{für} \quad Q < Q'$$

Bei Bewertung und Durchsetzung einer auf Netzeffekten basierenden Technologie kommt es also entscheidend darauf an, wie viele andere Personen bzw. Institutionen sich ebenfalls dieser Technologie bedienen und wie einfach die Vernetzung der Personen (Institutionen) untereinander erfolgen kann. Erst Millionen Internetanschlüsse schaffen ein tragfähiges Kommunikationsnetzwerk, das jedem einzelnen (Netz-)Teilnehmer einen hohen Nutzen garantiert. Je mehr Anwender eine bestimmte Software zur Textverarbeitung verwenden, z.B. *MS Word*, desto mehr nimmt der Nutzen für alle zu, da man so recht unkompliziert Dateien austauschen kann. Quasi automatisch steigt dann der Anreiz für Neukunden, sich ebenfalls dieser Software zu bedienen. Man spricht hier von „**direkten Netzeffekten**". Allerdings weisen derartige Netzeffekte auch eine „dunkle Seite" auf:

Die bei Netzwerkgütern auftretenden Netzwerkeffekte (Netzwerkexternalitäten) können dazu führen, dass sich Güter nicht aufgrund ihrer überlegenen Qualität und Produkteigenschaften, sondern aufgrund ihres Verbreitungsgrades am Markt durchsetzen.

Auch eine zweite Form von Netzeffekten spielt im IT-Bereich eine wesentliche Rolle: Zahlreiche Produkte stiften als Einzelstücke nur geringen oder gar keinen Nutzen. Erst mit zunehmender Verbreitung bei den Konsumenten bzw. in Kombination mit anderen Gütern erlangen sie einen Wert und damit eine Nachfrage. Man spricht hier von so genannten **Systemgütern**. Der Nutzen technischer Produkte, wie beispielsweise der von DVDs (aktuell *Blue Ray Discs*) oder eines Betriebssystems, hängt nicht nur von dem Produkt selbst ab, sondern immer auch davon, welches hierzu komplementäre technische Produkt benötigt wird Eine *Blue Ray Disc* zum Beispiel braucht ein entsprechend *Blue Ray Disc*-fähiges Abspielgerät. Eine Software benötigt ein entsprechend komplementäres Betriebssystem, um Verbreitung zu finden. Auf der anderen Seite ist der Erfolg eines Betriebssystems von der Anzahl attraktiver Anwendungen, die man mit seiner Hilfe benutzen kann, abhängig. Will *Google* beispielsweise ein zu *Microsoft* konkurrierendes Betriebsystem für Handys entwickeln und erfolgreich im Markt etablieren, so benötigt es hierfür auch neue Software für interessante, innovative Anwendungen. Es geht hier um so genannte **indirekte Netzeffekte**, die auch beim PC-Kauf beobachtet werden können: Je mehr Personen sich für eine ähnliche Hardware entscheiden, desto höher wird die Angebotsvielfalt an Software sein, was seinerseits wieder die Attraktivität der Hardware beeinflusst.

Sowohl bei den direkten als auch bei den indirekten Netzeffekten spielen „**Verstärkungseffekte**" eine herausragende Rolle. Hierbei handelt es sich um „**positive Rückkoppelungen**" („**positive Feedbacks**"), die bereits unter dem Schlagwort „Kultivierung zunehmender Grenzerträge" in *Kapitel 2.4.3* angesprochen wurden.

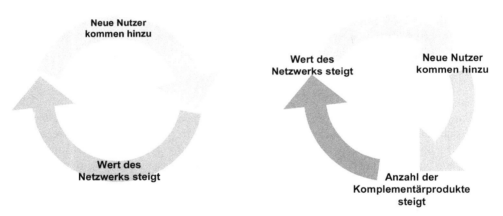

Abbildung 23: Verstärkungswirkungen direkter und indirekter Netzeffekte
Quelle: Buxmann et. al. 2008, S. 22.

Für komplexe Systeme, wie sie Informations- und Kommunikationsnetzwerke repräsentieren, sind positive Rückkoppelungen ein charakteristisches Merkmal. Positive Rückkoppelungsmechanismen erzeugen „Schneeballeffekte", die von solchen Systemen zur Sicherstellung ihrer Lebens-, Wachstums- und Entwicklungsfähigkeit genutzt werden. In der Internet-Ökonomie stehen Unternehmen und Branchen im Mittelpunkt, die auf Netzwerke setzen und mit Hilfe positiver Rückkoppelungseffekte entsprechende Wettbewerbsvorteile zu generieren versuchen. Zahlreiche Analysen belegen, dass die mit der Internettechnologie verbundenen Produktivitätsschübe zu einem ganz wesentlichen Teil auf die sich selbst verstärkenden Feedbackmechanismen innerhalb eines umfassenden Netzes aus Menschen, Märkten und

Unternehmen zurückzuführen sind. Das Internet stellt, wie auch das Telefonnetz, ein „*many-to-many-System*" („*n zu n-System*") dar, in dem der Wert des Netzwerkes von der Zahl der Kommunikationsbeziehungen abhängt. Der Wert eines solchen Netzwerkes steigt quadratisch mit dem Faktor n^2, wobei n für die Anzahl der am Netz angeschlossenen Nutzer steht. Verdoppelt sich z.B. die Zahl der Netzwerknutzer, so wird der Wert des Netzwerkes vervierfacht. Dieser Zusammenhang wird auch als „*Metcalf'sches Gesetz*" bezeichnet und geht auf *Robert Metcalfe*, den „Erfinder" des *Ethernets* sowie Gründer der Firma *3Com*, zurück. Das *Metcalf'sches Gesetz* ist in der folgenden Abbildung dargestellt:

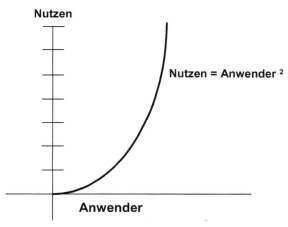

Abbildung 24: Das Metcalf'sche Gesetz
Quelle: Downes/Mui 1999, S. 37.

Die Existenz von positiven Feedbacks bzw. zunehmenden Grenzerträgen innerhalb der Internet-Ökonomie steht in diesem Punkt in Gegensatz zu den klassischen ökonomischen Gesetzen. Nach der traditionellen ökonomischen Lehre sinkt der Wert eines Gutes mit seiner Verbreitung, d.h., die Wirtschaftssubjekte sind mit **abnehmenden Grenzerträgen** konfrontiert. Die klassische Mikroökonomie erklärt die (angebliche) Omnipräsenz abnehmender Grenzerträge mit einem **wachsenden Aufwand pro produzierter bzw. hergestellter Einheit**, wie er insbesondere in der Landwirtschaft sowie in rohstoffabhängigen Industrien zum Tragen kommt. Die Mikroökonomie bzw. Betriebswirtschaftslehre modelliert diese Logik mit Hilfe der *Produktionsfunktion vom Typ A*. Auf der Nachfrageseite werden abnehmende Grenzerträge mit **Sättigungseffekten** begründet. Der Ökonom und Komplexitätsforscher *Brian Arthur* stellt hierzu fest,

„*dass die herkömmliche Wirtschaftstheorie auf der Annahme abnehmender Erträge beruht. (...) Das Handeln der Wirtschaftssubjekte erzeugt demnach einen negativen Rückkoppelungseffekt, der die Wirtschaft stabilisiert, indem jeder größeren Veränderung die durch sie selbst hervorgerufene Reaktion entgegenwirkt. Auf diese Weise entsteht im Idealfall ein vorhersagbares Gleichgewicht.*"

Im Gegensatz zur traditionellen, aber heute immer noch dominierenden ökonomischen Theorie lassen sich in unserer Wirtschaft zahlreiche Situationen beobachten, die definitiv **nicht** mit abnehmenden Grenzerträgen, negativen Rückkoppelungen bzw. Gleichgewichtszuständen charakterisierbar sind.

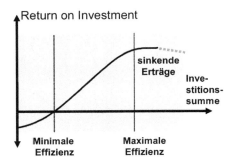

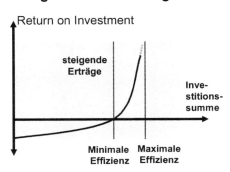

Abbildung 25: Sinkende und steigende Skalenerträge
Quelle: Meffert, H. 2000, S. 129.

*Positive Rückkoppelungsmechanismen sind insbesondere in Netzökonomien beobachtbar. Hier steigt der Wert eines Produktes nicht mit dessen Knappheit, sondern mit dessen Überfluss: „**Masse verdrängt Knappheit als Wertquelle**", um es mit dem Berliner Medientheoretiker Axel Zerdick zu sagen.*

Hat ein Netzprodukt wie das Internet eine entsprechend weite Verbreitung gefunden und dient es aufgrund dieser weiten Verbreitung innerhalb einer Volkswirtschaft als Plattform zur Abwicklung von Geschäften, so steigt das Vertrauen der Konsumenten und Produzenten in diese Technologie, was eine weitere Verbreitung dieser Technologie als Transaktionsplattform bewirkt. Die Kehrseite dieser auf „positiver Rückkoppelung" („positiven Feedbacks") aufbauenden Logik ist jedoch, dass sich diese Spirale auch nach unten drehen kann. Gelingt es nicht, eine kritische Masse an Nutzern aufzubauen, so schwindet die Attraktivität der Plattform (der Technologie bzw. des Standards) sehr schnell und es werden keine Umsätze mehr darüber abgewickelt. Das Geschäftsmodell stirbt.

3.1.4   Die Quellen zunehmender Grenzerträge bzw. positiver Rückkoppelung

Die zunehmende Bedeutung positiver Rückkoppelungsmechanismen ist mit der Tatsache zu begründen, dass sich in den entwickelten Volkswirtschaften bereits seit langem der relative Anteil wissensintensiver Industrien an der Gesamtheit aller wertschöpfenden Wirtschaftsbereiche erhöht. Wissensintensive Branchen, wie beispielsweise die Softwareindustrie, Mikroelektronik- und Halbleiterindustrie oder die Telekommunikation, sind aufgrund von Logik und Struktur ihrer Wertschöpfung in der Lage, zunehmende Grenzerträge zu realisieren. In Anlehnung an *Brian Arthur*, *Mitchell Waldrop* und *Manfred Stüttgen* lassen sich die folgenden Quellen für positive Rückkoppelungen bzw. zunehmende Grenzerträge identifizieren:

- **Hohe Vorlaufkosten und Erfahrungskurveneffekte:**
  High-Tech-Produkte, wie Computerhard- und -software, Ausrüstungen der Telekommunikation etc., stellen sehr große Anforderungen an die Innovationsfähigkeit der Unternehmen sowie an ihre Produktentwicklungs- und Marketingprozesse. Erzeugnisse des IT-Bereichs sind sehr stark vom Wissen bzw. der Erfahrung einzelner Mitarbeiter („Wissensarbeiter") abhängig und vergleichsweise wenig von materiellen Rohstoffen. Von großer betriebswirtschaftlicher Bedeutung ist hier, dass die mit der Wissensarbeit anfallenden Kosten (Forschungs- und Entwicklungskosten) einen, im Vergleich zu den variablen Kosten des einzelnen Produktes, **sehr hohen Fixkostenanteil** im Produktionsprozess begründen. Mit steigendem Absatz fallen aufgrund der damit verbundenen Fixkostendegression die Durchschnittskosten des betreffenden Produktes und bei einem gegebenen Marktpreis wächst der Grenzertrag jeder weiteren verkauften Einheit.

  Softwareprodukte sind ein extremes Beispiel für diese ökonomische Logik: Während sich die Entwicklungskosten der ersten Einheit von *Microsofts* PC-Betriebssystem *Windows* auf ca. 50 Millionen US-Dollar beliefen, betrugen die Kosten für die Produktion der zweiten Einheit und jeder weiteren Kopie von *Windows* lediglich ca. drei Dollar. Gerade in wissensintensiven Branchen spielen auch **Erfahrungskurveneffekte** eine herausragende Rolle. Unter Erfahrungskurveneffekten werden Kostenvorteile verstanden, die sich aus der Akkumulation von Wissen bei wiederholter Erledigung von Aufgaben (Erfahrung) ergeben. Wie das Beispiel der Softwareerstellung im Falle *Windows* zeigt, kommen in der wissensintensiven Softwareentwicklung Erfahrungskurveneffekte in einem bislang nicht gekannten Ausmaß zum Tragen.

- **Netzwerk-Externalitäten bzw. Koordinationseffekte:**
  Erfährt ein Produkt wachsenden Absatz und zunehmende Verbreitung, so werden hierdurch nicht nur die Herstellkosten auf Seiten des Anbieters gesenkt. Bei Netzprodukten kann sich hierdurch auch der Gebrauchswert des Produktes für den Benutzer erhöhen, wie das bereits in *Kapitel 3.1.3* für Telefon- und Internetanschlüsse, für Software usw. aufgezeigt wurde. Muss ein Produkt zu anderen (komplementären) Erzeugnissen kompatibel sein, oder muss die Koordination zwischen jenen Kunden erleichtert werden, die Produkte des gleichen Herstellers verwenden, so kommen (Produkt- bzw. Technologie-)**Standards** zum Tragen. Je mehr Benutzer sich auf einen bestimmten Standard einigen, desto größer ist der Anreiz („Druck"!) für neue Konsumenten, sich ebenfalls für diesen Standard zu entscheiden. In diesem Fall handelt es sich um selbstverstärkende Rückkoppelungen, die durch ganz bestimmte Konstellationen auf der Nachfrageseite ausgelöst werden können. Da diese Quelle positiver Rückkoppelungsmechanismen eine ganz besondere Bedeutung für Technologiemärkte im Allgemeinen und die Computer-Industrie im Besonderen hat, wird sie im Folgenden *Kapitel 3.1.5* näher analysiert.

- **„Customer Groove In":**
  Positive Rückkoppelungen können auch dadurch entstehen, dass ein Kunde bzw. Anwender sich sehr stark an das Produkt eines ganz speziellen Herstellers gebunden hat. Diese enge Bindung aufzulösen, kann einem Kunden aus mehreren Gründen mit der Zeit immer schwerer fallen. So stellen beispielsweise High-Tech-Produkte im Allgemeinen sowie Software im Besonderen erhöhte Anforderungen an die Nutzer bzw. Anwender. Um solche Produkte effektiv nutzen zu können, ist ein nicht unerheblicher Erklärungs-, Einarbeitungs- und Schulungsaufwand erforderlich. Ist ein Anwender erst einmal mit einer Softwareapplikation von *SAP* vertraut, so ist es für ihn deutlich einfacher, sich in eine aktualisierte Programmversion einzuarbeiten, als sich auf ein völlig anders konzipiertes Programm eines anderen Herstellers umzustellen.

  Dieser Sachverhalt wird mit dem Begriff des *„Customer Groove In"*, als einer weiteren Quelle positiver Rückkoppelungen, beschrieben. In diesem Fall begibt sich der Kunde bzw. Anwender auf eine bestimmte „Spur", die er nicht mehr ohne weiteres wechseln kann, da er ansonsten zusätzliche finanzielle und/oder zeitliche Aufwendungen (z.B. Kauf einer neuen Hardware, Schulungen etc.) hinzunehmen hätte. Die Kundenbindung aufgrund eines *„Customer Groove In"* fördert sowohl den gegenwärtigen, als auch zukünftigen Absatz jener Produkte, die sich im Markt bereits etabliert haben und vermindert die Attraktivität von (qualitativ oder im Hinblick auf das Kosten-Nutzen-Verhältnis überlegenen) Konkurrenzprodukten mitunter entscheidend.

- **Informationsansteckung – Informationskaskaden:**
  In „Kettenreaktionen in der Informationsverarbeitung" (Informationsansteckung bzw. Informationskaskaden) ist eine weitere zentrale Quelle positiver Rückkoppelungen im Unternehmenskontext zu sehen. Sie sind vor allem auf Märkten für hoch entwickelte (komplizierte) technische Produkte (Computer, Unterhaltungselektronik etc.) sowie ganz allgemein bei Erzeugnissen, deren Qualität und Eigenschaften für die Kunden nur schwer zu beurteilen sind, beobachtbar. In diesem Fall neigen die Konsumenten dazu, sich vor einer Kaufentscheidung Informationen über das zum Kauf anstehende Produkt zu beschaffen. Dies erfolgt in der Regel über das Einholen von Erfahrungsberichten bei aktuellen oder ehemaligen Nutzern dieses Produktes. Positive Rückkoppelungen können bei dieser Vorgehensweise auf zweierlei Art entstehen:

  Je verbreiteter ein Produkt ist, desto höher fällt auch die Wahrscheinlichkeit aus, dass ein potenzieller Neukunde während der Informationsbeschaffung auf eine Person trifft, die bereits zum etablierten Anwender- bzw. Nutzerkreis dieses Produktes zählt. Dies bewirkt wiederum, dass sich ein Neukunde mit höherer Wahrscheinlichkeit für das bereits stärker verbreitete Produkt entscheidet und hierdurch seinerseits weitere positive Rückkoppelungen auslöst. Zum anderen lassen sich über stärker verbreitete Produkte tendenziell auch mehr Informationen (Erfahrungs- und Testberichte etc.) gewinnen, als dies bei weniger in Anwendung befindlichen Produkten der Fall ist. Ein risikoaverser (risikoscheuer) Konsument wird in einer solchen Situation jenes Produkt bevorzugen, das einen größeren Verbreitungsgrad aufweist und daher tendenziell mehr Informationen im Vorfeld des Kaufes bietet. Auch diese Tatsache wirkt positiv verstärkend auf den Kauf des Produktes, völlig unabhängig von seiner konkreten Qualität und dem ihm zugrunde liegenden Kosten-Nutzen-Verhältnis.

Die bisherigen Ausführungen dürften deutlich gemacht haben, dass positive Rückkoppelungen (zunehmende Grenzerträge) charakteristisch für Netzmärkte, und damit für das Verständnis von IT-Märkten sind. Im Folgenden soll nun der Frage nachgegangen werden, welche (strategischen) Implikationen sich hieraus für Unternehmen im IT-Sektor ergeben.

3.1.5   Pfadabhängigkeit, *Lock-Ins* und Standardisierung

„Dass der erste Schritt gewisse Freiheiten einengt, so dass ein zweiter Schritt
nicht mehr mit aller Beliebigkeit gemacht werden kann. So aber entsteht ein Pfad."
Fredmund Malik

Mit der Existenz positiver Rückkoppelungen sind eine Reihe überraschender Konsequenzen für die Unternehmen verbunden. Werden diese „Regeln der Netzökonomie" im Rahmen der Strategiewahl nicht berücksichtigt, so hat dies direkte Auswirkungen auf die Lebensfähigkeit des Unternehmens. Bei diesen Regeln handelt es sich im Einzelnen um

- die Sensibilität eines Systems für unterschiedliche Anfangsbedingungen,
- die Nichtdeterminiertheit eines Systems,
- die Pfadabhängigkeit und der „*Lock-In*" sowie
- die Standardisierung.

Die Eigenschaft der **Sensibilität für unterschiedliche Anfangsbedingungen** bedeutet, dass ein System, bei nur geringen Unterschieden in den Anfangszuständen, sich langfristig in völlig verschiedene Richtungen entwickeln kann. Bereits in den frühesten Phasen der Entwicklung einer Technologie oder eines Produktes auftretende Unterschiede bzw. Abweichungen, können sich aufgrund positiver Rückkoppelungen im Zeitablauf verstärken und unbeabsichtigte Folgen mit sich bringen. Daher können selbst scheinbar unbedeutende Aufträge, unvorhergesehene Kundenkontakte oder andere, vielleicht nur vom Zufall abhängige Ereignisse für die zukünftige Entwicklung einer Technologie bzw. eines Unternehmens von großer Bedeutung sein. Vor diesem Hintergrund kommt dem so genannten *„first mover advantage"* eine besondere Bedeutung zu: Gelingt es einem Unternehmen, sein Produkt oder seine Technologie zeitlich vor seinen Wettbewerbern auf den Markt zu bringen (*„first mover"*), so kann ein anfänglich vielleicht nur kleiner Vorsprung aufgrund positiver Rückkoppelungen dazu führen, dass das Unternehmen schneller als die Konkurrenz wettbewerbsrelevante Marktanteile gewinnt. Der Chiphersteller *Intel* und das Softwareunternehmen *Microsoft* sind prägnante Beispiele für Situationen, in denen sich bestimmte Anfangsbedingungen im Nachhinein als besonders (geschäfts-)günstig herausgestellt haben. *Manfred Stüttgen* zitiert in Anlehnung an die Veröffentlichungen der Spieltheoretiker *Barry Nalebuff* und *Adam Brandenburger* das folgende Beispiel:

„Intel wie Microsoft profitierten massiv von kreativen Zirkeln. Deren Entstehung und Perpetuierung ist maßgeblich darauf zurückzuführen, dass IBM zu Beginn der 80er Jahre mit hoher Geschwindigkeit in den PC-Markt eintreten wollte. Anstatt beim geplanten Markteintritt Zeit zu verlieren und den Chip und das Betriebssystem für den gewünschten IBM-PC intern zu entwickeln, bezog IBM diese Komponenten damals erstmals von Zulieferern, in diesem Fall den Chip von Intel und das Betriebssystem von Microsoft. Damit schuf

IBM die Ausgangskonstellation einer sich selbst verstärkenden Entwicklung, die in ihrer Bedeutung für die Zukunft Intels, Microsofts sowie der gesamten PC-Branche anfänglich kaum erkennbar war."

Ähnliches ließ sich im Markt für Videorecorder beobachten, wo der technisch überlegene *Betamax Videorecorder* von *Sony* dem *VHS*-Format von *JVC* unterlag, da zu einem bestimmten Zeitpunkt nicht genügend Filme in *Betamax-Technik* verfügbar waren. Hierauf fragten Kunden verstärkt *VHS-Kasetten* nach, was auch die Nachfrage nach *VHS-Recordern* erhöhte, was seinerseits zu einer Zunahme der Nachfrage nach *VHS-Kasetten* führte etc. – positive Rückkoppelungen in Reinkultur. Aufgrund geringer Unterschiede in den Anfangsbedingungen setzt sich das technologisch unterlegene Produkt durch und setzt einen Standard. Damit ist die **Nichtdeterminiertheit** und **begrenzte Voraussagbarkeit** von Systemen angesprochen, in denen positive Rückkoppelungen zum Tragen kommen. Das technisch unterlegene *VHS-System* setzt sich aufgrund eines nur kleinen Vorsprungs in der Frühphase der Branchenentwicklung langfristig am Markt durch. Eine derartige Entwicklung ist aus Perspektive der klassischen Ökonomie, wo sich auf freien Märkten immer die besten Qualitäten herausentwickeln sollten, kontraintuitiv. Sie ist aber mit der nichtlinearen Dynamik, mit den positiven Rückkoppelungen auf Netzmärkten begründbar.

Hier wird ein weiterer, wichtiger Aspekt beobachtbar: Die **Pfadabhängigkeit** bzw. der „**Lock-In**", d.h. das „Einrasten", die „Verriegelung" eines Systems. Mit diesen Begriffen ist die folgende Logik verbunden: Hat ein Produkt oder eine Technologie erst einmal einen Vorsprung gegenüber alternativen Produkten bzw. Technologien am Markt gewonnen, so kann sich hieraus ein Trend entwickeln, der sich im Zeitablauf immer mehr verfestigt. Mit der Überschreitung einer „kritischen Masse" (kritischen Schwelle) ist es für Konkurrenzprodukte bzw. alternative Technologien kaum mehr möglich, gegen das am Markt etablierte Produkt noch anzukommen. Die Technologie bzw. das Produkt bilden einen **Standard** und das System „rastet" auf einem bestimmten Pfad (der Technologie, dem Produkt) ein („*Lock-In*"). Eine zentrale Voraussetzung für die weltweite Verbreitung des Internet, war die Standardisierung der Internet-Protokolle (*TCP/IP*). Netzwerkeffekte und Standardisierung gehen bei der Verbreitung von Kommunikationstechnologien Hand in Hand: „*It takes two to tango*": **Netzwerkeffekte und Standardisierung waren Voraussetzung und Beschleuniger der Internetökonomie.**

Standards und Standardisierungen haben für das IT-Management eine große Bedeutung: Wie gesehen, werden Netzmärkte von Netzeffekten beherrscht, die aufgrund ihrer eigenen Logik zu Standardisierungen und damit zur Marktbeherrschung eines einzelnen Unternehmens („*The Winner Takes it All*") führen. Neben dieser ökonomischen Theorie der Standardisierung, werden Fragen der Standardisierung der IT auch immer häufiger aus strategischen Gründen sowie aufgrund von Kosten- und Effizienzüberlegungen in den Unternehmen diskutiert (Standardisierung als betriebswirtschaftliches Entscheidungsproblem). Es gilt hier Entscheidungen darüber zu treffen, ob auf Unternehmensebene ein IT-Standard wie z.B. SAP-Anwendungssoftware verbindlich vorgegeben werden soll, oder ob ganz bewusst individuelle Lösungen zugelassen werden. Im Falle unternehmensindividueller, hoch wettbewerbsrelevanter Geschäftsprozesse ist beobachtbar, dass unterschiedliche Unternehmensbereiche auch verschiedene IT-Standards nutzen. In diesem Fall ist jedoch ein sorgfältiges Durchdenken der damit verbundenen Komplexitäts- und Schnittstellenproblematik erforderlich.

Standardsoftware wird für den „anonymen (Massen-)Markt" entwickelt, weshalb es nicht überrascht, dass wir in unseren Unternehmen von Standardsoftware nur so umzingelt sind:

- *SAP* „beherrscht" mit seiner Standardsoftware die „Welt" für betriebswirtschaftliche Anwendungen,
- *Microsoft* setzt die Standards in seiner „*Windows*- bzw. *Office-Welt*" und
- *Oracle* drückt uns seinen Standard für die „Welt der Datenbanken" auf.

Grundsätzlich wird zwischen **De-facto-** und **De-jure-Standards** unterschieden. Beim „*De-facto-Standard*" handelt es sich um einen Standard der sich spontan, überraschend am Markt durchgesetzt hat. Der *Microsoft-Standard* wäre ein Beispiel für eine „spontane Standardisierung", der seine Etablierung den Netzeffekten, der Pfadabhängigkeit und dem *Lock-In* verdankt. Ein „*De-jure-Standard*" verdankt seine Existenz dagegen einer Standardisierungsinstitution, die diesen Standard vorschreibt. Als Beispiele wären hier die ISO-Normen oder Web-Standards zu nennen.

Ebenso werden **offene Standards** und **proprietäre Standards** unterschieden. Offene Standards sind **herstellerunabhängig**, ihre Spezifikationen sind offen gelegt. Ein Beispiel hierfür wäre **XML**, als offener *De-jure*-Standard. Die für diesen Standard relevanten Regeln bzw. Konventionen (*De-jure-Standard*) finden sich allerdings für jedermann zugänglich im Internet. Über die Seite www.w3.org kann sich jeder Interessierte die Regeln und Spezifikationen ansehen, nach denen *XML* funktioniert. Es gibt somit keine Geheimnisse und jedermann kann den Standard kostenlos benutzen.

Im Falle **proprietärer Standards** sieht die Sache hingegen anders aus. Proprietäre Standards sind **herstellerabhängige** Standards. Sie sind dadurch charakterisiert, dass die Regeln bzw. Spezifikationen des Standards von Seiten der Hersteller nicht offen gelegt werden. *Microsoft* ist ein Beispiel für ein Unternehmen, das seine Standards und Schnittstellenspezifikationen nicht frei zugänglich gemacht hat. Dahinter ist eine gleichsam einfache wie ungeheuer wirksame Unternehmensstrategie zu erkennen: Zuerst einmal ist aber festzustellen, dass proprietäre Standards für die Anwender grundsätzlich von Nachteil sind. Anwender profitieren von offenen Standards, da sie hierdurch die Software an unternehmensspezifische Gegebenheiten flexibel anpassen können. Weshalb, so ist zu fragen, verfolgt *Microsoft* dann eine derartig anwender- bzw. kundenfeindliche Strategie?

Die lapidare Antwort lautet: Weil der Hersteller eines proprietären Software-Standards damit seinen Konkurrenten das wirtschaftliche Leben bzw. Überleben sehr erschweren kann. Werden z.B. die entsprechenden Schnittstellenspezifikationen geheim gehalten, so wird es für andere Hersteller im Markt sehr schwer, hierauf mit eigenen Produkten aufzubauen. Sind die Schnittstellenspezifikationen für ein Betriebssystem nicht bekannt, so bekommen andere Hersteller große Probleme, wenn sie hierfür eine Anwendungssoftware zu schreiben beabsichtigen. *Microsoft* als Anbieter der Software für das Betriebssystem kann damit auch relativ problemlos den Markt für Anwendungssoftware abdecken. Der Software-Markt ist ein Netzmarkt, weshalb hier Netzeffekte bzw. positive Rückkoppelungen zum Tragen kommen: Tendenziell zum Vorteil für *Microsoft* und zum Nachteil für die Kunden bzw. die Anwender.

Dies ist damit zu begründen, dass durch proprietäre Standards die Innovationsleistung der gesamten Software-Industrie geschwächt wird. Proprietäre Maßnahmen begünstigen auf (Netz-)Märkten mit positiver Rückkoppelung Monopolstellungen. Man spricht auch von „The Winner Takes it All-Märkten".

Auf Softwaremärkten (bzw. allgemein auf Netzmärkten) gibt es somit eine Tendenz zur Monopolisierung. Der „**Wettbewerb als Entdeckungsverfahren**" (*Friedrich August von Hayek*) ist außer Kraft gesetzt, die Innovationsdynamik erlahmt.

Das Zusammenspiel von Netzeffekten, kritischer Masse und Standardisierung, das haben die vorangegangenen Ausführungen gezeigt, besitzt große Bedeutung für das IT-Management, insbesondere für die erfolgreiche Etablierung einer Technologie am Markt. Diese Zusammenhänge sollen im Folgenden aus der Perspektive des für den IT-Bereich zentralen Technologie- bzw. Innovationsmanagements näher betrachtet werden.

3.2   Die Logik der Technologiemärkte

„In technology timing is everything."
Chris Anderson

Vor dem Hintergrund der auf Netzmärkten (IT-Märkten) vorherrschenden Logik aus positiven Netzeffekten, *Lock-In* und Standardisierung entwickelte der US-amerikanische Technologie- und Internetvordenker *Chris Anderson* ein „**Vier-Stufen-Modell**" für die Marktverbreitung innovativer Technologien. Nach seiner Auffassung durchlaufen alle für die Menschheit wichtigen Technologien zumindest eine dieser vier Stufen. Dabei kann es auf jeder Stufe zu einer Art „Zusammenstoß", mit einem „kritischen Preis", einer „kritischen Masse" oder einer neuen Technologie kommen. Kommt es zu einem solchen Zusammenstoß, verändert sich sowohl der Markt als auch die Technologie. *Anderson* betrachtet den Punkt des Zusammenstoßes als **kritischen Wendepunkt** für den Markt, wie auch für die Technologie. Ist der Wendepunkt erreicht, so lässt sich die nächste Stufe, auf die sich der Lebenszyklus einer Technologie hin bewegt, einfach vorhersagen. Im Folgenden werden diese „kritischen Wendepunkte" näher dargestellt:

*   **Die erste Stufe – Der kritische Preis**

    Die erste Entwicklungsstufe einer Technologie, die sich erfolgreich am Markt etablieren wird, zeigt sich in einem Zusammenstoß mit einem **kritischen Preis** und dem Fallen unter eine „**kritische Preis-Linie**". Damit ist nicht, wie in der deutschsprachigen Betriebswirtschaftslehre üblich, die kurzfristige Preisuntergrenze angesprochen. Vielmehr handelt es sich hier um einen Punkt, an dem der Preis für eine Technologie, aufgrund von Skalen-, Lern- und Erfahrungseffekten, *Moore's Law* etc., signifikant gesenkt werden kann.

kritischer Preis

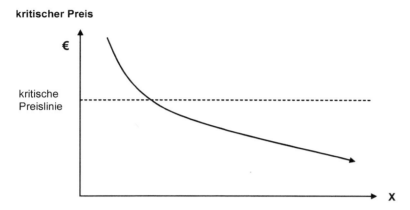

Abbildung 26: Der kritische Preis
Quelle: Anderson, Ch. 2004.

Ist der Wendepunkt „Fallen unter eine kritische Preis-Linie" erreicht, so bewegt sich die Technologie in Richtung der Erschließung einer „kritischen Masse".

- **Die zweite Stufe – Die kritische Masse**

    Die zweite Entwicklungsstufe einer erfolgreichen Technologie konkretisiert sich nun im Erreichen einer kritischen Masse an Nutzern. Aufgrund direkter bzw. indirekter Netzeffekte kommt es zum Zusammenstoß mit einer kritischen Marktmasse, der Markt wird penetriert und es ergeben sich die oben skizzierten Effekte des „*Lock-In*" sowie der Standardisierung der Technologie.

Marktanteil in Prozent

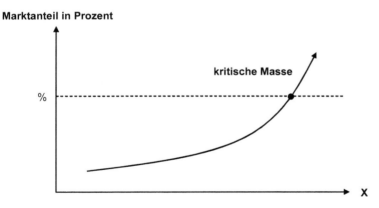

Abbildung 27: Die kritische Masse
Quelle: Anderson, Ch. 2004.

Wird eine Technologie zum Standard, so verdrängt sie die alte Technologie vom Markt, womit die dritte Stufe der Entwicklung einer Technologie erreicht wäre.

- **Die dritte Stufe – Die neue Technologie verdrängt die alte**

  An diesem Punkt wird der Zusammenstoß am deutlichsten. Die neue Technologie hat durch sinkende Preise, dem Erreichen einer kritischen Masse des Marktes sowie dem Setzen eines Standards der alten Technologie den „Todesstoß" versetzt. Die alte Technologie verschwindet vom Markt.

Marktanteil in Prozent

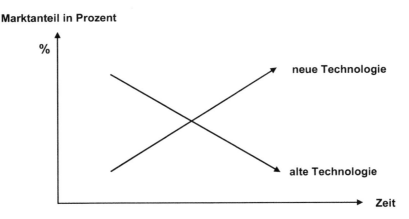

Abbildung 28: Der Übergang von der alten zur neuen Technologie
Quelle: Anderson, Ch. 2004.

Auf der letzten Stufe ihres Lebenszyklus wird die ehemals neue Technologie immer billiger, bis sie im Extremfall umsonst zu erwerben ist.

- **Die vierte Stufe – Die nicht mehr ganz so neue Technologie wird immer billiger: Sie wird zur *Commodity***

  Die letzte Stufe der Technologieentwicklung ist erreicht. Die Technologie prallt mit der (virtuellen) „*Commodity-Linie*" zusammen. Sie wird zur austauschbaren Massen- bzw. Billigware, deren Preis sich immer mehr nach unten entwickelt. Gerade bei digitalen Technologien bzw. Produkten kann sie auch kostenlos erhältlich sein.

Commoditization („*Commodities* kosten im Laufe der Zeit fast nichts mehr")

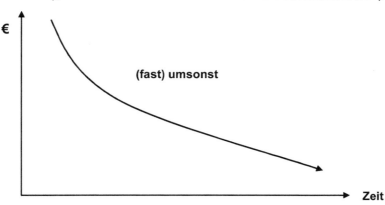

Abbildung 29: Commoditization einer Technologie
Quelle: Anderson, Ch. 2004.

Diese Darstellung der Technologielebenszyklen mag etwas holzschnittartig sein. Sie ermöglicht aber die Positionierung und Strategieentwicklung sowohl für neue als auch für reife Technologien. *Chris Anderson* merkt zu seinem Modell an, dass es auf jeder der vier Stufen eine Möglichkeit zum Handeln, zum Management der Technologie gibt. Aus der Perspektive des IT-Managements kann man sich z.B. die Frage stellen, in welchem Stadium der Technologieentwicklung sich der Markt für ERP-Software befindet. Oder, ob bzw. wann *Linux* eine kritische Masse erreichen wird und welche Konsequenzen dies für die dominierende „alte" Technologie hat. Was das „Schicksal der *Commoditisierung*" angeht, so sollte man gerade im High-Tech-Bereich auf die „Anreicherung" der Produkte mit Wissen und Services setzen.

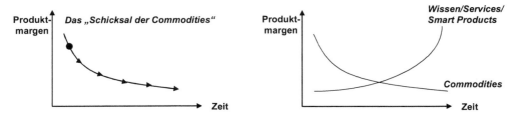

Abbildung 30: Vom „Schicksal der Commodities" zu den Potenzialen von Wissensprodukten

Allerdings durchlaufen innovative Technologien diese vier Stufen längst nicht so geschmeidig, wie die obigen Ausführungen Glauben machen könnten. Auf Technologiemärkten lässt sich ein geradezu „tierisches Verhalten" ausmachen, das manche innovative, erfolgsversprechende Technologie abstürzen lässt, bevor sie ihre Vorteile überhaupt richtig unter Beweis stellen konnte. Unternehmen auf Technologiemärkten stehen auf der Nachfrageseite manchmal „**Lemminge**", meist aber „**Pinguine**" gegenüber. Ein Markt der Lemminge kann für ein Unternehmen recht angenehm sein. Bietet es ein neues Produkt, eine neue Technologie an, so erwerben es gleich die ersten Käufer und alle anderen folgen in recht kurzer Zeit. Unangenehm ist es, wenn man es mit Pinguinen zu tun hat. Dies hat folgenden Grund: Bevor Pinguine ihre Eisscholle verlassen und ins Wasser gleiten, müssen sie die Angst vor Raubfischen, die unter der Wasseroberfläche lauern und sie fressen könnten, überwinden. Somit verharren die Pinguine erstmal in einer Warteposition bis der Hunger die ersten dazu treibt, doch ins Wasser zu springen. Überleben diese „mutigen Pioniere" die ersten Minuten im Wasser, so springt der Rest (das gesamte „Netzwerk") nach. Ganz ähnlich können sich Konsumenten bei neuen Technologien bzw. bei der Übernahme eines neuen Standards verhalten. Sie zögern oft lange, manchmal zu lange, bis sie sich für eine neue Technologie (eine „disruptive Innovation") bzw. für einen neuen Standard entscheiden. Der US-amerikanische Technologieforscher *Geoffrey Moore* hat, in Anlehnung an die Arbeiten des Pioniers der Innovationsforschung *Everett M. Rogers*, aufgezeigt, wie sich eine neue Technologie bzw. ein neuer Produkttyp durch verschiedene Benutzergruppen „durcharbeiten" muss, um Erfolg zu haben. Der Grund für diesen „Lebenszyklus der Technologieadaption" sieht *Moore* in den unterschiedlichen Verhaltensweisen, die Menschen bei der Übernahme von Innovationen an den Tag legen können. Die Abbildung 31 zeigt die fünf wesentlichen Verhaltensweisen auf, welche die zentralen **Triebkräfte auf Technologiemärkten** ausmachen.

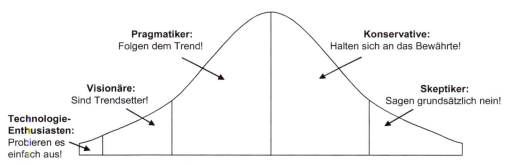

Abbildung 31: Der Lebenszyklus der Technologieadaption
Quelle: Moore, G. 2002, S. 12.

Die fünf möglichen Verhaltensweisen von Kunden gegenüber Innovationen sind somit,

- es einfach auszuprobieren,
- ein Trendsetter zu sein,
- dem Trend zu folgen,
- sich an Bewährtes zu halten sowie
- grundsätzlich nein zu sagen.

Diese Verhaltensweisen umfassen das gesamte Spektrum an Reaktionen, die man als innovatives Unternehmen zu berücksichtigen hat. Die zu jeder Verhaltensweise gehörende Fläche über der Kurve in Abbildung 31 entspricht ungefähr der Häufigkeit ihres Auftretens. Die größte Herausforderung für ein Unternehmen, das eine neue Technologie am Markt etablieren möchte, liegt dabei nicht darin, die „frühen Zielgruppen" (Technologieenthusiasten und Visionäre bzw. Trendsetter) zu überzeugen. Wirklich schwierig wird es, wenn man die Pragmatiker und die Konservativen, also den Massenmarkt, erreichen will. *Moore* spricht hier von einer „**Kluft**" („*Chasm*"), zwischen den Enthusiasten und Visionären auf der einen sowie dem Massenmarkt der Pragmatiker (und Konservativen) auf der anderen Seite. Diese Kluft gilt es zu überwinden („***Crossing the Chasm***"). Denn die Pragmatiker mit ihrer Herdenstrategie wollen zuerst andere Pragmatiker die Technologie kaufen sehen, bevor sie sich selbst zum Kauf entschließen: Die Pinguine müssen zuerst überzeugt werden, dass es sich lohnt ins Wasser zu springen.

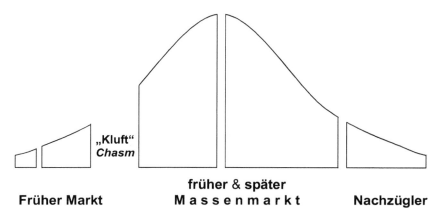

Abbildung 32: „Crossing the Chasm"
Quelle: In Anlehnung an Moore, G. 2002, S. 17.

Oftmals wird aber auch heute noch davon ausgegangen, dass man eine neue Technologie, ein innovatives Produkt „nur" bei den Technologieenthusiasten und Visionären erfolgreich einführen müsse und der Rest ergebe sich dann fast automatisch. Nach dieser Logik würden die mit den frühen Zielgruppen realisierten Gewinne dazu genutzt, um die Produktion (Skaleneffekte!) und die Werbung (Reichweiteneffekte!) auszuweiten, um sich über gesunkene Kosten und aggressives Marketing den Massenmarkt zu erschließen. Leider ist es nicht so einfach: Denn die Kunden rechts der Kluft in Abbildung 32, also der Massenmarkt, haben vollkommen andere Bedürfnisse, als die kleine Gruppe links des Grabens. Um es mit dem US-amerikanischen Marketing-Guru *Seth Godin* zu sagen:

> „*Pre-chasm people want something cool. Post-chasm people want something that works. A nerd wants the latest personal digital assistant. An executive wants to keep her appointments straight.*"

Die Konsequenz für das Technologie- bzw. Innovationsmanagement lautet somit: Um die Kluft zu überbrücken, muss die Technologie für den Massenmarkt **radikal anders vermarktet** werden, als man dies für die Zielgruppe „Enthusiasten und Visionäre" getan hat. *Geoffrey Moore* schlägt zur Überwindung der Kluft unter anderem vor, „Pragmatiker bzw. Pinguine", die ein gemeinsames Problem verbindet, zu identifizieren und ihnen die neue Technologie als Lösung hierfür anzubieten. „Pragmatiker in Nöten" sind diejenigen, die einer neuen Technologie dabei helfen, die Kluft zu überwinden, wenn – und nur wenn – die Innovationen als Komplettlösungen für das konkrete Problem wahrgenommen werden. Produkte, die in den vergangenen Jahren auf diese Art die Kluft überwunden haben sind z.B. RFID-Sensoren im Transport- und Logistikbereich, das Online-Banking, GPS-Anwendungen oder Videokonferenzen.

Auch auf Softwaremärkten ist der Pinguineffekt beobachtbar. Hier zeigt er sich im so genannten *„Startup-Problem"*. So haben Unternehmen, die neu auf dem Softwaremarkt aktiv werden wollen, gleich zwei Probleme: Sie müssen nicht nur die neue Software (das neue Produkt, die neue Technologie) erfolgreich vermarkten, sondern auch glaubhaft versichern können, dass sie sich flächendeckend durchsetzen und Netzeffekte generieren wird. An dieser Logik kann die Software, die Technologie von vornherein scheitern. Es kommt nicht mehr allein auf die Qualität bzw. die technologische Überlegenheit eines Produktes an, sondern auf die Fähigkeit, schnell einen Standard setzen zu können. Vor diesem Hintergrund ergreifen Softwareunternehmen verschiedene strategische Maßnahmen, um einen eigenen Standard zu etablieren. In der Anfangsphase verkaufen Sie das Produkt unter ihren Grenzkosten (bzw. verschenken es), um sich eine möglichst große Basis von Nutzern aufzubauen, die dann später als Eintrittsbarriere für andere Technologien dient und technischen Wandel verhindert. Dies hat allerdings die unschöne Konsequenz, dass sich aus technischer Sicht ein „nicht-optimaler" Standard am Markt durchsetzen kann. Aus der Vielzahl von Beispielen sollen hier in Anlehnung an *Buxmann/Diefenbach/Hess* die *OSI-Protokolle* sowie die *Dvorak-Tastatur* benannt werden:

- Trotz hoher technischer Qualität konnten sich die *OSI-Protokolle* nicht flächendeckend auf allen Ebenen durchsetzen. Heute dominieren die Internetprotokolle den Markt.
- Die Tastaturanordnung im *QWERTY-Design* ist mittlerweile überflüssig und weniger effizient als die nach ergonomischen Gesichtspunkten entwickelte *Dvorak-Tastatur*. Die Umstellung auf die möglicherweise effizientere Tastenanordnung wird aber aufgrund von direkten sowie indirekten Netzeffekten verhindert.

Wir erleben auch hier den oben aufgezeigten *Lock-In-Effekt*: Ein einmal etablierter Technologie-Standard lässt sich nicht mehr so einfach aus dem Markt drängen.

Ein weiterer Aspekt, der auf Technologiemärkten Relevanz besitzt, ist das so genannte *„Leapfrogging Behaviour"*. Hier werden einzelne Produktgenerationen von Kunden übersprungen und nicht jede Weiterentwicklung eines Produktes wird gekauft. Dieses Phänomen gewinnt bei kürzeren Produktlebenszyklen in gesättigten Märkten und Fokussierung auf den Ersatzkauf zunehmend an Bedeutung. Für die betroffenen Unternehmen besteht die Gefahr, den Kunden auf dem Weg zum neuen Modell zu verlieren und mit der jeweils neuen Technologie nicht die erforderlichen Gewinne, *Cashflows* etc. als „*Returns*" auf ihre Investitionen realisieren zu können. Auf der anderen Seite „entschleunigen" die Kunden mit dem Überspringen einzelner oder mehrerer Technologie- bzw. Produktstufen die auf Technologiemärkten allgegenwärtige Verkürzung der Innovations- und Produktlebenszyklen. Bezogen auf den PC-Markt müssten die Kunden ohne *leapfrogging* bzw. Entschleunigung ca. alle sechs Monate einen neuen Rechner kaufen. Auf Softwaremärkten zeigt sich das *Leapfrogging-Verhalten* vor allem bei Updates oder der Einführung eines neuen Release eines Standardsoftwareprogramms.

3.3   Transaktionskosten und die Rolle der IT

Die Beantwortung der auf den ersten Blick etwas überflüssig wirkenden Frage, warum es Unternehmen überhaupt gibt, hat dem US-amerikanischen Ökonomen *Ronald Coase* den Wirtschaftsnobelpreis eingebracht. Nach der marktwirtschaftlichen Logik des *Adam Smith* schafft der auf freien Märkten wirkende Preismechanismus ganz allein eine effiziente Koordination wirtschaftlicher Handlungen. Weshalb also, fragte *Coase*, werden in Marktwirtschaften ökonomische Aktivitäten dem Preismechanismus entzogen und hierarchisch, d.h. innerhalb von Unternehmen, abgewickelt bzw. koordiniert?

*Die preisgekrönte Antwort von Coase lautete: Unternehmen gibt es aufgrund von **Transaktionskosten**. Bei jedem Geschäftsvorgang, jeder Transaktion in einer Marktwirtschaft fallen „Reibungskosten", so genannte Transaktionskosten, an.*

Transaktionskosten umfassen

- die Kosten der **Anbahnung** (z.B. Recherche-, Beratungs-, Reisekosten),
- die Kosten der **Vereinbarung** (z.B. Verhandlungs-, Vertragskosten),
- die Kosten der **Abwicklung** (z.B. Prozesssteuerungskosten),
- die Kosten der **Kontrolle** (z.B. Kosten der Vertrags-, Qualitäts- und Terminkontrolle) sowie
- die Kosten der **Anpassung** (Kosten, die z.B. aufgrund nachträglicher qualitativer, terminlicher oder preislicher Änderungen anfallen).

Dies hört sich recht abstrakt an. Auf einen zweiten Blick verstecken sich hinter dem Konzept der Transaktionskosten allerdings täglich erfahrbare Erlebnisse des Wirtschaftens: So müssen Käufer und Verkäufer in der Masse möglicher Vertragspartner erst einmal zueinander finden. Sie müssen Informationen über ihre Produkte und Serviceleistungen austauschen und um den Preis- sowie den Lieferumfang feilschen. Auch nach Abschluss eines Geschäftes fallen noch Kosten an, insbesondere dann, wenn man die Vertragstreue des Geschäftspartners überprüfen will und es darum geht, säumige Zahlungen oder zugesagte Serviceleistungen einfordern zu müssen. Beim Kauf einer *ERP-Software* fallen diese Transaktionskosten sehr viel höher aus als beim Erwerb einer Flasche *Cola-Light*. Aber ganz egal, ob komplexe Software oder ein seit Kindestagen bekannter Softdrink Gegenstand der Geschäftsbeziehung ist: Transaktionskosten fallen bei allen ökonomischen Transaktionen an. Der US-amerikanische Ökonom und Nobelpreisträger *Douglas North* geht aufgrund seiner Untersuchungen davon aus, dass in hoch entwickelten Volkswirtschaften die Transaktionskosten die Hälfte aller wirtschaftlichen Aktivitäten ausmachen.

Der Transaktionskostenansatz ist dabei kein Teil der klassischen betriebswirtschaftlichen Kostenrechnung. Wie dargelegt, umfassen die Transaktionskosten die Informations-, Verhandlungs-, Entscheidungs- und Kontrollkosten, die im Rahmen der Geschäftsabwicklung anfallen. Allerdings wird die bekannte betriebswirtschaftliche Logik auch auf die Transaktionskosten losgelassen: Es ist erklärtes Ziel, die Transaktionskosten zu senken! Um dieses Ziel zu erreichen, muss allerdings differenziert vorgegangen werden. Zuerst ist zu fragen, von welchen Einflussfaktoren die Höhe der Transaktionskosten bestimmt wird. Der

US-amerikanische Organisationsforscher *Oliver Williamson* identifizierte unter anderem die **Spezifität** einer Transaktion (transaktionsspezifische Investitionen) sowie die **Unsicherheit** einer Transaktion als maßgebliche Einflussfaktoren auf die Transaktionskostenhöhe.

Von Spezifität wird gesprochen, wenn zur Durchführung einer Transaktion in hohem Maße „**spezifische Investitionen**" notwendig sind. In der Transaktionskostenökonomie spricht man von der „Spezifität einer Investition" immer dann, wenn die Geschäftsbeziehungen eines Unternehmens eine starke Spezialisierung der Unternehmensressourcen erfordert, damit maßgeschneiderte, kundenindividuelle Produkte und Services angeboten werden können. In einer derartigen Situation fällt die Produktivität einer Ressource bzw. Investition innerhalb einer ganz konkreten Geschäftsbeziehung immer größer aus, als in einer alternativen Verwendung. Tätigt ein Unternehmen dagegen „unspezifische Investitionen", so lassen sich diese Ressourcen problemlos, d.h. ohne Wertverlust, in einer anderen Verwendungsrichtung bzw. Geschäftsbeziehung einsetzen. So lässt sich beispielsweise die „unspezifische Ressource Standardsoftware" (*Microsoft Office*) nach der Beendigung einer Geschäftsbeziehung ohne Einschränkungen für andere Transaktionen nutzen. Im Falle einer Spezialsoftware, die ausschließlich zur exklusiven Anbindung eines Kunden an das eigene Unternehmen entwickelt wurde, sieht das ganz anders aus. Hier wird die Software bei Beendigung der Geschäftsbeziehung einen hohen (Um-)Programmieraufwand verursachen oder möglicherweise vollkommen wertlos werden. Je höher also die transaktionsspezifischen Investitionen ausfallen, desto stärker ist ein Unternehmen von der ganz spezifischen Verwendung seiner Ressourcen abhängig. Damit ist hier auch ein hohes Maß an Abhängigkeit zwischen den Transaktionspartnern gegeben, was erst einmal steigende Transaktionskosten zur Folge hat.

Der zweite transaktionskostenrelevante Einflussfaktor ist die Unsicherheit. Im Rahmen der Transaktionskostenökonomie werden „zwei Kategorien der Unsicherheit" unterschieden:

* die Unweltunsicherheit und
* die Verhaltensunsicherheit.

Die Umweltunsicherheit drückt den ständigen Wandel und die Dynamik vieler unternehmensrelevanter Faktoren aus. So unterliegen viele Vereinbarungen zwischen Transaktions- bzw. Geschäftspartnern im Hinblick auf Preise, Termine, Mengen und Konditionen einer großen Unsicherheit. Sind aber die Einflussfaktoren, die auf die Geschäftsabwicklung einwirken können, vorab nicht bekannt oder verändern sich diese über die Zeit, so können im Laufe des Transaktionsprozesses Anpassungen bzw. Konkretisierungen der Vereinbarung nötig werden. Diese Art der Unsicherheit ist im IT-Projektgeschäft ein gleichermaßen bekanntes wie lästiges Phänomen. So ändern sich während der Projektplanungs- oder Projektrealisierungsphase von Seiten der Anwender oftmals die Anforderungen an die zu erstellende Software hinsichtlich des Leistungsumfangs oder weiterer Funktionalitäten. Auch im Hinblick auf zukünftig notwendig werdende Schnittstellen, die zum aktuellen Zeitpunkt noch nicht umfassend auf ihre mögliche Komplexität oder Interaktion mit anderen Systemen beurteilt werden können, zeigt sich die Umweltunsicherheit im IT-Bereich.

Die Verhaltensunsicherheit konkretisiert sich dagegen in der Annahme, dass die an Transaktionen beteiligten Akteure im Zweifelsfall ausschließlich ihre eigenen Interessen verfolgen („opportunistisches Verhalten"). Hierzu gehört unter anderem das Ausnutzen von Informationsvorsprüngen („Informationsasymmetrien"), z.B. Informationen über die Kompatibilitätsfähigkeit einer Software zu anderen Lösungen, die von Seiten des Anbieters nicht in vollem Umfang kommuniziert werden. Auch lässt sich die Qualität eines Softwaremoduls häufig erst im Nachhinein (ex post) in der konkreten Anwendungssituation umfassend beurteilen, was nicht zu unterschätzende Spielräume für opportunistisches Verhalten eröffnet. Vergleiche zur Grundlogik der Transaktionskostentheorie die Abbildung 33.

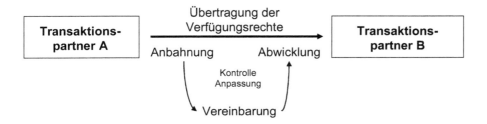

Einflussfaktoren auf die Kosten:

- Spezifität (der Investition)
- Unsicherheit (der Anforderungen)
- Häufigkeit (der Durchführung)
- ...

Zentrale Annahmen:

- Nutzenmaximierung der Akteure
- Begrenzte Rationalität
- Risikoneutralität

Abbildung 33: Die Grundlogik der Transaktionskostentheorie
Quelle: Buxmann et. al. 2008, S. 53.

Beide Unsicherheitskategorien erschweren die Vertragserfüllung und erfordern daher Vertragsmodifikationen sowie die Inkaufnahme erhöhter Transaktionskosten. Aufgrund dieser Unsicherheiten lassen sich bestimmte Transaktionen günstiger in dem sicheren, geplanten Rahmen eines Unternehmens abwickeln. Die „Organisation" bietet hier mehr Stabilität und Vertrauen als der Markt. Vor diesem Hintergrund kann die Transaktionskostentheorie unter anderem als Instrument zur Entscheidungshilfe bei Fragen nach der Auslagerung von IT-Aufgaben („*IT-Sourcing*") eingesetzt werden. *Buxmann/Diefenbach/Hess* zeigen, in Anlehnung an eine Untersuchung von *Picot/Meier*, eine auf der Logik der Transaktionskostentheorie aufbauende Entscheidungsmatrix für die Auslagerung von IT-Aufgaben auf.

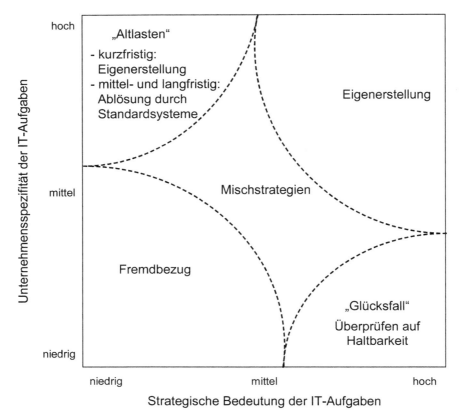

Abbildung 34: Die Transaktionskostentheorie als Entscheidungsgrundlage für das IT-Sourcing
Quelle: Buxmann et. al. 2008, S. 56.

Die Abbildung 34 macht deutlich, dass neben der Spezifität insbesondere auch die strategische Bedeutung von IT-Aufgaben bei der Beantwortung der Frage nach einer IT-
Auslagerung zu berücksichtigen ist. Im Kern wird hier die Empfehlung ausgesprochen, nur
IT-Aufgaben mit tendenziell geringerer Spezifität und geringerer strategischer Bedeutung für
das Unternehmen auszulagern. In zahlreichen Unternehmen ist es der Betrieb des Netzwerks,
der genau diesen Kriterien für eine Auslagerung entspricht. Es ist daher kaum überraschend,
dass *Outsourcing-Aktivitäten* häufig in diesem Bereich ihren Anfang nehmen.

Moderne Informationstechnologien nehmen aber auch positiven Einfluss auf die Transaktionskosten in dem Sinne, dass sie zu einer Senkung dieser Kosten beitragen. Wie die vorangegangenen Ausführungen zeigen, entstehen Transaktionskosten insbesondere im Rahmen
der Informationssuche, Informationsverarbeitung und Informationsweitergabe. Innovative
Technologien wie das Internet schaffen nun mehr Transparenz und bewirken damit Transak-
tionskostensenkungen. *Bill Gates* spricht in diesem Zusammenhang von der **„reibungslosen
Wirtschaft"**. Während in der klassischen Betriebswirtschaftslehre insbesondere die Bereiche
Produktivität und Produktionskosten die entscheidenden Einflussfaktoren für die Gestaltung
der Wertschöpfung waren, sind es heute die Kosten der Information und Kommunikation,

d.h. die Transaktionskosten, welche die betriebswirtschaftlichen Entscheidungen für den Bereich „Arbeitsteilung in der Wertschöpfung" wesentlich beeinflussen. Das *E-Business* („*Electronic Business*"), in einem allgemeinen Sinn verstanden als die Geschäftsabwicklung auf Basis der Internettechnologien, hat trotz aller Schwankungen in den vergangenen Jahren langfristigen Erfolg gezeigt. Charakteristisch für das E-Business ist die integrierte Unterstützung von Geschäftsprozessen und Beziehungen zu Kunden, Mitarbeitern und Geschäftspartnern auf Grundlage elektronischer Medien.[5] Die Entwicklung von Geschäfts-, Erlös- und Prozessmodellen für vernetzte Kunden-Unternehmensbeziehungen (*Business-to-Consumer*) sowie vernetze Unternehmensbeziehungen (*Business-to-Business*) führt zur Senkung der Transaktionskosten, zur Erhöhung der Markt- bzw. Preistransparenz und damit zu nachhaltigen Effizienzvorteilen. Besonders signifikant fallen diese Veränderungen in jenen Branchen aus, deren Kernleistungen digitalisierbar und damit elektronisch übertragbar sind. Hier wird eine wesentliche Forderung gegenüber dem IT-Management erfüllt: *Durch den IT-Einsatz werden Transaktionskosten gesenkt und es wird mehr Transparenz in den betrieblichen Produktions- und Entscheidungsprozessen geschaffen.*

---

[5] Somit steht das E-Business auf drei Säulen: Zum einen auf der Säule des Internets, wo für alle Interessierten über das World Wide Web Informationen angeboten werden bzw. über Email-Dienste Nachrichten ausgetauscht werden können. Zum zweiten auf der Säule des Extranet, das auf Basis des TCP/IP-Protokolls eine Plattform für exklusive Kontakte mit ausgesuchten Partnern (Lieferanten und Kunden) zur Verfügung stellt. Die letzte, dritte Säule betrifft das so genannte Intranet, welches die Internettechnologie für die ausschließlich hausinterne Kommunikation benutzt.

4 IT-Management: Relevante Grundbegriffe und Basiskonzepte der Betriebswirtschaftslehre

Die folgenden Ausführungen stellen nun jene betriebswirtschaftlichen Methoden und Konzepte vor, mit deren Hilfe sich die „Ressource Informations- und Kommunikationstechnologie" managen lässt.

4.1 Effektivität und Effizienz des IT-Einsatzes

„All that effective executives have in common is the ability
to get the right things done."
Peter Drucker

Zur betriebswirtschaftlichen Analyse und Steuerung des IT-Einsatzes bietet sich in einem ersten, grundlegenden Schritt das ökonomische Konzept der **Effizienz** und **Effektivität** an. Es gibt in der Betriebswirtschafts- bzw. Managementlehre für dieses Begriffspaar zwei ebenso einfache wie tragfähige Definitionen, die hier in Anlehnung an den US-amerikanischen Management-Vordenker *Peter Drucker* zitiert werden:

Effektivität steht für die Kunst, **„die richtigen Dinge zu tun"**
(*„doing the right things"*).
Mit **Effizienz** ist die Fähigkeit angesprochen, **„die Dinge richtig zu tun"**
(*„doing the things right"*).

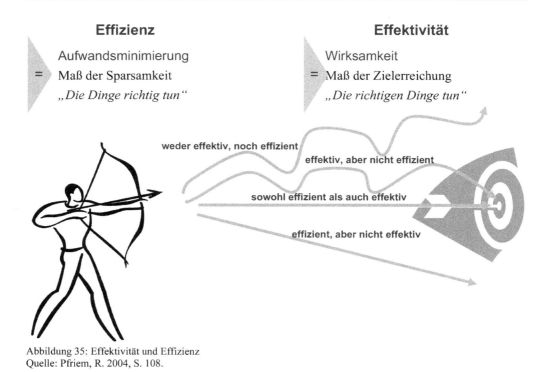

Effizienz

Aufwandsminimierung

= Maß der Sparsamkeit

„Die Dinge richtig tun"

Effektivität

Wirksamkeit

= Maß der Zielerreichung

„Die richtigen Dinge tun"

weder effektiv, noch effizient

effektiv, aber nicht effizient

sowohl effizient als auch effektiv

effizient, aber nicht effektiv

Abbildung 35: Effektivität und Effizienz
Quelle: Pfriem, R. 2004, S. 108.

*Die Betriebswirtschaftslehre wird als eine **Lehre vom wirtschaftlichen, d.h. effizienten, Entscheiden und Handeln** verstanden.*

Bei knappen Ressourcen gilt es, die „Dinge richtig zu tun" und damit für Effizienz zu sorgen. Eine betriebswirtschaftliche Entscheidung bzw. Handlung ist immer dann effizient, wenn ein **Ziel mit dem geringstmöglichen Einsatz** erreicht wird. Im englischen Sprachraum wird dies auch mit der Formel *„doing more with less"* ausgedrückt. Im Rahmen von Effizienzsteigerungen geht es somit um „Aufwandsoptimierung", d.h. um die Optimierung des Verhältnisses von Einsatz (Input) und Ergebnis (Output). Oder anders formuliert: Effizienz liegt immer dann vor, wenn die „Minimalkostenkombination" realisiert wird. Für den IT-Bereich heißt das, dass die IT-Leistungen zu geringstmöglichen IT-Kosten erbracht werden müssen.

Die IT-Kosten fallen im Wesentlichen innerhalb

- der **Anwendungsentwicklung** und der **Wartung**,
- der **Anwenderunterstützung**,
- des **IT-Betriebs** bzw. des **Rechenzentrums** sowie
- in den Bereichen **Netzwerke** bzw. **Infrastruktur** an.

Jeder dieser Bereiche bietet Ansatzpunkte für Effizienzverbesserungen:

Im Bereich Anwendungsentwicklung/Wartung kann versucht werden, über eine aktive Steuerung der Nachfrage, durch Verbesserungen im Projektmanagement und über Nachverhandlungen bei den Verträgen, die gleichen IT-Leistungen zu geringeren Kosten bereitzustellen. Im Bereich der Anwenderunterstützung lässt sich durch *Outsourcing*, über die Steuerung der Nachfrage und die verbindliche Vorgabe von Standards die IT-Effizienz erhöhen. Die Effizienz des Rechenzentrums bzw. des IT-Betriebs kann über den Abbau von Gemeinkosten, durch die Nachverhandlung von Verträgen sowie über eine strikt bedarfsorientierte Kapazitäts- und Ressourcenplanung erreicht werden. Im Bereich Netzwerk/Infrastruktur sind es Maßnahmen wie die Konsolidierung und Nachverhandlung von Verträgen sowie die Steuerung der Nachfrage, die hier zu einer Effizienzsteigerung führen können.

Oftmals wird in der Unternehmenspraxis die IT-Effizienz aber auch pauschal über eine einzige Kennzahl überwacht und gesteuert, welche die IT-Kosten auf den Unternehmensumsatz bezieht:

$$\frac{IT\text{-}Kosten}{Umsatz} \cdot 100$$

Aber Vorsicht! Die isolierte Betrachtung dieser Kennzahl sowie hieraus pauschal abgeleitete Kostensenkungs- bzw. IT-Effizienzsteigerungsprogramme sind nicht unproblematisch. Aussagen wie: „Wir haben IT-Kosten von 3 Prozent vom Umsatz und wollen sie unter den Branchendurchschnitt von 1,5 Prozent drücken", sind, wie *Henning Kagermann*, Vorstandsvorsitzender der *SAP AG*, und Professor *Hubert Österle* von der Universität St. Gallen feststellen, nur wenig sinnvoll. Zum einen, da unterschiedliche Unternehmen ihre IT-Kosten in aller Regel auch auf unterschiedliche Weise ermitteln können. So weisen beispielsweise nicht alle Unternehmen ihre Telekommunikationskosten als IT-Kosten aus. Zum anderen, weil die IT-Abteilungen ganz unterschiedliche Leistungen für die Unternehmen (bzw. ihre internen und externen Kunden) erbringen müssen und daher auch ganz unterschiedlich hohe Kostenniveaus aufweisen. So muss ein höherer Anteil der IT-Kosten am Umsatz nicht zwingend fehlende Effizienz im IT-Bereich bedeuten. Hohe IT-Kosten können(!) auch ein Beleg dafür sein, dass ganz bewusst in innovative Informations- und Kommunikationstechnologien investiert wird, um die langfristige Wettbewerbsfähigkeit des Unternehmens zu erhalten oder zu steigern. Damit ist die IT-Effektivität angesprochen.

Die Berücksichtigung der Effektivität ist von herausragender Bedeutung für die betriebswirtschaftliche Analyse und Steuerung des IT-Bereichs. So lässt sich leider immer wieder beobachten, **dass mit hoher Effizienz die falschen Dinge getan werden**. Kosten im IT-Bereich lassen sich unter anderem dadurch senken, dass auf zukunftssichernde Investitionen in innovative Technologien verzichtet wird. Kurzfristig lässt sich hiermit die Kosten- und Ertragsposition im IT-Umfeld verbessern. Langfristig verliert der IT-Bereich aber den Anschluss an aktuelle technologische Entwicklungen und beraubt sich damit der Fähigkeit, das Unternehmen in seinen Geschäftsprozessen und Geschäftsmodellen innovativ und nachhaltig zu unterstützen. Die Effizienzorientierung steht in einem solchen Fall der Effektivitätsausrichtung entgegen. Das geht zu Lasten der langfristigen Wachstums- und Ertragschancen des Unternehmens und damit zu Lasten seiner **Lebensfähigkeit** in einem dynamischen, globalisierten und technologiegetriebenen Wettbewerbsumfeld.

Vor dem Hintergrund dieser Tatsachen rückt das Ziel, die richtigen Dinge zu tun, also jene Dinge, die von den Kunden gefordert und honoriert werden, zunehmend in den Mittelpunkt betriebswirtschaftlicher Betrachtungen im IT-Bereich. Effektivität bedeutet die, aus unternehmerischer (und auch gesellschaftlicher) Perspektive, richtigen Ziele zu setzen. Die IT-Effektivität ist im Wesentlichen „**nutzenorientiert**". Sie bezeichnet **die Wirksamkeit der IT** im Hinblick auf den **Erfolg der Geschäftsaktivitäten** bzw. im Hinblick auf die **Umsetzung des Geschäftsmodells**. Damit ist die (wechselseitige) **Beziehung zwischen den IT-Systemen und der Unternehmensstrategie** angesprochen: So leistet die IT zum einen wichtige Unterstützung für die erfolgreiche Realisierung der Unternehmensstrategie und ist daher eng an den strategischen Zielen des Unternehmens auszurichten (*„IT-Alignment"*). Zum anderen stellt die IT die zur Realisierung der Unternehmensstrategie erforderliche Infrastruktur zur Verfügung und ermöglicht damit deren konkrete Umsetzung (*„IT als enabler"*). Die IT-Effektivität wird in erster Linie durch die **IT-Funktionalität**, die **IT-Verfügbarkeit** sowie durch den **IT-Nutzungsgrad** in den einzelnen Kernprozessen des Unternehmens gemessen. Diese Kennzahlen bzw. Orientierungsgrößen sind wichtig, da eine hohe IT-Effektivität die Art und Weise des Geschäfts bzw. der Geschäftsabwicklung zum Teil grundlegend verändert und die Unternehmen noch umfassender von der Funktionsfähigkeit der IT abhängig macht. So führt der effektive IT-Einsatz zu neuen Formen der unternehmensübergreifenden Zusammenarbeit sowie zur Erschließung neuer Märkte bzw. Entwicklung neuer Geschäftsmodelle. Unternehmen wie *Dell* und *Amazon* setzen auf hohe IT-Effektivität, um ihre Produkte unter voller Nutzung des Internet direkt an den Endkunden verkaufen und hierdurch einen überlegenen Kundennutzen schaffen zu können. Veränderungen im Geschäftsmodell und der Organisationsstruktur der Unternehmen gehen heute in immer mehr Branchen Hand in Hand mit Veränderungen in der IT.

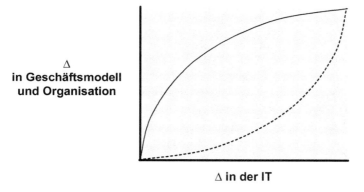

Abbildung 36: Veränderungen in Geschäftsmodell/Organisation und IT gehen Hand in Hand
Quelle: Fleisch, E. 2001, S. 112.

Es ist wichtig zu erkennen, dass Effektivität und Effizienz betrieblicher Entscheidungen und Handlungen **gleichermaßen** zu berücksichtigen sind. Diese Forderung gilt insbesondere für den IT-Bereich. Der IT-Einsatz erfolgt in vielen Unternehmen mit dem Ziel, die betrieblichen (operativen) Abläufe, d.h. die Geschäftsprozesse, zu beschleunigen und damit kostengünstiger zu machen. Moderne Informationstechnologien dienen als Instrument, die Effizienz der für das Unternehmen zentralen Prozesse (Kernprozesse, wie z.B. die Kunden- bzw. Auftragsabwicklungsprozesse) zu steigern. Obwohl solche effizienzorientierten Einsatzfelder der IT in der Regel die sichtbarsten und am schnellsten zu realisierenden Ergebnisse liefern, stellen sie eben nur einen Aspekt der IT-Unterstützung in den Unternehmen dar. Der zweite Aspekt liegt in der Fähigkeit der IT, die Effektivität der Geschäftsprozesse zu verbessern bzw. grundlegend zu verändern.

Der „effektive IT-Einsatz" zielt auf eine vollständige Neudefinition oder Umgestaltung eines Prozesses ab, um sich neue Wertschöpfungs- und Erlösmodelle zu erschließen. Das Unternehmen *Amazon* wickelt seine Kunden- und Geschäftsbeziehungen grundsätzlich anders ab, als ein traditioneller Buchhändler. *Apple* verkauft nicht nur trendige Computer, sondern entwickelte mit *iTunes* und dem *iPod* einen neuen und erfolgreichen Weg für den kostenpflichtigen Erwerb von digitalen Musikdateien. Das Modeunternehmen *Zara* reagiert äußerst flexibel und schnell auf sich ändernde Kundenwünsche. Aktuelle Modetrends aus Mailand und Paris werden sofort in das eigene Programm aufgenommen. Hoch entwickelte IT-Unterstützung bei Design, Fertigung und Logistik erlauben es, pro Jahr ca. 300.000 unterschiedliche Modeartikel zu fertigen und jeden der ca. 2.500 Shops innerhalb von 3 Tagen mit neuester Mode zu beliefern. Diese Beispiele weisen auf einen Mega-Trend unserer technologiegeprägten Volkswirtschaften hin:

Effektiv sind jene Unternehmen bzw. Unternehmensbereiche, die ihren Kunden hoch flexibel, möglichst jederzeit und an jedem Ort („anytime" und „anyplace") individualisierte, d.h. auf sie zugeschnittene Produkte, Leistungen bzw. Lösungen anbieten.

Diese ökonomische Logik fordert von der IT **flexible** und insbesondere „**geschäftsnahe Lösungen**". In vielen Unternehmen finden sich aber über Jahrzehnte gewachsene, unübersichtliche IT-Landschaften, die einen „Zoo von Anwendungssystemen" darstellen, der zu allem Überfluss nicht selten auch noch schlecht integriert ist. Nur wenige Mitarbeiter, wenn überhaupt, sind in der Lage diese IT-Systeme in ihrer Gesamtheit zu überschauen, die aufgrund aufwändiger Pflege und Wartung unverhältnismäßig hohe Kosten verursachen. Dem stehen die Anforderungen der heutigen Märkte gegenüber, mit Hilfe modifizierter bzw. neuer IT-gestützter Geschäftsmodelle schnell auf neue Herausforderungen der Märkte reagieren zu können. Damit ist die zentrale Grundvoraussetzung zur Aufrechterhaltung der Wettbewerbsfähigkeit von Unternehmen in der heutigen Zeit angesprochen: Die Fähigkeit, die IT so eng mit der Geschäftstätigkeit zu verknüpfen, dass eine **(Neu-)Definition bzw. Anpassung der Geschäftsmodelle** möglich wird.

4.2   Geschäftsmodelle und die Rolle der IT

„Dieser Prozess der schöpferischen Zerstörung ist das
für den Kapitalismus wesentliche Faktum."
Joseph Schumpeter

„That the Internet has brought a new age of entrepreneurship is by now, very old news. All it takes to
succeed (haha) is a great idea, a little capital, a lot of energy and a keen mind of marketing. If it only
were so easy...".
Cameron Johnson

Der Einsatz moderner Informations- und Kommunikationstechnologien in den Unternehmen verändert die Art und Weise der Wertschöpfung grundlegend. Für die Gestaltung und Abwicklung von Geschäftsprozessen zwischen verschiedenen Unternehmen sowie zwischen den Unternehmen und ihren Kunden eröffnet die IT völlig neue Möglichkeiten. Selbstverständlich wird es auch in Zukunft **physische Marktplätze** (*market places*) geben, wo physische Rohstoffe und Ressourcen gekauft, verarbeitet und in den Unternehmen zu physischen Produkten transformiert werden. Durch den Einsatz integrierter Informationssysteme und insbesondere des Internets wird dieser physische Marktraum jedoch ergänzt und erweitert. Es entsteht ein **„digitaler Marktraum"** (*market space*), wo es zur Entwicklung und zum Vertrieb digitaler Produkte und Dienstleistungen kommt (***„from market place to market space"***). D.h., sowohl der Leistungsaustausch als auch die Transaktionen der Unternehmen finden immer mehr in der Informationssphäre (dem „digitalen Raum") statt. Das Internet ist somit nicht mehr nur ein Netzwerk miteinander verbundener Computer. Vielmehr handelt es sich beim *„world wide web"* um einen **„globalen Markt"**, der rund um die Uhr arbeitet und die Prozesse von Beschaffung, Entwicklung, Produktion und Vertrieb immer stärker digitalisiert und automatisiert. Die Existenz dieses *market space* hat tief greifende Konsequenzen. Ganze Branchen, vor allem solche mit hoher Informationsintensität (wie Medienunternehmen, Banken, Versicherungen etc.), lösen sich in Bits auf.

Vor diesem Hintergrund muss von Seiten aller Unternehmen eine grundlegende strategische Entscheidung darüber getroffen werden, ob und wie der physische sowie der elektronische Marktraum bearbeitet werden sollen. Es geht dabei darum, ein Geschäftsmodell zu entwickeln, das beide Marktoptionen vor dem Hintergrund der konkreten Produkt-Markt-Kunden-Anforderungen berücksichtigt. Für die Unternehmen stellt sich hier die Grundsatzfrage, ob man im physischen und/oder digitalen Marktraum tätig sein will und wie die erfolgsversprechende Mischung aus materiellen und immateriellen Produktteilen und Dienstleistungen konkret aussehen soll. Damit ist die Frage nach dem konkreten Geschäftsmodell gestellt. Der Begriff des **Geschäftsmodells** ist eines jener Schlagwörter, das die Internetpleite des Jahres 2000 „überlebte" und sich nachhaltig im betriebswirtschaftlichen Wortschatz etablieren konnte. Zu Zeiten des Booms von Unternehmensgründungen im IT-Umfeld (*E-Business-Start-Ups*) lautete die zentrale Frage der (potenziellen) Kapitalgeber (*„Venture Capitalists"*): *„Was ist Ihr Geschäftsmodell?"* Überraschenderweise existiert für den Begriff des Geschäftsmodells jedoch weder in der Literatur noch in der Unternehmenspraxis eine einheitliche Definition.

Allgemein betrachtet beschreibt ein Geschäftmodell die „Idee", d.h. die ökonomische Logik,
auf der ein Geschäft aufgebaut ist.

Dabei geht es ganz grob um die Beantwortung der folgenden Fragen:

- Auf welcher gewinnbringenden Grundlage baut das Geschäft auf?
- Welche Möglichkeiten existieren, um einen herausragenden Kundennutzen zu schaffen und sich von den Wettbewerbern zu unterscheiden?
- Können die Erlöse aus diesem Geschäftsmodell die mit der Herstellung der entsprechenden Produkte und Leistungen verbundenen Kosten überkompensieren?
- Welcher Technologien bedient sich das Geschäftsmodell?

Vor diesem Hintergrund soll unter einem Geschäftsmodell ein „Vehikel" verstanden werden,
das Auskunft darüber gibt, wie ein Unternehmen seine Beziehungen zu Kunden und Lieferan-
ten abwickelt (z.B. physisch und/oder digital), auf welche Arten es Wert zu schöpfen beab-
sichtigt (physisch und/oder digital), wie es sich finanziert (mit Eigen- und/oder Fremdkapi-
tal) und wie es im Wettbewerb zu bestehen gedenkt.

Das Geschäftsmodell ist somit ein Hilfsmittel zur analytischen Durchdringung der „Logik" des existierenden oder geplanten Geschäfts eines Unternehmens. Mit seiner Hilfe lässt sich eine kurze Beschreibung der wesentlichen Elemente einer geschäftlichen Aktivität vornehmen, was im Informationszeitalter zunehmend wichtiger wird. War es in früheren Zeiten so, dass Geschäfte, wie etwa die Herstellung oder der Verkauf von Autos, selbsterklärende Aktivitäten darstellten, so ist dies gerade im IT-Sektor bzw. auf digitalen Märkten in vielen Punkten nicht mehr der Fall. Märkte, Leistungen, Strategien und Operationen weisen einen nicht unerheblichen Grad an Abstraktion auf, die sich erst anhand eines Geschäftsmodells ganzheitlich darstellen und erklären lassen. Wie die folgende Abbildung 37 zeigt, beinhaltet das Geschäftsmodell in aggregierter und vereinfachter Form Teilmodelle, die Aussagen über die betriebswirtschaftlich relevanten Punkte erfolgreicher Geschäftätigkeit treffen: Die Marktpositionierung und Strategie des Unternehmens, seine Finanzierung, die Beschaffungswege sowie die Art und Weise der Leistungserstellung, das hieraus resultierende Leistungsangebot und die Vertriebskanäle.

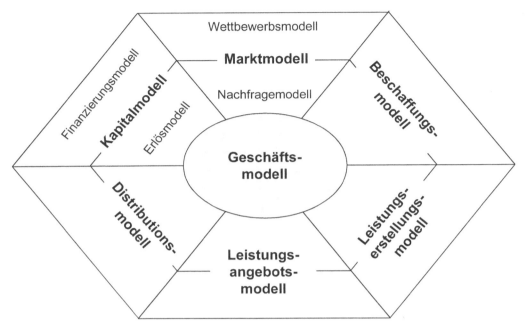

Abbildung 37: Teilmodelle eines integrierten Geschäftsmodells
Quelle: Wirtz 2000, S. 83.

Der Analyse und (Neu-)Gestaltung der Geschäftsmodelle kommt heutzutage eine herausragende strategische Relevanz zu. Für viele Unternehmen reicht es nicht mehr aus, „nur" neue Produkte zu entwickeln und auf den Markt zu bringen. Um im globalen Wettbewerb nachhaltig erfolgreich zu sein, werden so genannte „**Geschäftsmodell-Innovationen**" immer wichtiger. Das über Jahrzehnte vorherrschende Geschäftsmodell des Industriezeitalters konkretisierte sich in **vertikal hoch integrierten** Unternehmen. Der Begriff der vertikalen Integration steht für die Tatsache, dass man alle Stufen der Wertschöpfung innerhalb des eigenen Unternehmens selbst abdeckt. Dieser Logik folgend bestand *Henry Fords* Unternehmenskonglomerat nicht nur aus Fabriken, in denen Automobile zusammenmontiert wurden. Nein! *Henry Ford* war unter anderem auch stolzer Besitzer von Gummiplantagen(!), um die zur Herstellung von Reifen notwendigen Rohstoffe zu produzieren, sowie Eigentümer einer ganzen Seeflotte, mit deren Hilfe er die zur Produktion notwendigen Materialien über die Weltmeere transportieren konnte. Ein so hochgradig vertikal integriertes Unternehmen wird man heutzutage wohl kaum mehr finden. Der kanadische Internet-Vordenker *Don Tapscott* beschreibt diese Veränderungen in der Logik und Organisation der Geschäftsmodelle wie folgt: „*While big, do-all corporations seemed natural in the middle of the twentieth century, they run counter to a core principle of liberal economics: that the open and competitive marketplace is the best source of value for money. (...) isn't vertical integration eerily similiar to Soviet central planing?*"

Mit dem Einsatz erster Informations- und Kommunikationssysteme in den 1960er, 1970er und 1980er Jahren, konnten die Unternehmen ihre Transaktionskosten im Rahmen ihrer Geschäftsbeziehungen deutlich senken. Als Konsequenz dieser technologischen Entwicklung überdachten viele Unternehmen ihre Geschäftsmodelle und konzentrierten in der Folge ihr Geschäft konsequent auf die eigenen Kernkompetenzen. Alles andere wurde nach außen, an Lieferanten, Zulieferer, externe Dienstleister usw., gegeben („*Outsourcing*"). Auf Basis einer neuen technologischen IT-Infrastruktur („**technologischen Plattform**") ließen sich nun aber auch ganz neue Formen der unternehmerischen Zusammenarbeit und ganz neue Geschäfts-modelle realisieren. So ermöglichen heute allgemein zugängliche und gleichzeitig global verbreitete IT-Standards, wie das *TCP/IP-Protokoll*, den Aufbau und das Betreiben so ge-nannter „**Unternehmens-Ökosysteme**". Das Ökosystem eines Unternehmens besteht aus zahlreichen wirtschaftlichen Akteuren, wie Kunden, Lieferanten, Dienstleister und auch Konkurrenten, die alle einen Beitrag zur Wertschöpfung leisten. Die globale Verbindung der Datennetze macht es den Unternehmen möglich, ihre Wertschöpfungskette global auszurich-ten und hierdurch das eigene Geschäftsmodell sowohl auf die eigenen Kernkompetenzen, als auch auf die Kundenwünsche hin exakt zuzuschneiden. Mithilfe von *Workflow-Software* werden die globalen Geschäftsprozesse organisiert und koordiniert.

Das Überdenken des eigenen Geschäftsmodells gehört zu den Grundaufgaben von Unter-nehmern und Managern. Mit der Verbreitung der Internettechnologie wurden jedoch in sehr kurzer Zeit viele neue Möglichkeiten zur Gestaltung innovativer, bisher unbekannter Ge-schäftsmodelle geschaffen. Die Informationstechnologie wurde hier zum Treiber einer neuen Logik der Geschäftsabwicklung und der Markterschließung. Dies belegt *Chris Anderson* anhand seines Konzeptes des „*Long Tail*". Nach *Andersons* Auffassung liegt die Logik des „*Long Tail*" einer ganzen Reihe von Geschäftsmodellinnovationen der *New Economy* zugrunde. Als Beispiele führt er die klassischen Internethändler bzw. Internetplattformen *Amazon*, *eBay*, *iTunes* und *Rhapsody* auf. Die neue Logik der „*Long Tail-Märkte*" bzw. der auf sie zugeschnittenen Geschäftsmodelle ist folgende: Die durch das Internet und die globa-le Vernetzung geschaffene Informationstransparenz führt zu einer Verlagerung der Umsätze. Umsätze, die mit populären Produkten gemacht werden, fallen im Vergleich mit den Umsät-zen, die mit Nischenprodukten gemacht werden, relativ gering aus. Vergleiche hierzu die folgende Abbildung 38.

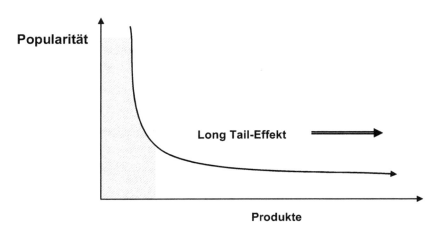

Abbildung 38: Der „Long Tail-Effekt"
Quelle: Anderson, Ch. 2006, S. 63.

Gemessen am „*Long Tail-Effekt*" weist eine relativ geringe Anzahl an Produkten (die *Hits* bzw. *Megasellers*) eine sehr hohe Popularität auf. Die Popularität der Produkte nimmt allerdings im Verlauf der Kurve nach rechts ab. Überraschenderweise kann jedoch die Menge der verkauften (unbekannteren) Nischenprodukte in der Summe die der „Hits" bei weitem übersteigen. Da die Informations- bzw. Transaktionskosten im Internet sehr niedrig sind wird es für Unternehmen zunehmend lohnend, solche Nischenprodukte anzubieten und damit ganz neue Kundenschichten anzusprechen. Bedenkt man zusätzlich, dass sich mit Hilfe integrierter Informationssysteme Lagerhaltungs- und Distributionskosten deutlich reduzieren lassen, wird das Geschäftsmodell mit dem „*Long Tail*" nochmals attraktiver. Nicht zuletzt sind hier, aufgrund der Exklusivität von Nischenprodukten, neben höheren Umsätzen auch höhere Gewinnspannen zu erwarten. Ende 2004 machte *Amazon* mit seinem „Marktplatz-Programm" 40 Prozent seines Gesamtumsatzes. Im Rahmen des Marktplatzmodells ist das Sortiment und dessen Lagerhaltung auf Partner verteilt. Die einzelnen, ganz verschiedenen Artikel sind jedoch von *Amazon* zentral erfasst und werden über die *Amazon-Website* auch zentral angeboten. Im Falle einer Bestellung wird die Ware vom Anbieter, in der Regel einem kleinen Händler, verpackt und an den Kunden geliefert. Mit Hilfe des Internets verbindet *Amazon* ein zentrales Angebot (gerade auch seltener Produkte) mit einer dezentralen Nachfrage nach diesen (seltenen) Nischenprodukten. Ein Netzwerk kleinerer Händler, die in das große *Amazon-Netzwerk* eingebunden sind, schafft eine große (Produkt-)Vielfalt (den „*Long Tail*), die keinem „Sortimentsdiktat" (keinem „Diktat der Regalfläche") unterworfen ist. Unternehmen, die sich wie *Amazon*, auf den „*Long Tail*" konzentrieren, erschließen sich einen zusätzlichen Markt, auf dem sich eine Nachfrage nach Produkten und Leistungen artikuliert, die von den traditionellen Märkten nicht bedient wird. *Anderson* beschreibt die Logik dieser Geschäftsmodellinnovation mit dem Slogan: „Nischenprodukte statt Massenmarkt"!

Auch die Hard- und Softwareindustrie ist von Geschäftsmodellinnovationen bedroht. Das insbesondere von *Microsoft* erfolgreich etablierte Geschäftsmodell, wonach geschäftliche wie private Nutzer Softwarelizenzen kaufen und diese dann auf ihrem Rechner installieren, wird von der so genannten „*Cloud*" (Wolke) bedroht. *The Cloud* steht für riesige, über die ganze Erde verteilte Datenzentren, auf denen die Anwender zukünftig per Internet ihre Daten ablegen und Software bei Bedarf nutzen können. Skaleneffekte (Größenvorteile) werden den Speicherplatz „in der Wolke" signifikant verbilligen. Ebenso wird sich der Preis für Software, die nur noch bei Bedarf genutzt und bezahlt werden muss, drastisch verringern. Wie *Holger Schmidt* feststellt: „*Die Wolke könnte alle etablierten Strukturen in der Informationstechnik zerstören.*"

Innovative Geschäftsmodelle, die einem bestimmten Kundenkreis einen spürbaren Zusatznutzen bringen, zerstören auf schöpferische Weise den aktuellen Status Quo einer Branche und etablieren neue Regeln und Wege für die Abwicklung von Geschäftsprozessen. Es ist aber wichtig zu erkennen, dass solche Geschäftsmodellinnovationen in der Regel nicht als fertiges Design in den Köpfen vorausschauender Unternehmer bzw. Strategen entstehen, sondern in den meisten Fällen das Ergebnis eines zeit- und kapitalraubenden „*Trial-and-Error-Prozesses*" sind. Sie sind, um hier nochmals die Logik *Friedrich August von Hayeks* zu bemühen, das Resultat menschlichen Handelns, aber längst nicht immer das Ergebnis eines exakten menschlichen Entwurfs. Dies bedeutet aber nicht, dass man die Dinge sich selbst überlassen könne. Unternehmerisches bzw. betriebliches Handeln muss zielgerichtet sein. In einem komplexen und dynamischen Umfeld muss man zwar grundsätzlich immer mit Änderungen bzw. unerwarteten (emergenten) Entwicklungen rechnen. Umso wichtiger ist es aber auch, die überlebenswichtigen betriebswirtschaftlichen Ziele (Marktstellung, Kundennutzen, Liquidität, Produktivitäten, marktgerechte Verzinsung des eingesetzten Kapitals usw.) nicht aus den Augen zu verlieren.

4.3　　Die Unternehmensziele

Handeln und Entscheiden im betrieblichen Kontext ist immer auf Ziele hin auszurichten. *Ralf-Bodo Schmidt* bringt es auf den Punkt: „*Unternehmungsziele werden gesetzt, um erreicht zu werden.*" Somit sind sämtliche Unternehmensprozesse an den aktuellen Zielen auszurichten und im Hinblick auf ihren Zielerreichungsgrad immer wieder zu überprüfen. Im Folgenden werden die wichtigsten Eigenschaften und Inhalte von Unternehmenszielen im Allgemeinen und von Zielen des IT-Bereichs im Besonderen vorgestellt.

4.3.1　　Grundlegende Eigenschaften betrieblicher Ziele

Gleich zu Beginn der Ausführungen zu den Grundbegriffen und -konzepten der Betriebswirtschaftslehre muss betont werden, dass jedes Unternehmen innerhalb einer marktwirtschaftlichen Ordnung (d.h. innerhalb eines Wirtschaftssystems, das durch Privateigentum, offene Märkte und Wettbewerb gekennzeichnet ist) das **Kernziel** einer **marktgerechten Verzinsung** auf das **eingesetzte Kapital** verfolgen muss. Damit ist die **Rentabilität** $\left(\dfrac{Gewinn}{eingesetztes\ Kapital} \right)$, der „*Return on Investment*", angesprochen. Eine zentrale Voraussetzung für eine hohe Rentabilität bildet die **Wirtschaftlichkeit** eines Unternehmens. Die Wirtschaftlichkeit ist ihrerseits wiederum von der **Produktivität** $\left(\dfrac{Output}{Input} \right)$ sowie von den In- und Outputpreisen abhängig. An dieser Stelle soll mit der Rentabilität jedoch jenes übergeordnete Ziel aufgezeigt werden, an dem sich alle Entscheidungen und Handlungen im Unternehmen auszurichten haben. So sollten Entscheidungen über Investitionen im IT-Bereich grundsätzlich unter Beachtung dieses übergeordneten Ziels erfolgen. Die Bestimmung der Rendite einer IT-Investition ist jedoch nicht immer direkt möglich. Über indirekte Maßgrößen wie Nutzen bzw. Nutzwerte kann dieser betriebswirtschaftlichen Logik aber auch im IT-Umfeld Rechnung getragen werden.

Ganz allgemein versteht man unter einem **Ziel** einen **erwünschten, zu erreichenden Zustand** und damit das Ergebnis zukünftiger Handlungen. Da Ziele somit für die Mitarbeiter die anzustrebenden Ergebnisse und Situationen markieren, gilt es, diese Zielzustände exakt zu bestimmen und transparent darzulegen. Um in der Unternehmenspraxis klare und eindeutig formulierte Ziele zu erhalten, ist es empfehlenswert, sich an den **sechs W's der Zielformulierung** zu orientieren:

1.　**Was wollen wir erreichen?** Im Rahmen dieser Frage wird ein Ziel zunächst nach Art und Inhalt näher umrissen. Wichtig ist hierbei zu erkennen, dass die Zielformulierung immer dann am wirksamsten ist, wenn die Zielangabe grundsätzlich messbar (operationalisierbar) und quantifizierbar ist. So greift man in der betrieblichen Praxis, wenn möglich, gerne auf Größen des betrieblichen Rechnungswesens zurück, da diese relativ exakte Zielgrößen darstellen. Operationalisierbare und quantifizierbare Ziele wären beispielsweise die Steigerung des Marktanteils, die Erhöhung der Rentabilität, die Senkung der Personalkosten im IT-Bereich usw.

2.   An die Frage „**Was** wollen wir erreichen?" schließt sich unmittelbar die Frage nach dem „**Wie viel** … wollen wir erreichen?" an. Hier geht es um die Höhe des Zielinhaltes bzw. um das Ausmaß seiner angestrebten Veränderung. So ist zum Beispiel denkbar, dass eine Verzinsung auf das eingesetzte Kapital von 10 % als Ziel fix vorgegeben wird, oder aber eine Steigerung des Marktanteils um 3 % im Vergleich zum Vorjahr verlangt wird.

3.   In einem nächsten Schritt ist der **Geltungsbereich** der Ziele festzulegen. Dies ist die Frage nach dem **Wo**? Diese Zieldimension konkretisiert den räumlichen Geltungsbereich eines Ziels. So ist es sinnvoll anzugeben, ob ein Ziel für das gesamte Unternehmen oder nur für einen bestimmten Geschäftsbereich, eine Abteilung oder ein Projekt vorgegeben wird. Das Ziel, in einem Unternehmen innovativste IT-Lösungen einzusetzen, muss nicht in jeder Abteilung zu den gleichen Konsequenzen führen. Während man in der Forschungs- und Entwicklungsabteilung auf die aktuellsten Entwicklungen in der IT nicht verzichten kann, mag man in der Buchhaltung mit bewährten, aber bereits älteren Systemen erfolgreich und effizient arbeiten.

4.   Mit der nächsten Frage ist der **Zeitpunkt** oder **Zeitraum** angesprochen, **bis wann** ein Ziel erreicht sein soll. Diese Vorgabe eines **Zeitbudgets** findet ihren Niederschlag in der Unterscheidung zwischen **strategischen** und **operativen Zielen**. Während strategische Ziele die langfristige Unternehmensentwicklung bzw. die Wettbewerbssituation des Unternehmens beeinflussen, verfolgt man mit operativen Zielen die kurzfristige Ausrichtung und Steuerung im Tagesgeschäft.

5.   Im Unternehmensalltag werden immer mehrere Ziele gleichzeitig verfolgt, die auch mit einander in Beziehung stehen. Wie im Folgenden noch dargelegt wird, sind es im wesentlichen **Erfolgsziele**, **Liquiditätsziele** sowie **Produktziele**, die mit hieraus abgeleiteten Unterzielen ein **Zielsystem** bilden und parallel verfolgt werden müssen. Damit stellt sich die Frage nach der **Relevanz der Ziele** und es ist zu klären, **wie wichtig** ein Ziel im Vergleich zu anderen Zielen ist. Vor diesem Hintergrund müssen die einzelnen Ziele im Hinblick auf ihre Relevanz für den (**langfristigen**) **Unternehmenserfolg** durchdacht und nach ihrer Wichtigkeit und/oder Dringlichkeit geordnet werden. In diesem Sinne muss einer Investition in die langfristige Wettbewerbsfähigkeit eines Unternehmens (beispielsweise der kostenintensiven Entwicklung eines neuen Produktes) der Vorrang gegenüber dem kurzfristigen Ausweis hoher Gewinne gegeben werden. Leider herrscht in der Unternehmenspraxis häufig eine einseitige Orientierung an kurzfristigen Zielen vor. Dies führt zwar zur Erfüllung kurzfristiger Kostensenkungs- bzw. Gewinnsteigerungsziele, oft aber zu Lasten eines nachhaltigen Unternehmenserfolges bzw. der Lebensfähigkeit des Unternehmens.

6.   Die letzte, aber keineswegs weniger wichtige Zieldimension, thematisiert eine **organisatorisch-personelle Komponente** und fragt: **Von wem ist das Ziel zu erreichen?** Aus einer organisatorischen Perspektive ist hier jene Stelle zu benennen, welche die **Verantwortung für die Zielerreichung** zu tragen hat. Diese Vorgehensweise besitzt eine hohe motivationale Komponente, da der Stelleninhaber in diesem Fall genau weiß, dass er für

seine zielerreichenden Entscheidungen und Maßnahmen die Verantwortung zu übernehmen hat.

7. Bei der Zielsetzung und Zielerreichung sind wiederum Aspekte der Effektivität und
    Effizienz zu berücksichtigen. Effizienz ist notwendig im Rahmen aller Prozesse, die der
    Zielerreichung dienen. Für die betriebswirtschaftlich-unternehmerische Wirksamkeit
    reicht Effizienz jedoch nicht aus. Hinzukommen muss die Effektivität. Letztlich ent-
    scheidend ist, dass die richtigen Ziele verfolgt werden. Diese Einsicht führt zu einem
    zentralen betriebswirtschaftlichen Prinzip, dem „**Pareto-Prinzip**", auch als „**80/20-
    Regel**" bekannt. Das Pareto-Prinzip gilt erfahrungsgemäß auf zahlreichen Gebieten der
    Wirtschaft bzw. des menschlichen Handelns.

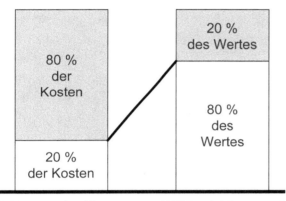

Abbildung 39: Die erfahrungsgestützte 80/20-Regel als Instrument für mehr Konzentration und Effektivität

So werden beispielsweise

- mit 20 Prozent der Kosten 80 Prozent des Wertes innerhalb eines Unternehmens geschaffen,
- mit 20 Prozent der produzierten Güter 80 Prozent des Umsatzes erzielt,
- innerhalb von 20 Prozent der Besprechungszeit 80 Prozent der Beschlüsse gefasst und
- in 20 Prozent der Arbeitszeit 80 Prozent der relevanten Ergebnisse erbracht.

Will man z.B. während eines Arbeitstages zu mehr Ergebnissen kommen, sind Überstunden
nicht immer der richtige Weg. Entscheidend in solchen Situationen ist, dass die richtigen
Dinge getan werden und dass man sich auf diese wenigen, wichtigen Dinge ausnahmslos
konzentriert. Die Fokussierung auf wenige, aber entscheidende Aufgaben bzw. Tätigkeiten
führt zur Wirksamkeit bzw. zur Effektivität.

Wie bereits erwähnt, sind im Rahmen unternehmerischer Tätigkeit immer **mehrere Ziele**
parallel zu verfolgen. Aus dem umfangreichen Katalog an möglichen Unternehmenszielen
sollen im Folgenden zunächst die drei elementarsten Ziele, die jedes Unternehmen in einer
Marktwirtschaft zu berücksichtigen hat, aufgezeigt werden. Dabei handelt es sich um

- **Produktziele**,
- **Erfolgsziele** und
- **Liquiditätsziele**.

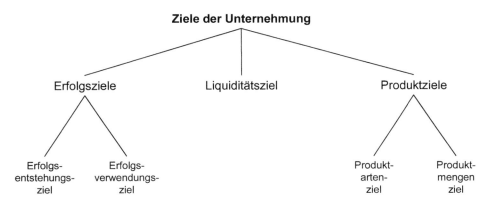

Abbildung 40: Die Unternehmensziele
Quelle: Schmidt, R.-B. 1984, S. 46.

Diese betrieblichen Elementarziele werden im Folgenden näher dargestellt.

4.3.2 Die elementaren Unternehmensziele

Mit der Definition von **Produktzielen** wird festgelegt, welche Produkte und Dienstleistungen ein Unternehmen zu erzeugen und wie man es zu vertreiben beabsichtigt. Mit den Produktzielen ist somit die Marktleistung eines Unternehmens angesprochen, die sich in einem **Produktartenziel** sowie einem **Produktmengenziel** konkretisiert.

Mit dem **Produktartenziel** wird festgelegt, welche Güter als Produkte oder Leistungen erzeugt werden sollen. Dabei ist es gerade für Informatiker, Ingenieure bzw. Techniker wichtig zu erkennen, dass man sich bei der Festlegung der Produktartenziele allein am **Kunden** zu orientieren hat. Es gehört zu den wichtigen unternehmerischen Aufgaben, sich bei der Festlegung der Produktartenziele diese **Orientierung nach außen** (die Orientierung am Markt bzw. am Kunden) vor Augen zu halten. Eine Technologie, die Programmierer oder Ingenieure für revolutionär halten, benötigt der Kunde vielleicht gar nicht oder sie ist ihm zu kompliziert oder zu teuer. Wie an anderer Stelle bereits ausgeführt, ist nur der erfolgreich, der mit seinen Produkten bzw. Technologien die Kluft zwischen den Trendsettern und dem Massenmarkt zu überwinden vermag. *Peter Drucker* drückt das so aus:

„The customer ist the business and not the product", bzw.
„There is only one valid definition of business purpose: to create a customer."

Im Rahmen der Festlegung der Produktartenziele sind, unter Berücksichtigung der hier dargestellten Kunden- bzw. Anwenderorientierung, auch Aspekte wie Qualität, Benutzerfreundlichkeit und Serviceleistungen zu berücksichtigen. Die konsequente Ausrichtung der Produktartenziele am Markt bzw. Kundennutzen kann dabei durchaus tief greifende Veränderungen für ein Unternehmen mit sich bringen. Über Nacht werden bewährte Geschäftsmodelle durch neue Technologien in Frage gestellt oder vollständig entwertet. Gerade die modernen Informations- und Kommunikationstechnologien sowie die zunehmende Digitalisierung von Prozessen befördern diesen Trend. Dies bedeutet, dass innerhalb der Unternehmen die Produktartenziele im Hinblick auf veränderte Technologien und Kundenwünsche permanent hinterfragt und mitunter (drastisch) angepasst werden müssen. Als Beispiel lässt sich die Digitalisierung von Musiktiteln anführen, die es den Konsumenten erlaubt, nur solche Musiktitel auszuwählen und zu nutzen, die ihnen auch gefallen. Auf diese Herausforderung reagierte interessanterweise nicht die Musikindustrie, sondern der Computerhersteller *Apple* mit einer Erweiterung seiner Produktartenziele. Man passte sich bei *Apple* dem Trend zur Digitalisierung von Musik und ihrem Erwerb über Tauschbörsen im Internet an und gründete die Musikplattform *iTunes*. Damit ermöglichte *Apple* das Herunterladen von einzelnen Musikstücken aus dem Internet. Zusätzlich hatte *Apple* sein Produktsortiment um den MP3-Player *iPod* erweitert, der gleichermaßen durch seine Funktionalität wie sein Design besticht. Mit der Erweiterung seiner klassischen Produktarten erschloss sich *Apple* neue Märkte und Kunden und damit neue Erlösquellen.

Auf Basis des Produktartenziels wird dann das **Produktmengenziel** festgelegt. Hierbei geht es um die Bestimmung der **Quantitäten**, die man von den einzelnen Produktarten herzustellen beabsichtigt. Was die Festlegung dieser Mengen betrifft, orientiert man sich aus einer betriebswirtschaftlichen Sicht an folgenden Zusammenhängen:

- Es kann das (Produktmengen-)Ziel verfolgt werden, eine große Stückzahl möglichst gleicher bzw. standardisierter Produkte zu fertigen und abzusetzen. Hintergrund dieser Vorgehensweise sind die bereits bekannten **Kostenargumente**: Man versucht Größenvorteile (*economies of scale*) zu realisieren, die eben in der Tatsache gründen, dass die Stückkosten eines Produktes durch eine Zunahme der produzierten Menge sinken können. Begründet wird diese Beobachtung unter anderem mit dem Umstand, dass sich vom Produktionsvolumen unabhängige Kosten (**fixe Kosten**), wie Ausgaben für Forschung und Entwicklung, Kosten für Rechenzentren und zentral zur Verfügung gestellte Software, auf mehr Produkte „umlegen" und die Stückkosten damit senken lassen. Ebenso kann es sein, dass man im Einkauf bessere Preise erzielt, wenn man in großen Mengen einkauft. Diese Logik besitzt ihre Gültigkeit jedoch nur innerhalb unausgelasteter Kapazitäten, da bei einer Ausweitung der Produktionsmenge in Richtung der Kapazitätsgrenzen mit Kostenprogressionen (*diseconomies of scale*), z.B. durch höhere Löhne bei Überstunden, zu rechnen ist.

- Das Ziel, möglichst hohe Produktmengen zu entwickeln bzw. zu fertigen, stößt heute zunehmend an Grenzen. Immer öfter stehen als Produktmengenziel kleinere Stückzahlen eines Produktes, bis hin zur „Losgröße eins", im Vordergrund. Begründen lässt sich dies damit, dass die Kundenwünsche immer individualisierter ausfallen und maßgeschneiderte Lösungen (*customizing*) erwartet werden. Allerdings sind kundenspezifische Lösungen in „Einzelfertigung" bzw. „Einzelentwicklung" mit hohen Kosten verbunden. Um den Spagat zwischen individuellen Lösungen und Produkten auf der einen Seite sowie kostengünstiger Entwicklung bzw. Produktion auf der anderen Seite realisieren zu können, greift die IT-Branche (und hier insbesondere die Softwareentwicklung) zunehmend auf eine Strategie der **Standardisierung** bzw. **Modularisierung** ihrer Produkte und Leistungen zurück. Das heißt, Softwareentwickler achten darauf, dass einzelne Software-Komponenten in verschiedenen Anwendungen zum Einsatz kommen können. So könnte z.B. eine für die Telefom-Branche entwickelte Komponente auch bei einem Energieversorger zum Einsatz kommen, da in beiden Branchen sehr viele Rechnungen erstellt und verschickt werden müssen. Oder ein Teilprogramm, das ein Seminarveranstalter für die Raumbelegung einsetzt, könnte auch die Bettenbelegung eines Hotels bzw. eines Krankenhauses verwalten. Das Produktmengenziel wird hier zu einem „**Komponentenmengenziel**", das darauf abzielt, viele gleiche Teile zu entwickeln, die dann für verschiedene Kunden bzw. Anwender vielseitig verwendbar sind. Dieses Ziel konkretisiert sich in wenigen, standardisierten IT-Produkten, im Vergleich zu zahlreichen Einzel-Applikationen bzw. einer hohen Zahl an selbst entwickelten Lösungen, die miteinander nicht kompatibel sind.

Mit den **Erfolgszielen** sind die **wertmäßigen Ergebnisse** der betrieblichen Tätigkeit sowie deren Verteilung angesprochen. Entsprechend werden **Erfolgsentstehungs-** und **Erfolgsverwendungsziele** unterschieden.

- Mit dem **Erfolgsentstehungsziel** ist die Frage verbunden, wie viel Erfolg man mit der betrieblichen Tätigkeit innerhalb eines bestimmten Zeitraums zu erzielen beabsichtigt. Das Erfolgsentstehungsziel wird immer in monetären Größen ausgedrückt. Hier schließt sich eine Frage von hoher Bedeutung an: Wie misst man in der Betriebswirtschaftslehre den Erfolg? Ganz allgemein lässt sich der **Erfolg eines Unternehmens am Gewinn**, und damit an der **Differenz zwischen Erträgen und Aufwendungen**, beurteilen. Dies muss aber nicht zwingend so sein. Aus verschiedenen Gründen kann man beispielsweise „nur" eine „**Aufwandsdeckung**" als Erfolgsentstehungsziel verfolgen. In diesem Fall wird bewusst auf einen Ertragsüberschuss (Gewinn) aus dem betrieblichen Wertschöpfungsprozess verzichtet. So können Unternehmen im Rahmen der Neueinführung eines Produktes situationsbedingt auf Gewinne verzichten, indem sie mit einem Preis in den Markt gehen, der lediglich eine Aufwandsdeckung ermöglicht, gleichzeitig aber unter dem Preis der Konkurrenzprodukte liegt. Beabsichtigt ist hier ein „Verdrängungswettbewerb", der auf höhere Marktanteile und damit höhere zukünftige Gewinne abzielt. Aus ähnlichen Überlegungen ist auch eine vorübergehende „**Verlusthinnahme**" (d.h. die Aufwendungen liegen über den Erträgen) denkbar. Mit Ausnahme von sozialwirtschaftlichen Unternehmen, sind diese beiden letzten Ziele jedoch nur vorübergehend realisier- und tolerierbar. Unternehmen in marktwirtschaftlichen Wirtschaftsordnungen sind auf die Realisierung von **Mehrwerten** und damit auf die Erzielung von Gewinnen angewiesen. Sie müssen aus diesen Überschüssen unter anderem dringend notwendige Ersatz-, Erweiterungs- und Rationalisierungsinvestitionen tätigen sowie ihre Kapitalgeber angemessen entschädigen.

Allerdings sei angemerkt, dass der Gewinn eine äußerst „schillernde" betriebswirtschaftliche Größe darstellt. Wie *Fredmund Malik* feststellt, ist auch nach jahrzehntelanger wissenschaftlicher Auseinandersetzung mit dem Begriff des Gewinnes nicht zweifelsfrei geklärt, was man unter ihm zu verstehen hat. Besonders gefährlich wird es, wenn von einem Gewinnmaximum bzw. einem Gewinnoptimum gesprochen wird. Für die Festlegung von Erfolgsentstehungszielen ist die Vorgabe eines Gewinnmaximums völlig unbrauchbar. Niemand kann objektiv darlegen, wo ein solches Gewinnmaximum zu liegen habe. Hilfreich für die Formulierung von Erfolgsentstehungszielen erweist sich vielmehr das Gegenteil, nämlich das „**Gewinnminimum**". Beim Gewinnminimum als Erfolgsziel geht es um die Frage, wie viel man über seine Umsätze verdienen muss, um auch zukünftig er-

folgreich im Geschäft zu sein. Mit diesem „Minimumerfordernis" ist der Anspruch verknüpft, dass durch den erzielten Gewinn die Kosten des Kapitals, inklusive eventueller
Risikozuschläge, zu decken sowie die zukünftigen wirtschaftlichen Aktivitäten zu finanzieren sind. (Vergleiche hierzu die Ausführungen in *Kapitel 5.6.*) Damit wird deutlich,
dass ein als Gewinnminimum definiertes Erfolgsziel für ein Unternehmen ungefähr das
darstellt, was das Ziel der Nahrungsaufnahme für den Menschen ist. Es ist in seiner Menge so festzulegen, dass der menschliche Stoffwechsel heute und auch in Zukunft funktionieren kann. Von einer „Maximierung der Nahrungsaufnahme" ist aus gesundheitlichen
Gründen aber ebenso abzuraten, wie von der keineswegs ungefährlichen Forderung nach
Maximierung der Gewinne. Der ehemalige Vorstandssprecher der *Deutschen Bank, Hermann Josef Abs*, sah dies ganz ähnlich:

> *„Wenn wir nur Wirtschaften um Gewinne zu machen, ist das, wie wenn wir nur leben
> würden, um zu atmen."*

So betont auch *Fredmund Malik*, dass der Zweck eines Unternehmens nicht die Erwirt-
schaftung eines Gewinns, sondern die Transformation von Ressourcen in wirtschaftlichen
Nutzen für Kunden ist. Nach *Maliks* Auffassung ist der Gewinn dann ein Beleg für die
Richtigkeit des Unternehmenszwecks und für die Qualität des betrieblichen Entscheidens
und Handelns.

Neben dem Gewinn als absoluter Vorgabe- und Steuerungsgröße existieren so genannte
relative Erfolgsgrößen, die den Gewinn beispielsweise in Relation zum eingesetzten
Kapital setzen. Damit wird die **Kapitalrendite** zum Erfolgsentstehungsziel, das gegenüber der absoluten Gewinngröße eine höhere Aussagekraft besitzt. Mit der Kennzahl **Eigenkapitalrentabilität** wird die Ertragsfähigkeit des von den Eigentümern zur Verfügung gestellten Eigenkapitals (Verzinsung des Eigenkapitals) dargestellt.

$$Eigenkapitalrentabilität = \frac{Gewinn}{Eigenkapital} \cdot 100$$

Wird als Bezugsgröße das Gesamtkapital (das Gesamtkapital setzt sich zusammen aus
dem Eigenkapital zuzüglich dem von Gläubigern zur Verfügung gestellten Fremdkapital)
herangezogen, so kommt man zur **Gesamtkapitalrentabilität**.

$$Gesamtkapitalrentabilität = \frac{Gewinn + Fremdkapitalzinsen}{Eigenkapital + Fremdkapital} \cdot 100$$

$$Gesamtkapitalrentabilität = \frac{Gewinn + Fremdkapitalzinsen}{Gesamtkapital} \cdot 100$$

Die Kennzahlen für Eigen- und Gesamtkapitalsrentabilität weisen beide die gleiche
Struktur auf: Im Nenner findet sich die jeweilige Kapitalgröße, während der Zähler die
Erfolgsgröße ausweist, die den Kapitalgebern als Entgelt (Verzinsung) für ihre Kapitalbe-
reitstellung zukommt. Bei den Eigenkapitalgebern handelt es sich hierbei um den Ge-
winn, bei den Fremdkapitalgebern um den vertraglich fixierten Fremdkapitalzins. Beide
Größen besitzen wesentliche Bedeutung für die Beantwortung der Frage, ob und in wel-

chem Umfang ein Unternehmen in der Lage ist, Rendite (Werte) für seine Kapitalgeber zu schaffen. Mit der Eigenkapitalrentabilität weist ein Unternehmen nach, in welcher Höhe sich das eingesetzte Eigenkapital im Betrachtungszeitraum verzinst hat. Damit ermöglicht sie dem Unternehmer bzw. den Anteilseignern, einen unmittelbaren Vergleich der Verzinsung ihrer Geldanlage mit alternativen Anlagemöglichkeiten vorzunehmen. Liegt die am Markt erzielbare Rendite aus risikoarmen Anleihen bei beispielsweise 5 %, so ermöglicht der Vergleich der vom Unternehmen erwirtschafteten Eigenkapitalrendite mit dieser Marktrendite ein brauchbares Urteil über den Unternehmenserfolg im Betrachtungszeitraum. Im Gegensatz hierzu ist die Gesamtkapitalrentabilität eine Maßgröße für die Fähigkeit des Unternehmens, Rendite bzw. Erträge aus dem Einsatz von Kapital schlechthin zu erzielen, d.h. ohne Berücksichtigung der jeweiligen Kapitalherkunft. Dabei geht es nicht darum, wie viel vom erwirtschafteten Kapitalertrag (als eine Folge der Kapitalzusammensetzung) nun auf Gewinn und Zinsanteile entfällt. Vielmehr steht im Rahmen der Gesamtkapitalrentabilität die Rentabilität des gesamten Unternehmens („**Unternehmensrentabilität**") im Mittelpunkt des Interesses.

Betrachtet man die Erfahrungen in der *New Economy* so wird die Relevanz von Erfolgsentstehungszielen in Verbindung mit den Produktzielen mehr als deutlich. In der Zeit der ungebremsten Internet- und Börseneuphorie von ca. 1997 bis 2000 spielten betriebswirtschaftliche Zielkategorien, wenn überhaupt, nur eine untergeordnete Rolle. Eine große Zahl der *Start-Up-Unternehmen* verfügte über genügend Kapital, das ihnen seinerzeit von Wagniskapital-Gesellschaften zur Verfügung gestellt wurde. In jener Zeit war es überraschend einfach, an dieses Kapital zu kommen und so wurde fröhlich in den Aufbau des neuen Geschäftes investiert. In vielen Fällen reichte es auf eine innovative Technologie oder ein „verrücktes Geschäftsmodell" zu verweisen, um die erforderlichen finanziellen Mittel zu erhalten. So kam man überraschend schnell zu seinem (Start-)Kapital. Was aber oftmals fehlte, das waren die Kunden. Damit fehlte den Unternehmen aber die zentrale Grundlage für ihre „Erfolgsentstehung". Denn nur Kunden bezahlen Rechnungen und sie bezahlen ausschließlich für Produkte und Leistungen, die ihnen einen Nutzen bringen bzw. die Lösung eines Problems garantieren. Nachhaltigen Erfolg haben somit jene Unternehmen, die ihre Produkte und Leistungen konsequent am Kundennutzen (*customer value*) ausrichten. Die Erfolgsentstehung, der Gewinn, ist damit das Ergebnis einer kundenorientierten Vorgehensweise und ein Hinweis auf die „Richtigkeit der Geschäftstätigkeit" (*Fredmund Malik*). Erst nachdem ein Erfolg entstanden ist, kann man sich Gedanken über seine Verwendung machen und die Erfolgsverwendungsziele formulieren.

- Die **Erfolgsverwendungsziele** betonen den „Verbleib" des im Rahmen der betrieblichen Leistungserstellung erzielten Erfolgs. Hier sind Vorgaben dafür zu entwickeln, auf welche Weise die durch die Unternehmenstätigkeit erzielten Gewinne verwendet werden sollen. Dabei sind zwei grundsätzliche Wege der Erfolgsverwendung zu unterscheiden: Die **Ausschüttung** der Gewinne an die Eigenkapitalgeber oder deren **Einbehaltung (Thesaurierung)** im Unternehmen. Werden Gewinne im Unternehmen einbehalten, so können sie für die Verbreitung der Eigenkapitalbasis, die Rücklagenbildung oder die Reinvestition verwendet werden. Gerade im Technologiebereich unterliegen die Unternehmen sehr kurzen Produktlebenszyklen und einer hohen Innovationsrate. Vor diesem Hintergrund könnte die Thesaurierung hier das dominierende Erfolgsverwendungsziel sein. Die dahinter stehende Logik wäre, mit den Gewinnen der Vergangenheit die Investitionen für die Zukunft des Unternehmens zu finanzieren. Allerdings darf nicht übersehen werden, dass, in Abhängigkeit von der Anteilseignerstruktur bzw. der Rechtsform des Unternehmens, durchaus ein starker Druck in Richtung einer möglichst hohen Ausschüttung gegeben sein kann. In dieser Forderung artikuliert sich die Logik des *„shareholder value-Ansatzes"*, wonach die Ziele der Eigentümer die primäre Grundlage auch für die Unternehmensziele zu sein haben. Der eigentliche Zweck eines Unternehmens wird darin gesehen, **Werte für seine Eigentümer** zu schaffen. Diese Sichtweise ist weit verbreitet, jedoch nicht unproblematisch. Nach der hier vertretenen Logik geht es zu allererst darum, Kundennutzen, und damit **Werte für Kunden**, zu schaffen. Da nur Kunden für die Produkte und Leistungen eines Unternehmens bezahlen und damit die Existenz eines Unternehmens ermöglichen, liegt der eigentliche Zweck eines Unternehmens in seiner Fähigkeit, **Kunden zu gewinnen**. Ein Unternehmen, das Kunden hat, wird in der Regel auch immer Kapitalgeber finden und als Folge eines erfolgreichen, kundenorientierten Wirtschaftens auch zufriedene Eigentümer haben.

Das **Liquiditätsziel** stellt die zentrale Voraussetzung für die Erfüllung der zuvor genannten Ziele dar.

Unter Liquidität versteht man die Fähigkeit eines Unternehmens, seinen Zahlungsverpflichtungen in der geforderten Höhe fristgerecht nachkommen zu können.

Kann ein Unternehmen seinen Zahlungsverpflichtungen nicht mehr ordnungsgemäß nachkommen, so ist es **illiquide**. Die Illiquidität stellt einen **insolvenzrechtlichen Tatbestand** dar, der in einen Ausgleich oder auch in den Konkurs des Unternehmens führen kann. Die Liquidität hat für ein Unternehmen damit die gleiche Bedeutung, wie der Sauerstoff für den Menschen. Man benötigt eine bestimmte Menge, um überleben zu können. Grundsätzlich lässt sich das Liquiditätsziel **klassifikatorisch** oder **quantitativ** formulieren:

- Mit dem **klassifikatorischen Liquiditätsziel** ist die jederzeitige Zahlungsfähigkeit des Unternehmens in der Form angesprochen, dass sich alle fälligen Ausgaben zu jedem Zeitpunkt gerade durch die erzielten Einnahmen decken lassen. Eine „eiserne Reserve" im Kassenbestand ist beim klassifikatorischen Liquiditätsziel nicht vorgesehen, weshalb ein Unternehmen mit dieser Zielsetzung entweder (mit unternehmerischem Geschick und etwas Glück) **liquide** oder (mit weniger Geschick und Glück) **illiquide** ist. Da sich das klassifikatorische Liquiditätsziel in der Praxis sowohl planungstechnisch (selbst mit hoch entwickelten Planungsinstrumenten lässt sich die Zahlungsentwicklung nur ungenau vorhersagen) als auch aus Risikogründen (es muss immer damit gerechnet werden, dass Einnahmen sich verzögern und gleichzeitig Ausgaben fällig werden) kaum halten lässt, ist eine Kassenhaltung zur Sicherung der Liquidität hinzunehmen. Allerdings ist das klassifikatorische Liquiditätsziel mehr als nur eine theoretische Konstruktion. In diesem Ziel artikuliert sich die betriebswirtschaftliche Logik, dass „Überliquidität" in einem Zielkonflikt zum Erfolg bzw. zur Rendite steht. Oder, um es in den Worten von *Ralf-Bodo Schmidt* zu sagen:

„Liquidität ist immer ein Opfer auf dem Altar des Gewinns".

Je mehr liquide Mittel unnötig vorgehalten werden, je höher somit die „eiserne Reserve" im Kassenbestand ausfällt, desto weniger Mittel können ertragreich in das operative Kerngeschäft oder in den Aufbau neuer Geschäftsfelder investiert werden. Mit hoher Liquidität opfert man somit Möglichkeiten zur Verbesserung des Tagesgeschäftes sowie Potenziale zum Aufbau einer tragfähigen Unternehmenszukunft. Wenn man vor diesem Hintergrund das Liquiditätsziel mit der Forderung nach einer möglichst „optimalen Liquiditätsausstattung" verbindet, so sind Sicherheitsaspekte mit Renditeüberlegungen zu verbinden. Damit kommt man zum quantitativen Liquiditätsziel.

- Das **quantitative Liquiditätsziel** fordert die Haltung eines bestimmten **Kassenbestandes als Liquiditätsreserve**. Es stehen damit Sicherheitsüberlegungen im Vordergrund, die zu Lasten der Rentabilität (jederzeit disponible Bankguthaben bieten nur geringe Verzinsung und Kassenbestände sind in vollem Umfang „totes Kapital") gehen. Daher muss im Rahmen der Festlegung der Höhe einer solchen Liquiditätsreserve eine Abwägung gegenüber dem Erfolgsentstehungsziel erfolgen. Die Verfolgung des quantitativen Liquiditätsziels fordert somit nicht nur die Erhaltung der Liquidität zu verfolgen, sondern auch auf eine ertragreiche Investition der liquiden Mittel zu achten.

Diese elementaren betriebswirtschaftlichen Ziele repräsentieren die übergeordneten Orientierungspunkte für jedes wirtschaftliche Entscheiden und Handeln im IT-Bereich. Allerdings besitzt der IT-Sektor eine ganze Reihe eigener Ziele, die, im Wesentlichen aus den übergeordneten betriebswirtschaftlichen Zielen abgeleitet, den technischen und ökonomischen Besonderheiten dieses Bereichs Rechnung tragen sollen. Im Folgenden sollen daher einige ausgewählte elementare **IT-Ziele** dargestellt werden.

4.3.3   Die elementaren Ziele des IT-Bereichs

Eine der wesentlichen Aufgaben der Informationstechnologie in den Unternehmen ist es, **Geschäftsprozesse** und deren **Schnittstellen** sinnvoll zu **automatisieren**. Hierdurch soll die Geschäftsabwicklung innerhalb der Unternehmen sowie zwischen den Unternehmen und ihren Kunden bzw. Lieferanten **schneller, transparenter, standardisierter und damit effizienter** (kostengünstiger und zuverlässiger) gemacht werden. Diese Hauptaufgabe leitet sich aus dem grundlegenden Anspruch an ein IT-System ab, eine auf das Unternehmen und sein Geschäftsmodell zugeschnittene **Informationsinfrastruktur** aus Soft- und Hardware sowie Personal und Organisation bereitzustellen, welche die erforderliche **Informationsversorgung** jederzeit und in vollem Umfang gewährleistet. Dem **IT-Management** kommt damit die Aufgabe zu, sämtliche Aktivitäten, die mit der Konzeption, Bereitstellung und dem Einsatz von IT-Systemen zusammenhängt zu planen, zu organisieren und zu kontrollieren.

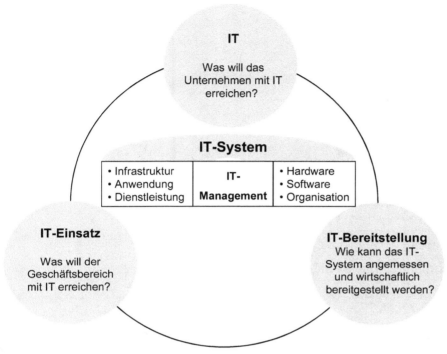

Abbildung 41: Klassische Aufgaben des IT-Managements
Quelle: Sackarendt, M. 2003, S. 160.

Um diese Aufgabe erfüllen zu können, müssen IT-spezifische Ziele definiert und konsequent verfolgt werden. Diese Ziele lassen sich in **Sach-** und **Formalziele** unterteilen. Mit dem Sachziel ist der Zweck bzw. die oberste Aufgabe des IT-Bereichs angesprochen. Das Sachziel bringt die „Domäne" des IT-Bereichs, d.h. das Aufgaben- und Betätigungsfeld und die hierauf abgestimmten Strategien, zum Ausdruck. Die Formalziele beschreiben dagegen die **Leistungsstandards**, anhand derer die Entscheidungen und Handlungen des IT-Bereichs beurteilt werden sollen. D.h., hier wird festgelegt, mit welcher Qualität und Güte die Sachziele verfolgt bzw. erreicht werden sollen.

Das generelle Sachziel von IT-Abteilungen bzw. IT-Unternehmen ist es, eine **technische Infrastruktur** sowie **Informations- und Kommunikationssysteme** zur Verfügung zu stellen, die ein am betrieblichen **Informationsbedarf** ausgerichtetes **Informationsangebot** bereitstellen. Vergleiche zum generellen Sachziel des Managements im IT-Bereich die folgende Abbildung 42.

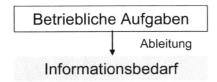

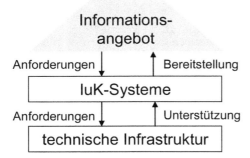

Abbildung 42: Das generelle Sachziel des IT-Managements
Quelle: Reichwald, R. 1999, S. 239.

Das generelle Formalziel im IT-Bereich muss in der **Wirtschaftlichkeit** (Produktivität und Rentabilität) gesehen werden. Die Erreichung des Sachziels im IT-Sektor muss derart erfolgen, dass entweder bei gegebenen Kosten der IT-Systeme der realisierte Nutzen für Kunden bzw. Anwender maximal ist oder bei einem vorgegebenen Nutzen der IT-Systeme ihre Kosten minimal ausfallen. Hierin artikuliert sich das so genannte **ökonomische Prinzip**. Allgemein steht das ökonomische Prinzip für das Verhältnis von Mitteleinsatz zum damit erzielten Ergebnis:

$$\frac{Output}{Input} \quad bzw. \quad \frac{Ertrag}{Aufwand}$$

Etwas schwammig ausgedrückt kann man sagen, halte diese Relation in einem „möglichst günstigen Verhältnis"! D.h., sorge dafür, dass das was du erhältst über dem liegt, was du investiert hast! Will man diese Forderung konkretisieren, so kommt man zu drei Unterformen, die sich aus der obigen Relation ableiten lassen:

• Das **Minimumprinzip**: Mit minimalem Aufwand (Input) soll ein vorgegebener Ertrag (Output) erwirtschaftet werden. Beispiel: Die Produktion von Mikrochips soll mit einem möglichst geringen Energieverbrauch erfolgen.

• Das **Maximumprinzip**: Mit einem vorgegebenen Einsatz an Produktionsfaktoren (Aufwand bzw. Inputs) soll der größtmögliche Ertrag (Output) erzielt werden. Beispiel: Bei einem Arbeitseinsatz von acht Stunden, soll eine möglichst große Menge eines Softwareproduktes bei gegebener Qualität hergestellt werden.

• Das **generelle Extremumprinzip**: Hierbei geht es darum, ein möglichst günstiges Verhältnis zwischen Aufwand und Ertrag zu realisieren. D.h., es ist weder ein Input noch ein Output vorgegeben. Vielmehr geht es darum, Aufwand und Ertrag so aufeinander abzustimmen, dass diese in einem möglichst optimalen Verhältnis zueinander stehen. Beispiel: Eine Software weist ein optimales Kosten-Leistungsverhältnis auf.

In der Praxis wird das Wirtschaftlichkeitsziel oftmals über die folgenden zwei Kennzahlen gemessen:

$$W_1 = \frac{geplante\ Kosten}{tatsächliche\ Kosten} \cdot 100$$

$$W_2 = \frac{tatsächliche\ Leistungen}{tatsächliche\ Kosten} \cdot 100$$

Ein IT-System ist nach diesen Kennzahlen dann wirtschaftlich, wenn entweder die tatsächliche Kostensituation einer geplanten Kostensituation, z.B. der günstigsten, entspricht. Oder aber die Leistungssituation, d.h. der vom System erbrachte Nutzen, fällt höher oder zumindest gleich hoch aus, wie die von ihm verursachten Kosten. Dabei sind für die Begriffe Kosten, Leistungen und Nutzen die folgenden Definitionen zugrunde zu legen:

Kosten stehen für den im Rahmen der betrieblichen Leistungserstellung entstandenen und in Geldeinheiten bewerteten Verzehr von Gütern und/oder Diensten.

Leistung („performance") steht für den Wert aller durch die betriebliche Leistungserstellung erbrachten Güter und/oder Dienste.

Nutzen („benefit") steht für den subjektiv wahrgenommenen Wert einer Handlungsalternative zur Befriedigung eines definierten Bedarfs.

Neben der Wirtschaftlichkeit lassen sich für den IT-Bereich zusätzlich **Sicherheitsziele** sowie **Produktivitätsziele** als weitere Formalziele identifizieren:

Heutzutage sind die Unternehmen von modernen Informations- und Kommunikationstechnologien durchdrungen. Das Internet fördert die Anbindung von Kunden und Lieferanten an die Unternehmen und ermöglicht einen stationären wie mobilen Informationsaustausch („*Electronic Business*" bzw. „*Mobile Business*") in Echtzeit. Damit ist die Funktionsfähigkeit fast aller Unternehmen, im Grenzfall sogar ihre Überlebensfähigkeit, von der **Sicherheit** der Informationsinfrastruktur abhängig. So müssen Sicherheitsziele definiert werden, die das Entstehen von IT-relevanten Gefahrensituationen vermeiden, bereits eingetretene Gefährdungen erkennen und ihre Auswirkungen verhindern oder zumindest abschwächen können. Gefahren drohen den IT-Systemen in der Regel aus folgenden Quellen:

- Die **Unzuverlässigkeit** von Menschen, Maschinen und anderen technischen bzw. organisatorischen Hilfsmitteln ist eine zentrale Fehlerquelle. Hierzu zählen unter anderem Bedienungsfehler, Programmabbruch, Unklarheiten über Verantwortung und Zuständigkeiten etc.
- **Kriminelle Handlungen** entweder durch die eigenen Mitarbeiter und/oder durch Dritte. Damit sind vor allem Datendiebstahl, die Erstellung von Raubkopien und Virenbefall angesprochen.

- **Umgebungseinflüsse** wie Wasserschäden, klimatische Gefährdungen oder Schadstoffe in der Luft.

Diese Gefahren stellen in vielfacher Weise Bedrohungen für die IT-Sicherheit dar, da sie zur Verletzung – und im Extremfall zum Verlust – unternehmensrelevanter Daten führen können:

- Verletzung der **Integrität**, worunter man z.B. das unbefugte Verändern von Daten zählen kann.
- Verletzung der **Verfügbarkeit**, die beispielsweise durch einen Softwarefehler ausgelöst werden kann.
- Verletzung der **Vertraulichkeit**, z.B. bei einem Datenzugriff durch nicht autorisierte Personen.
- Verletzung der **Verbindlichkeit**, z.B. im Falle von Unterschriftenfälschung.

Mit dem Sicherheitsziel als Formalziel des IT-Bereichs verbindet man somit die Vorgabe eines gewollten (d.h. geplanten) Ausmaßes an Integrität, Verfügbarkeit, Vertraulich- und Verbindlichkeit, um die Gefahren für die IT-Systeme sowie die hieraus resultierenden realen und wirtschaftlichen Schäden so gering wie möglich zu halten.

Das **Produktivitätsziel**, als letztes hier zu behandelndes Formalziel des IT-Bereichs, misst das Verhältnis zwischen einer Leistung und des hierzu benötigten Aufwands. Als **Produktivität** bezeichnet man allgemein eine **mengenmäßige** realwirtschaftliche Relation, welche die Ergiebigkeit von Einsatzfaktoren (Inputs) bzw., anders ausgedrückt, die Effizienz von Produktionsprozessen (technische Leistung) misst.

$$Produktivität = \frac{Output}{Input} \text{ oder } \frac{Ausbringungsmenge}{Einbringungsmenge}$$

Streng nach dem ökonomischen Prinzip steht die Produktivität in der Unternehmenspraxis entweder für ein gleich bleibendes Leistungsniveau (Output), das mit geringeren Kosten (Input) realisiert wurde, oder für die Situation eines konstanten Kostenblocks (Input), mit dem dann allerdings deutlich mehr Leistung (Output) geschaffen wird. Die gerade in der IT-Praxis sehr häufig auftretende Forderung nach Kostensenkungen stellt vor diesem Hintergrund nur *einen* Aspekt ökonomisch sinnvollen Entscheidens und Handelns dar. Von zentraler Bedeutung ist hier zu erkennen, dass eine überlebensfähige Stellung am Markt für ein Unternehmen letztlich nur über mehr und bessere Produkte und Leistungen realisierbar ist. Da sich im Rahmen der Messung der Produktivität für ein Unternehmen als Ganzes Probleme ergeben, werden zunehmend verschiedene „Produktivitäten" zur Analyse herangezogen (Produktivität der Arbeit, des Kapitals, der Zeit und des Wissens. Vergleiche hierzu ausführlich *Kapitel 5.3.*).

Im Rahmen von IT-Projekten muss zur Produktivitätsermittlung zum einen der Aufwand (interne Personalkosten, Fremd-Personalkosten, Sach- und Dienstleistungskosten, Kapitaleinsatz- bzw. Investitionskosten) gemessen bzw. geschätzt werden. Zum anderen wird dann das Ergebnis (das IT-Produkt bzw. die IT-Leistung) mit der Eigenschaft „Produktumfang" gemessen. Die entsprechende Kennzahl lautet:

$$IT\text{-}Produktivität = \frac{Produktumfang}{Aufwand} \cdot 100$$

Es ist an dieser Stelle jedoch darauf hinzuweisen, dass eine derartige Ermittlung der Produktivität im IT-Bereich nur dann sinnvoll ist, wenn die Entwicklung von Softwareprodukten das primäre Produkt des zu untersuchenden Bereiches ist.

Zuletzt sei darauf hingewiesen, dass Unternehmensziele teilweise oder auch vollständig konkurrierend sein können. Nach *Peter Drucker* bedeutet erfolgreiches Management immer das Balancieren von einander widersprechenden Zielen. Dies gilt es auch im IT-Bereich zu berücksichtigen. So muss das IT-Management immer wieder die wichtige Balance zwischen dem Gebot der Wirtschaftlichkeit von IT-Funktionen auf der einen Seite und der Notwendigkeit kostenintensiver Investitionen in innovative, die Wettbewerbsfähigkeit steigernde Technologien auf der anderen Seite vornehmen.

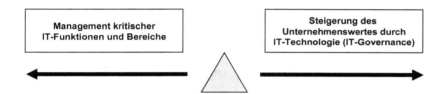

Abbildung 43: Die notwendige Balance von IT-Aufgaben
Quelle: Tiemeyer, E. 2006, S. 21.

4.4 Wertschöpfung

Innerhalb jeden Unternehmens laufen **betriebliche Leistungsprozesse** ab, die letztlich auf eine **Schaffung von Werten** (bzw. von **Kundennutzen**) ausgerichtet sind. Unabhängig davon, ob es sich um einen materiellen Leistungsprozess, beispielsweise im Rahmen der Produktion von Hardware-Komponenten, oder um einen immateriellen, geistigen Leistungsprozess, wie bei der Softwareentwicklung, handelt, geht es im betrieblichen Alltag immer um **Wertschöpfung**. Mit der Wertschöpfung ist ein weiterer, zentraler Begriff der Betriebswirtschaftslehre angesprochen. Die Wertschöpfung beschreibt die Leistung, die ein Unternehmen bzw. ein Unternehmensteil (z.B. ein Projekt-Team) für einen Kunden erbringt.

4.4.1   Wertschöpfung als betrieblicher Prozess

Die Wertschöpfung kann zum einen als **Prozess** verstanden werden, der durch eine Abfolge wertschaffender betrieblicher Tätigkeiten definiert ist. Diese Tätigkeiten erstrecken sich vom Einkauf über die Produktion bis zum Verkauf. Einige der Tätigkeiten, wie z.B. Produktion oder Verkauf, tragen direkt zur Wertschöpfung eines Unternehmens bei, während andere, wie Verwaltung oder Rechnungswesen, einen indirekten (unterstützenden) Beitrag dazu leisten. Welchen konkreten Wert ein Unternehmen schafft, bestimmt letztlich allein der Kunde. Er tut dies, indem er für die Produkte bzw. Leistungen eines Unternehmens einen bestimmten Preis bezahlt. Der Wert selbst bestimmt sich über den Nutzen, den das Produkt/die Leistung für den Kunden schafft. Erfolgreiche Geschäftsmodelle sind auf den **Kundenprozess** ausgerichtet und nicht auf das Produkt. Lösungsanbieter aus dem IT-Umfeld müssen den Kundenprozess kennen und ihre Leistungen exakt darauf abstimmen. Indem man sich durch kundenindividuelle Leistungen und Services vom Wettbewerb absetzt, können Anbieter von IT-Produkten der „*Commoditisierungs-Falle*" entgehen.

Für IT-Abteilungen befindet sich der Kunde aber oftmals nicht außerhalb des Unternehmens („externer Kunde"), sondern tritt in Gestalt des „Anwenders" innerhalb des eigenen Unternehmens als so genannter „interner Kunde" auf. Auch in diesem Fall bedient man sich zunehmend des Zusammenhangs zwischen Kundennutzen und zu verrechnendem Preis. Der IT-Bereich muss die Vergütung seiner Leistungen am Nutzen für seine internen Kunden und an den am Markt für diese Leistungen geforderten Preisen ausrichten. Liegt der interne Verrechnungspreis deutlich über dem Marktpreis, so sind Effizienz- bzw. *Outsourcing-Überlegungen* anzustellen. Allerdings muss im Falle eines *Outsourcing* berücksichtigt werden, dass die am Markt angebotenen Leistungen vielleicht nicht alle spezifischen Anwender- bzw. Kundenwünsche im eigenen Unternehmen berücksichtigen und erfüllen können und dass eventuell Transaktionskostennachteile drohen.

Für die Steuerung eines Unternehmens ist es nun wichtig zu wissen, wofür der Kunde nun eigentlich den Preis bezahlt. Zur Beantwortung dieser Frage muss die Wertschöpfungskette durchleuchtet und jeder einzelne Schritt der Leistungserstellung auf seine Wertschöpfungspotenziale hin analysiert werden. So lässt sich die Frage, warum ein Kunde einen bestimmten Betrag für die Entwicklung eines Software-Produktes bezahlen muss, mit Hilfe einer „Analyse der wertschöpfenden Tätigkeiten" beantworten. Ist es Aufgabe der IT-Abteilung, ein Schnittstellenprogramm zur Verknüpfung zweier Datenbanken zu entwickeln, so lassen sich für diese „immaterielle" (geistige) Wertschöpfung beispielsweise folgende Tätigkeiten identifizieren:

- Aktivitäten des mit der Programmierung beauftragten Personals,
- Aktivitäten der eventuell in Anspruch genommenen externen Dienstleister (externen Gewerknehmer) oder
- Aktivitäten für die Erstellung weiterer Software-Produkte, die zur Programmierung des Schnittstellenprogramms erforderlich sind.

Der genaue Wert, den der Kunde diesen Aktivitäten zumisst, lässt sich nicht präzise bestimmen, was hier nicht zuletzt mit fehlenden Informatik- bzw. Programmier-Kenntnissen auf Kundenseite zu begründen ist. Es ist jedoch wichtig zu erkennen, dass am Ende der wertschöpfenden Aktivitäten ein Produkt bzw. eine Leistung stehen wird, deren Nutzen der Kunde sehr wohl beurteilen und im Hinblick auf das Kosten-Nutzen-Verhältnis bewerten wird. *Kagermann* und *Österle* weisen darauf hin, dass der **Kundenwert** („*customer value*") daher immer aus der umfassenden Beherrschung des **Kundenprozesses** durch den Lieferanten generiert wird. Der konkrete Wertbeitrag, der sich durch IT-Einsatz realisieren lässt, wird in *Kapitel 4.4.3* näher dargestellt.

4.4.2   Wertschöpfung als Ergebnis betrieblicher Tätigkeit

Neben der Wertschöpfung als Prozess ist betriebswirtschaftlich die „**Wertschöpfung als Ergebnis der Betriebstätigkeit**" ebenso relevant. Mit dieser Wertschöpfungsbetrachtung wird aufgezeigt, **welchen Wert das Unternehmen geschaffen hat**. Die Wertschöpfung ist dabei definiert als

$$Wertschöpfung = Umsatz - Vorleistungen$$

Diese Betrachtung ist von kaum zu unterschätzender Wichtigkeit. Oftmals wird zur Beurteilung der Leistungsfähigkeit bzw. der Wertschöpfung eines Unternehmens der Umsatz als Ausgangs- bzw. Orientierungsgröße herangezogen. Dies ist nicht unproblematisch. Man stelle sich vor, was für einen „gigantischen Umsatz" man erzielt, wenn man auf dem örtlichen Marktplatz einen Stand eröffnet und dort einen Verkäufer 100 Euro-Scheine für 90 Euro „verkaufen" lässt. In kürzester Zeit wird man Umsätze realisieren, von denen andere nur träumen können. Die Erfolgsrechnung dieses „Geschäftsmodells" stellt sich dann wie folgt dar:

Umsatz	90.000,00 €
– Wareneinsatz	100.000,00 €
= Rohertrag	–10.000,00 €
- Personalkosten	1.000,00 €
- laufende Kosten	1.000,00 €
= **Verlust**	**–12.000,00 €**

Abbildung 44: Umsatz oder Wertschöpfung?
Quelle: Uhlig 2000, S. 34.

Das Beispiel macht deutlich, dass wirksames Management nicht nur Umsätze, sondern insbesondere die Wertschöpfung ins Zentrum seiner Entscheidungen und Handlungen stellen muss. Durch die Ermittlung der Wertschöpfung, definiert als Umsatz abzüglich der zugekauften Vorleistungen, wird deutlich, welche zugekauften Produkte oder Dienstleistungen im eigenen Unternehmen für die Leistungserstellung in Anspruch genommen werden. Das ist in Zeiten des *Outsourcing* dringend nötig. Betrachtet man z.B. ein Unternehmen A, das 1.000.000 Euro Umsatz macht und für die Erzielung dieses Umsatzes Vorleistungen in Höhe von 100.000 Euro in Anspruch genommen hat, so beträgt die Wertschöpfung in diesem Fall

900.000 Euro. Auch Unternehmen B weist einen Umsatz von 1.000.000 Euro auf, die von außen bezogenen Vorleistungen betragen hier aber 900.000 Euro. Die Wertschöpfung von Unternehmen B beträgt damit lediglich 100.000 Euro. Der Umsatz beider Unternehmen ist gleich hoch, aber Unternehmen A weist in Vergleich zu B eine ganz andere Struktur seines Geschäftes auf. Dies zu erkennen wird wichtig, wenn man die Unternehmen beispielsweise anhand von Kennzahlen beurteilen will. Wie noch gezeigt wird (vergleiche hierzu das *Kapitel 5.3*), werden Kennzahlen über die wirtschaftliche Leistungsfähigkeit eines Unternehmens bzw. eines Projektes erst durch Austausch des Umsatzes durch die Wertschöpfung aussagefähig.

4.4.3   Der Wertbeitrag der IT

Bei aller Kritik an ihren Kosten und Aufwendungen stellt die **IT einen wesentlichen Pfeiler der Lebensfähigkeit aller Unternehmen** dar. Diese positive Feststellung darf jedoch nicht darüber hinweg täuschen, dass oftmals nicht klar ist, welchen konkreten Wert die IT dem Unternehmen stiftet. Mit **dem Wertbeitrag der IT** ist der **Nutzen** angesprochen, der den Kosten des IT-Einsatzes gegenüber zu stellen ist. Wie aber kann man den Nutzen der IT ermitteln? In den vergangenen Jahren hat sich in Literatur und Praxis eine eindeutige Antwort hierauf herausgebildet. Sie geht davon aus, dass man den Wert bzw. den Nutzen von IT **nicht isoliert** betrachten darf. **Es existiert nur ein Nutzen bzw. ein Wert für das Geschäft.** Aufgabe der IT ist es, diesen zu unterstützen. Folgt man dieser Logik, ist in einem ersten Schritt ein Bewertungsschema für den Geschäftsbetrieb sowie das Geschäftsmodell aufzustellen und anschließend dann zu beurteilen, wie sich IT-Produkte bzw. IT-Leistungen hierauf auswirken. In Anlehnung an *Forrester* stellt *Pütsch* solche Bewertungsdimensionen vor:

1. **Benutzerproduktivität**: Werden die Benutzer bzw. Anwender durch den IT-Einsatz schneller oder können sie kostengünstiger arbeiten? Verbessert der IT-Einsatz die Kommunikation zwischen den Mitarbeitern? Dies sind immer wieder kontrovers diskutierte Fragen. Zum einen kann gesagt werden, dass sich die Benutzerproduktivität immer dann verbessern wird, wenn es gelingt, die **Transparenz in den Geschäftsprozessen** zu erhöhen. Die mittels integrierter IT-Systeme erhöhte Transparenz ermöglicht es den Mitarbeitern, schneller und flexibler auf die unzähligen Änderungen und Probleme des Arbeitalltags zu reagieren. Es muss aber zur Kenntnis genommen werden, dass der IT-Einsatz längst nicht automatisch die Produktivität erhöht. So folgte man in der Unternehmenspraxis lange dem Irrglauben, dass ein Mehr an Technologieeinsatz automatisch die Arbeitsproduktivität erhöhe. Zahlreiche Untersuchungen bewiesen aber immer wieder das Gegenteil. Nur langsam kristallisiert sich heraus, dass sich die Produktivität der Mitarbeiter in vielen Fällen erst dann nachhaltig erhöht, wenn sie **miteinander reden!** Folgt man dieser banalen Erkenntnis, so ist die IT ein Werkzeug, mit dessen Hilfe eine schnelle, direkte Kommunikation ermöglicht und die Transparenz in den Geschäftsprozessen unternehmensweit erhöht wird.

    Ohne die Schaffung entsprechender **organisatorischer Voraussetzungen** (Dezentralisierung, Selbstorganisation und -information, Softwareentwickler können jederzeit mit den Anwendern in den Fachabteilungen sprechen etc.) kann auch ein noch so raffiniertes Intranet die Produktivität kaum erhöhen. Die dem legendären *Toyota*-Gründer *Kiichiro Toyoda* zugeschriebene Aussage, wonach sich *„jeder Ingenieur so stark für das operative*

Geschäft interessieren solle, dass er sich dreimal am Tag die Hände waschen müsse"
bringt es auf den Punkt:

Die IT kann die Benutzerproduktivität erst dann nachhaltig erhöhen, wenn die überflüssigen organisatorischen Barrieren zwischen den Abteilungen beseitigt sind und die Mitarbeiter ungehindert miteinander reden und selbstorganisiert handeln können. Das ist kein technologisches Problem, sondern in erster Linie eine Frage der Organisations- und Kommunikationsgestaltung im Unternehmen.

Noch einmal zurück zur Ausgangsfrage: Können die Anwender durch IT-Einsatz schneller oder kostengünstiger arbeiten? Ja, wenn man akzeptiert, dass Organisation und IT ein „*Tanzpaar*" bilden, bei dem allerdings die Organisation „führt" und die IT der Organisation nicht auf die Füße treten darf. Es muss erkannt werden, dass zuerst die **Organisation als Produktivitätsfaktor** zu nutzen ist. Es bedarf der Eigeninitiative mitdenkender und gut qualifizierter Mitarbeiter, die sich und ihren Verantwortungsbereich kompetent und flexibel selbst organisieren bzw. selbststeuern. Mit *Christian Helfrich* wird hier die These vertreten, dass **Produktivitätssteigerungen** im Allgemeinen, sowie die Steigerung der Benutzerproduktivität im Besonderen, **zuallererst von der richtigen Organisationsgestaltung abhängen**. Die Organisationsstruktur bzw. die Geschäftsprozesse müssen dann selbstverständlich von der IT unterstützt werden. Der Informationstechnologie fällt hier die (wichtige) Funktion eines „**Transparenz- bzw. Intelligenzverstärkers**" für die Mitarbeiter zu.

2. **Kapitaleffizienz**: Lässt sich durch IT-Einsatz der Umsatz erhöhen bzw. lässt sich mit IT die Kapitalbindung senken?
   Eine zentrale Größe in der Betriebswirtschaftslehre ist die **Rendite** oder **Rentabilität (Return on Investment/ROI)**, die es bei (immer) **knappem Kapital** zu maximieren gilt:

$$Rendite = \frac{Gewinn}{Kapital} \Rightarrow \max!$$

Um die Rentabilität eines Unternehmens bzw. eines Unternehmensbereiches zu steigern, bieten sich vor allem **Umsatzsteigerungs-** bzw. **Kosteneffizienzmaßnahmen** an. Beide Maßnahmen beabsichtigen eine Renditesteigerung über eine Verbesserung der Gewinngröße (Gewinn = Umsatzerlöse – Kosten). Die IT kann zu Umsatzsteigerungen einen wesentlichen Beitrag leisten. Als Beispiel seien hier *Customer Relationship Management-Systeme (CRM-Systeme)* genannt. *CRM-Systeme* ermöglichen eine systematische Entwicklung und Ausschöpfung von Kundenbeziehungen und können daher zu Umsatzverstetigung bzw. Umsatzsteigerungen in einem dynamischen Wettbewerbsumfeld beitragen. Der Nutzen der *CRM-Systeme* ist somit in einer intensiveren Bindung des Kunden an das eigene Unternehmen zu sehen. Erreicht wird dieses Ziel durch die IT-getriebenen Möglichkeiten, 1:1-Beziehungen zum Kunden zu unterhalten, individuelle Wünsche des Kunden sofort zu erfassen und „maßgeschneiderte Lösungen" anbieten zu können.

Aber auch hier haben die obigen Ausführungen zum Verhältnis Organisation/IT Bedeutung: Kundenwünsche sind heutzutage (fast immer) hoch individuell. Dies setzt von Seiten der Unternehmen individuelle Geschäftsmodelle und damit auch individuelle

(Problemlösungs-)Prozesse und Strukturen voraus. Hieran sind dann die *CRM-Systeme* anzupassen. *CRM-Systeme* führen also nicht automatisch zu höheren Umsätzen und höheren Gewinnen. Sie sind an die individuellen Geschäftsmodelle und Strukturen bzw. Prozesse der unterschiedlichsten Branchen und Unternehmen anzupassen. Lösungen „von der Stange" dürften daher eher selten eine zielführende IT-Strategie zur optimalen IT-gestützten Kundenbindung und damit zur Erhöhung des Kundennutzens sein.

Einer der häufigsten Gründe für den betrieblichen IT-Einsatz ist die Hoffnung auf damit verbundene Kostensenkungen. Um die Effizienz der unternehmensinternen Abwicklungsprozesse zu steigern (Kernprozess aller Unternehmen ist der Auftragsabwicklungsprozess), werden heutzutage **ERP-Systeme** eingesetzt. Ursprünglich kamen so genannte **MRP I**- bzw. **MRP II-Systeme** zum Einsatz. MRP I steht für *Material Requirement Planning* und umfasst die IT-Unterstützung der Materialwirtschaft (Bedarfsermittlung, Teiledisposition, Lagerbestandsführung). MRP II (*Manufacturing Ressource Planning*) bezeichnet eine erweiterte Softwarelösung, die als ein Instrument zur Produktionsplanung (Termin- und Kapazitätsplanung) eingesetzt wurde. Damit war man bei den **PPS-Systemen** (Produktionsplanungs- und -steuerungssysteme) angelangt, welche die integrierte Steuerung der unternehmensinternen Geschäftsprozesse vornehmen. Durch die Einbeziehung von Buchhaltung, Kostenrechnung sowie Finanzplanung und Zahlungsabwicklung in die PPS-Systeme kam man dann zu vollständig integrierten betriebswirtschaftlichen Planungs- und Abwicklungssystemen, die sämtliche Geschäftsprozesse eines Unternehmens abbilden. Derartig hoch integrierte Systeme, mit entsprechend hohem Leistungsumfang, werden als **Enterprise Resource Planning-Systeme** (**ERP-Systeme**) bezeichnet. SAP war bzw. ist mit SAP R/2 bzw. SAP R/3 ein klassischer ERP-Anbieter.

ERP-Systeme werden von Seiten der Softwareindustrie als „die" Instrumente zur Wirtschaftlichkeitssteigerung angepriesen. Daher ist zu fragen, wann und wie ERP-Systeme nun auf die Kapitaleffizienz der Unternehmen wirken. Wo liegt ihr Wert-Beitrag? ERP-Systeme können einen wertvollen Beitrag zur **Transparenz** und **Abwicklungs-** bzw. **Prozesseffizienz** liefern. Dies ist mit der

- **zeitnahen Erfassung** von Planungs- und Betriebsdaten an der Quelle ihrer Entstehung sowie
- mit deren **direkter Verarbeitung** (*real time*) und zentralen Speicherung in einer **Datenbank** zu begründen.

Der Einsatz von ERP-Systemen soll sicherstellen, dass sämtliche Geschäftsprozesse auf der Grundlage einer einheitlichen und aktuellen Datenbasis abgewickelt werden können („...*work with one number*"). Diese einheitliche Datenbasis in Echtzeit garantiert die Integration aller Anwendungsmodule und ist damit eine unternehmensweite Grundlage für zahlreiche betriebliche Entscheidungen. Um die immer wichtiger werdende Anbindung von Lieferanten (und auch Kunden) an das eigene Unternehmen zu gewährleisten (*Supply Chain Management*), werden unter dem Begriff des „*Advanced Planning and Sheduling*" (*ASP*) Softwaresysteme für betriebsübergreifende Lieferzusammenhänge angeboten. Derartig erweiterte ERP-Systeme bieten nun zentrale Ansatzpunkte zur Verringerung des Kapitaleinsatzes und damit zur Steigerung der Rendite:

- Durch die direkte informationstechnische Anbindung von Lieferanten, können diese die erforderlichen Produkte *„in time"* bzw. *„in sequence"* anliefern. Damit weisen die Unternehmen geringere Bestände an Roh-, Hilfs- und Betriebsstoffen sowie fertigen und unfertigen Erzeugnissen auf. Die **Kapitalbindung** in Zwischen- und Endlagern wird reduziert. Der US-amerikanische „Management-Guru" *Tom Peters* bringt es auf den Punkt: *„Je schlechter ein Prozess, desto mehr Lagerfläche benötigt er"*.
- Die unternehmensübergreifende Planung von Beschaffung und Produktion zusammen mit den Lieferanten ermöglicht, aufgrund einer besseren Auslastung, **geringere Kapazitäts-** und damit **geringere Kapitalbedarfe.**

Wie diese Beispiele zeigen kann IT (hier insbesondere dezentrale Datenerfassung in Echtzeit, Speicherung in zentralen Datenbanken, Software zur Erhöhung der Transparenz und zur Unterstützung einer unternehmensübergreifenden Planung und Steuerung der Geschäftsprozesse) über eine Verringerung des Kapitaleinsatzes bzw. der Kapitalbindung einen wesentlichen Beitrag zur Erhöhung der Rendite leisten. Sie kann, aber sie muss nicht!

Zuerst muss erkannt werden, dass jede Einführung eines ERP-Systems **kapital-, zeit-** und **personenintensiv** ist. Den oben angeführten Nutzenpotenzialen stehen also ganz konkrete Kosten gegenüber, die nicht einfach vergessen werden dürfen. Des Weiteren ist hinzunehmen, dass ERP-Systeme in den meisten Fällen nicht alle unternehmensspezifischen Abläufe und Ausnahmen abbilden und berücksichtigen können. Anpassungskosten, Beraterkosten, Kosten für die Programmierung von Schnittstellen etc. sind daher ebenfalls zu berücksichtigen. Diese Punkte gilt es zu berücksichtigen, wenn man unvoreingenommen und ausgewogen vorgehen und den „Nettoeffekt" des IT-Einsatzes auf die Kapitaleffizienz erkennen möchte.

Zuletzt ist festzustellen, dass „ein Mehr desselben" auch beim IT-Einsatz längst nicht immer die erhofften Wirkungen (Wertsteigerung bzw. Nutzenzuwächse für die Unternehmen) zeigen muss. Der proportional steigende (und durchaus auch sinnvolle) IT-Einsatz in den Unternehmen führt, nach Passieren eines kritischen Punktes, zu einer überproportionalen Zunahme der IT-Komplexität. Hier schlägt das **ökonomische Prinzip vom abnehmenden Grenznutzen** zu: Der durch den Konsum einer zusätzlichen Einheit des „Produktionsfaktors Informationstechnologie" bewirkte Nutzen ist positiv, ihr Grenznutzen nimmt ab einem bestimmten Punkt jedoch ab. Damit kommt man mit *Thorsten Mieze* zu einem „ungeschriebenen Gesetz der IT":

„Die IT-Komplexität steigt in Relation zur Effektivität überproportional an. Diese Beobachtung korreliert mit dem ökonomischen Gesetz des abnehmenden Grenznutzens."

**Ungeschriebenes Gesetz
in der IT**

**Gossen'sches Gesetz vom
abnehmenden Grenznutzen**

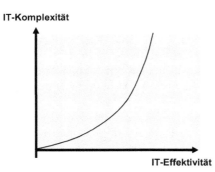
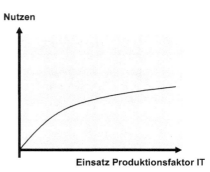

Abbildung 45: IT-Komplexität, Effektivität und das Gesetz vom abnehmenden Grenznutzen
Quelle: Mieze 2004, S. 23.

3.   **Einkommen**: Lassen sich durch den IT-Einsatz Wettbewerbsvorteile bzw. ein neues Geschäft erschließen? Während die ERP-Systeme eine Welle an Effizienzsteigerung in den internen Geschäftsprozessen ausgelöst haben, ermöglichen die Internettechnologien eine **Neugestaltung der unternehmensübergreifenden Prozesse**. Damit werden **neue Kooperationsprozesse** zwischen den Unternehmen sowie **neue Geschäftsmodelle** ermöglicht. Dies ist auch dringend nötig. Die **Zerschlagung der „traditionellen, linearen Wertschöpfungskette"** ist längst im Gange und fordert neue Wertschöpfungspartnerschaften, die sich konsequent an den Kundenproblemen ausrichten: Die Kunden sind längst nicht mehr gewillt, alles brav zu schlucken, was man ihnen vorsetzt.

Henning Kagermann und *Hubert Österle* weisen in ihrer Studie *Geschäftsmodelle 2010* darauf hin, dass mit Hilfe von Standardisierungen, Online-Serviceanbietern und Geschäftsprozessplattformen zur flexiblen Vernetzung von IT-Applikationen neue Verbindung von Unternehmen untereinander realisierbar werden. Die Unternehmen können, indem sie ihre Wertschöpfungsketten mit Hilfe der IT zerlegen und ganz neu zusammenfügen, ihre Geschäftsmodelle erneuern und den Kundenbedürfnissen besser anpassen. Die neuen Geschäftsmodelle bauen dabei zunehmend auf den Gesetzen einer vernetzten Wirtschaft auf: Die Unternehmen setzen auf die Partnerschaft mit Kooperationspartnern, die Teile der eigenen Wertschöpfung besser als sie selbst beherrschen. So beruht die Geschäftsmodellinnovation von *Dell* auf einem internetgestützten Direktvertrieb mit kooperativer Auftragsabwicklung. Manche Experten sehen die Automobilindustrie zukünftig nur noch als „Marketing- und Vertriebsorganisationen", während die eigentliche Wertschöpfung sowie die zahlreichen Serviceleistungen vor- und nachgelagerten Unternehmen überlassen wird.

Nicht nur Wertschöpfungsketten, sondern auch ganze Branchen lassen sich durch gezielten IT-Einsatz verändern: Die Fluglinie *Ryanair* brach mit so ziemlich allen Regeln, nach denen das Geschäftsmodell der Airlines bisher funktionierte. Im Zentrum der Geschäftsmodelllogik so genannter „Billigflieger" steht, neben einigen anderen Punkten, der stra-

tegische IT-Einsatz: Unternehmen wie *Ryanair*, *Easy Jet* etc. wickeln fast 100 Prozent ihrer Buchungen über das Internet und *Callcenter* ab. Sie senken damit drastisch ihre Kosten und geben diesen Vorteil an ihre Kunden weiter.

Wie auch immer, die Geschäftsmodelle der Zukunft basieren auf m:n-fähigen, über die
Unternehmensgrenzen hinausgehenden Prozessen, die für „**Beweglichkeit**" im Geschäftsmodell und damit in der Geschäftsstrategie sorgen. Hierin ist ein wesentlicher
Wertbeitrag der IT zur strategischen Ausrichtung des Unternehmens zu sehen. Heute und
in Zukunft ist die **schnelle und flexible Anpassung des Unternehmens bzw. seines Geschäftsmodells** an veränderte Wettbewerbssituationen bzw. an veränderte Kundenbe-
dürfnisse überlebenswichtig. Die IT kann diese strategische Aufgabe unterstützen und
damit einen wesentlichen Beitrag zur „**Adaptionsfähigkeit des Systems Unternehmung**" leisten.

Zusammenfassend ist festzuhalten, dass IT-Investitionen nicht per se einen Wettbewerbsvorteil garantieren. Jedem Aufwand im IT-Bereich muss ein entsprechender Nutzen im Geschäft
gegenüberstehen. Das heißt, die Informatik hat zum einen das Richtige zu tun (Effektivität),
indem sie die Werkzeuge zur Umsetzung von Geschäftsmodell und Strategie liefert. Zum
anderen muss sie das, was sie tut, effizient tun: Qualität und Effizienz der IT-Leistungen
muss stimmen. Ein Hauptproblem bei der Bestimmung des Wertbeitrags der IT liegt nach
Pütsch auch darin, dass unternehmensweit alle Bereiche zu identifizieren sind, in denen die
IT dem Unternehmen Wert stiftet: *„Eine umfassende Bewertung des Wertbeitrages der IT
kann daher nur unter Einbeziehung des gesamten Geschäftsmodells mit Fingerspitzengefühl
und Erfahrung erfolgen...*".

5   Die ganzheitliche betriebswirtschaftliche Steuerung als Grundlage für das IT-Management

„So gehören die scheinbar unumstößlichen Wahrheiten
des (...) Denkens konventioneller Prägung, man brauche
vor allem Finanzkennziffern für die Steuerung von Unternehmen,
im Kontext komplexer, dynamischer Systeme zum Lächerlichsten,
was je verbreitet wurde. "
Fredmund Malik

Das vorliegende Buch nimmt für die Analyse und Steuerung im IT-Bereich eine interdiszi- plinäre Perspektive ein. Hintergrund dieser Sichtweise ist die Überzeugung, dass man nur bei Kenntnis der ökonomischen und systemtheoretischen Zusammenhänge betrieblicher Abläufe und Ereignisse ein wirksames IT-Management realisieren kann. In den vorangegangenen Kapiteln wurden die wesentlichen Konzepte und Werkzeuge hierfür dargelegt. Abschließend wird nun ein Modell vorgestellt, anhand dessen sich beurteilen lässt, wie erfolgreich ein Unternehmen und sein Management den Unternehmenszweck erfüllt bzw. die Unterneh- mensziele erreicht hat. Die Darstellung basiert auf dem „**Modell der sechs Schlüsselgrö- ßen**", das *Fredmund Malik*, in Anlehnung an einen Vorschlag von *Peter Drucker*, entwickelt hat. Die hier dargestellten Schlüsselgrößen sind die **zentralen Größen für die Beurteilung der Lebensfähigkeit** eines Unternehmens. Dabei stellt dieses Modell eine zentrale Orientie- rungsgröße gerade auch für das IT-Management dar. Es tritt der allgemein verbreiteten öko- nomischen Theorie einer reinen Gewinnmaximierung als oberstem Unternehmensziel entge- gen und präsentiert eine gehaltvolle (ganzheitliche) Perspektive für die Unternehmenssteue- rung. Die im Folgenden aufzuzeigenden sechs Faktoren (Schlüsselgrößen) bilden eine Grundlage, mit deren Hilfe sich auch die Wirksamkeit des IT-Managements beurteilen lässt.

Die Märkte für Informations- und Kommunikationstechnologien sind permanenten Verände- rungen und täglich neuen Herausforderungen (neue Technologien, neue Produkte, neue Wettbewerber) ausgesetzt. Aufgabe des Managements ist es, auch unter diesen erschwerten Bedingungen, die „Lebensfähigkeit" des Unternehmens aufrecht zu erhalten. Das heißt, man muss in der Lage sein, rechtzeitig auf eine neue Ressource umsteigen zu können, wenn die alte aufgebraucht oder nicht mehr marktfähig ist. Auch der rechtzeitige Umstieg von einer alten Technologie auf eine neue, der Wechsel von einer traditionellen Produktionsweise auf ein innovatives Verfahren oder der Austausch eines bekannten Absatzkanals durch einen vollständig neuen Vertriebsweg, sind Beispiele für Aktivitäten zur Aufrechterhaltung der Lebensfähigkeit eines Unternehmens.

Mit Hilfe der im Folgenden dargestellten Schlüsselgrößen lässt sich eine rechtzeitige und zuverlässige Beurteilung der Lebensfähigkeit eines Unternehmens vornehmen. Dabei bilden diese Kenngrößen ein „Instrumenten-Cockpit", das, ähnlich wie in Flugzeugen, Informationen über den Zustand der wichtigsten („lebenserhaltenden") Systeme liefert. Damit liegt den Verantwortlichen eine solide Informationsbasis für die zweck- und zielgerichtete Steuerung des Unternehmens bzw. eines Unternehmensbereichs vor. Mit der Darstellung dieser Schlüsselgrößen wird auf die obigen Ausführungen zu Unternehmenszielen und Kennzahlen explizit Bezug genommen. Wichtig ist aber zu erkennen, dass sie nur in ihrer Gesamtheit und über einen längeren Zeitraum der Betrachtung hinweg ihrer Funktion als Navigationsinstrument für das Management nachkommen können.

5.1   Die Marktstellung

Der erste Maßstab, die erste Schlüsselgröße, ist die **Marktstellung** des Unternehmens. Die fortgesetzte Verbesserung der Marktstellung ist ein zentrales Ziel jeder erfolgsorientierten Unternehmensführung. Die in der Softwarebranche in den vergangenen Jahren beobachtbaren Unternehmenskäufe und Fusionen sind ein deutlicher Beleg für die herausragende Bedeutung, die man der Marktstellung einräumt. Gerade im Bereich der betriebswirtschaftlichen Software liefert sich die deutsche *SAP* mit ihrem US-amerikanischen Hauptkonkurrenten *Oracle* immer wieder harte Auseinandersetzungen. Dabei ist wichtig zu erkennen, dass die *SAP* ihre Marktstellung zu einem großen Teil aus eigenem Wachstum heraus sichert, während *Oracle* durch teilweise spektakuläre Übernahmen seine Position zu festigen versucht. Dabei ist *Oracles* Vorgehensweise zum Aufbau bzw. Sicherung der Marktstellung nicht ganz unkritisch zu sehen. Der Zukauf von Unternehmen birgt neben möglichen Integrationsschwierigkeiten insbesondere das Risiko, einen zu hohen Preis für die Marktstellung bezahlt zu haben. Daher erscheint die konsequent am Kunden bzw. Anwender orientierte Entwicklung qualitativ hochwertiger Produkte, mit einem guten Preis-Leistungsverhältnis, die Erfolg versprechendere Variante zur Verbesserung der Marktstellung zu sein.

Unabhängig hiervon ist aber festzuhalten, dass die permanente Verbesserung der Marktstellung oder zumindest das Halten einer „verteidigungsfähigen Marktposition" ein zentraler Indikator für die Beurteilung eines Unternehmens oder Unternehmensteils darstellt. Die Frage, die man sich nun zu stellen hat, lautet: „Welche Faktoren beeinflussen in unserer Branche, in unserem Geschäft die Marktstellung?"

5.1.1   Die Marktanteile

Zum einen sind hier die **Marktanteile** von großer Bedeutung. Der Marktanteil lässt sich allgemein definieren als

$$\frac{Eigener\ Absatz}{Marktvolumen} \cdot 100 \, .$$

Daneben ist oftmals der **relative Marktanteil** von Bedeutung, der als

$$\frac{Marktanteil\ des\ eigenen\ Unternehmens}{Marktanteil\ des\ stärksten\ Konkurrenten} \cdot 100$$

definiert ist.

Marktanteile besitzen eine hohe strategische Relevanz, da sie **Erfolgspotenziale** für das Unternehmen darstellen. Erfolgspotenziale stellen „**Vorsteuergrößen**" für den operativen Erfolg dar. Die große Bedeutung der Marktanteile für den Unternehmenserfolg liegt im Phänomen der bereits mehrfach angesprochenen **Lern- bzw. Erfahrungskurve** begründet.

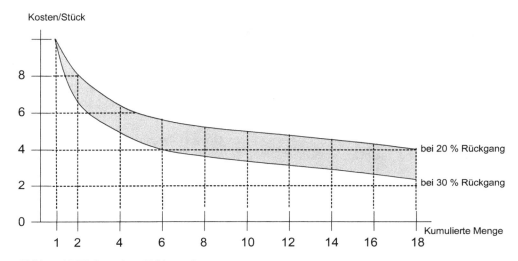

Abbildung 46: Die Lern- bzw. Erfahrungskurve
Quelle: Gälweiler, A. 2005, S. 38.

Es lässt sich nachweisen, dass sich in wachsenden Märkten mit jeder Verdoppelung der kumulierten Menge eines Produktes bzw. einer Leistung ein Kostensenkungspotenzial in Höhe von ca. 20 bis 30 % ergibt. Auch in stagnierenden Märkten ist dieser Effekt beobachtbar, auch wenn hier eine Verdoppelung der hergestellten Produkt- bzw. Leistungsmengen eine Kostensenkung nur noch in Höhe von ca. 10 bis 15 % bewirkt. Damit sind die Stückkosten, die ein Unternehmen oder ein Unternehmensbereich hinzunehmen hat, in Teilen abhängig von der kumulierten Menge. Wichtig ist aber zu erkennen, dass die mit den Marktanteilen und der Erfahrungskurve verbundenen Kostenvorteile lediglich „potenzieller Natur" sind. Ein Unternehmen mit hohen Marktanteilen verfügt zuerst einmal nur über niedrige „**potenzielle Stückkosten**". Mit diesem Begriff wird zum Ausdruck gebracht, dass ein Kostenrückgang nicht automatisch eintritt. Es existieren aber bei großen Marktanteilen Kostensenkungsmöglichkeiten, die ein Konkurrenzunternehmen mit einem niedrigeren Marktanteil so nicht besitzt. Die niedrigeren „potenziellen Stückkosten" lassen sich erst durch entsprechende Initiativen des Managements realisieren. Aufgrund dieser Tatsache ist es in der Unternehmenspraxis durchaus möglich, dass die tatsächlichen Kosten, wegen nicht ausgeschöpfter Kostensenkungspotenziale, erheblich über den potenziellen Kosten liegen. Ein „gefundenes Fressen" für Beratungsfirmen, die ihre Kostensenkungsprogramme auf Grundlage dieser Logik erfolgreich durchführen.

Höhere Marktanteile garantieren einem Unternehmen gerade in der Reifephase eines Marktes eine höhere Sicherheit. In der Reifephase des Marktes kommt es zu rückläufigen Verkaufspreisen, deren Entwicklung durch die „Commoditisierung" vieler Produkte noch verschärft wird. So sind gerade Produkte aus dem High-Tech-Bereich wie Personal Computer, Mobiltelefone etc. in den Augen der Kunden fast beliebig austauschbar und werden zu „commodities". Bei „commodities" interessiert es die Kunden kaum noch, bei wem sie ihre Produkte bzw. Leistungen einkaufen. Sie entscheiden letztlich nur nach dem Preis. Je größer somit die Gefahr der „Commoditisierung" ist, desto wichtiger wird die Kostenposition eines Unternehmens. Anbieter mit dem kleinsten Marktanteil rutschen hier aufgrund geringerer Kostenvorteile als erste in die Verlustzone. Da die IT-Branche ein gleichermaßen wissens- wie auch wettbewerbsintensiver Wirtschaftsbereich ist, kommt der Erfahrungskurve hier eine weitere, zentrale Bedeutung zu. In einem wettbewerbs- und wissensintensiven Marktumfeld sind immer jene Unternehmen im Vorteil, die am schnellsten aus den eigenen Erfahrungen lernen und Verbesserungen bzw. Modifikationen ohne Verzögerung in Entwicklung, Produktion und in die Geschäftsprozesse einfließen lassen.

Marktanteile stellen für die Unternehmen **strategische Erfolgspotenziale** dar. Besonders solche Unternehmen, die einer Verschlechterung des Marktanteils trotz Umsatzsteigerungen nicht schnell und entschieden entgegentreten, handeln nachlässig. Es ist kritisch zu sehen, wenn bei steigenden Umsätzen gleichzeitig der Marktanteil sinkt: Bedeutet dies doch, dass der Markt insgesamt sehr viel schneller wächst als der Umsatz des eigenen Unternehmens. Hieraus ergibt sich eine Art „kategorischer Imperativ" für das Unternehmenswachstum: Eine Steigerung der Marktanteile macht ein schnelleres Wachstum als der Markt notwendig. Wächst ein Unternehmen langsamer als der Markt, so bedeutet dies zwangsläufig einen Verlust von Marktanteilen.

5.1.2   Kundennutzen

Ein weiterer zentraler Faktor, der Einfluss auf die Marktstellung nimmt, ist der **Kundennutzen**. Kunden- bzw. Anwendernutzen ergibt sich aus einer Kombination von „richtiger **Qualität**" und „richtigem **Preis**".

5.1.2.1 Kunden- bzw. Anwendernutzen durch Qualität
Die Qualität ist heute in der internationalen Norm *ISO 9000:2000* eindeutig definiert:

> *„Qualität einer Einheit ist der Grad, in dem ein Satz inhärenter*
> *Merkmale Anforderungen erfüllt."*

Diese Definition von Qualität ist umfassend, aber nicht unbedingt klar und einfach. Man kann den Kern dieser Definition jedoch auch etwas leichter nachvollziehbar darstellen:

> *„Qualität ist die Beschaffenheit, gemessen an den Bedürfnissen*
> *und Erwartungen der Anspruchsgruppen".*

Durch die Erfüllung seiner Bedürfnisse gewinnt der Kunde oder Anwender einen Nutzen. Je besser die Erfüllung dieser Bedürfnisse durch ein Produkt oder eine Leistung ausfällt, desto höher der Kundennutzen. Konsequenterweise ist die Qualität eine dynamische Größe, die sich entsprechend den Bedürfnissen und Erwartungen der Kunden verändern kann. Der Qualitätsbegriff umfasst dabei nicht nur das eigentliche Produkt. Vielmehr integriert er alle Leistungen des Anbieters, so zum Beispiel beim Verkauf von Software sämtliche begleitende Dienstleistungen wie Installationsservice, Schulung, (Prozess-) Beratung, Hotline-Dienste etc. Entscheidend für die Bestimmung der Qualität ist somit nicht die Erfüllung von Kriterien, die von Seiten der Programmierer an die Software gestellt wurden. Allein entscheidend ist die Wahrnehmung des Kunden im Hinblick auf die Erfüllung erwünschter **produkt-** und **servicebezogener Kriterien**, die für ihn beim Softwarekauf eine Rolle spielen. Es geht also um die „vom Kunden erlebte Qualität" bzw. um den *„customer perceived value"*, weshalb man auch von **„relativer Qualität"** spricht. Die relative Qualität ist definiert als die aus Kundensicht wahrgenommene Qualität eines Produktes bzw. einer Dienstleistung relativ zu den wichtigsten Konkurrenten. Je höher die vom Kunden erlebte Qualität ausfällt, desto höher die Kundenzufriedenheit und damit auch die Wiederkaufsfrequenz und die Einnahmen des Unternehmens.

Daneben lässt sich der Inhalt der Qualität auch von der Produktionsseite (der Leistungserstellung) her definieren. Hier geht es um weniger Fehler bzw. Nullfehlerprogramme, um Verfahren der Schlanken Produktion usw. Qualität wird hier definiert als „mit der Norm übereinstimmende Produkteigenschaften". Der von den Kunden her gedachte Qualitätsbegriff und der produktionsseitige Qualitätsansatz ergänzen sich. Wie in der folgenden Abbildung dargestellt, beeinflusst ein fehlerfreies Produkt bzw. eine fehlerfreie Leistung den vom Kunden wahrgenommenen Wert des Produktes positiv und führt zu mehr Einnahmen des Unternehmens. Gleichzeitig führen weniger Fehler zu weniger Ressourcenverbrauch und damit zu einer höheren Produktivität. Auf längere Sicht führt das zu geringeren Kosten.

Abbildung 47: Der kunden- und produktionsseitige Qualitätsbegriff
Quelle: Karlöf/Lövingsson 2006, S. 283.

Qualität ist im IT-Umfeld ein gleichermaßen wichtiges wie problematisches Thema. Wie *Claude Roeltgen* in seinem Insiderbericht „*Eine Million oder ein Jahr*" bemerkt, sind sowohl unsere Rechner als auch die eingesetzte Software durchaus leistungsstark, gleichzeitig aber auch oftmals zu kompliziert, zu technikorientiert und nicht ausreichend zuverlässig. So sind es in erster Linie **Fehler in der Software**, die zu Systemabstürzen führen. Die Ursachen hierfür sind vielfältig:

- Die Qualität von Software lässt sich nicht durch „bloßen Augenschein" betrachten und damit beurteilen bzw. messen.
- Software ist heutzutage in vielen Fällen ein komplexes Produkt, das sich mitunter einfach ändern lässt, wobei die Folgen dieser Änderungen allerdings kaum vorhersehbar und kalkulierbar sind.
- Software stellt ein immaterielles Produkt dar, weshalb man ihre Eigenschaften genau spezifizieren bzw. beschreiben muss, um zwischen Kunden und Anbietern bzw. Entwicklern Missverständnisse so weit als möglich auszuschließen.

Wie hat man sich vor diesem Hintergrund ein wirksames Management der Softwarequalität vorzustellen?

Aus einer stark vereinfachenden Perspektive ist Software nichts anderes als ein von einem Programmierer geschriebener, technischer Text („Quellcode"). Damit ist ein Softwareprogramm durchaus mit einem großen Buch vergleichbar. Allerdings gibt es einen gravierenden Unterschied: Befinden sich in einem Buch hin und wieder einige Tippfehler, so wird das niemanden groß stören (pedantische Rechtschreibfanatiker einmal ausgenommen). Auf jeden Fall wird der Sinn des Buches hierdurch nicht verfälscht. Bei Software sieht es jedoch ganz anders aus. Im Falle von wichtigen Programmen (und Unternehmenssoftware besitzt per se höchste Relevanz für Ablauf und Zuverlässigkeit der betrieblichen Prozesse und damit für die Wettbewerbs- und Überlebensfähigkeit des Unternehmens am Markt) **dürfen im Prinzip keine Fehler auftreten**. Leider gibt es keine fehlerfreie Software, weshalb Metriken (Kennzahlen) zur quantitativen Feststellung und Darstellung der Fehlerhäufigkeit entwickelt wurden. So wird die **Software-Qualität** unter anderem über die so genannte „**Fehlerdichte**" ermittelt. Die Fehlerdichte steht dabei für die in einem Softwareprodukt gefundenen Fehler, dividiert durch die Größe des Softwareproduktes. Die Softwaregröße lässt sich durch die Anzahl der Zeilen und Funktionspunkte ausdrücken:

$$Fehlerdichte = \frac{Anzahl\ der\ Fehler}{1.000\ Programmierzeilen} \cdot 100$$

Vor drei Jahrzehnten lag die Fehlerdichte bei ca. 20, was bedeutete, dass im Schnitt jede 50. Zeile fehlerhaft war. Glücklicherweise ist die Fehlerdichte seither kontinuierlich gesunken. *Claude Roeltgen* sieht, trotz der unterschiedlichen Untersuchungsergebnisse von Seiten der Wissenschaft, eine Fehlerdichte von weniger als 0,5 als möglichen Richtwert. Allerdings muss hier berücksichtigt werden, dass der Entwicklung sinkender Fehlerdichte ein gewaltiger Trend hin zu immer umfangreicheren Programmen, die ihrerseits zunehmend vernetzt sind, entgegensteht. So weist Windows XP ca. 40.000.000 Programmzeilen auf. Unterstellt man eine Fehlerdichte von 0,2, was einen äußerst guten Wert darstellt, so hat man es immer noch mit 8.000 Fehlern zu tun, die dann im Arbeitsalltag des Anwenders auftreten und über Updates erst im Nachhinein verbessert werden.

Welche Möglichkeiten existieren, um die Qualität im Umfeld der Softwareentwicklung zu steigern? Es darf wohl angenommen werden, dass der Trend zu immer komplexeren Systemen und Produkten nur schwer aufzuhalten sein wird. Daher werden Fehler in der Softwareentwicklung auch nie vollständig auszuschließen sein. Auf der anderen Seite sind Unternehmen mehr als je zuvor auf funktionierende Software angewiesen. Bis zu 80 Prozent der Wertschöpfung eines Unternehmens basieren auf Eigenschaften, die durch Software so erst ermöglicht werden. Daher ist es dringend geboten, Mechanismen zur Fehlervermeidung und zum konstruktiven Umgang mit bereits aufgetretenen Fehlern zu etablieren. In Anlehnung an *Claude Roeltgen* wäre hier besonders an folgende Punkte zu denken:

- Es bedarf verbindlicher Standards die festlegen, wie Software geschrieben und getestet sowie in unbekannter Umgebung integriert wird.
- Software muss so „robust entwickelt" werden, dass Unvorhersehbares nicht sofort zum Absturz führt. Dies setzt ein in die Software integriertes, professionelles Fehlermanagement voraus, das entweder im Stande ist, die kritische Situation selbst zu meistern oder aber dem Anwender leicht verständliche Informationen zur geeigneten Vorgehensweise an die Hand gibt.
- Es bedarf des Weiteren allgemein akzeptierter Mechanismen zur Qualitätsprüfung im Bereich der Softwareentwicklung sowie die Vergabe eines Qualitätszertifikats durch ein unabhängiges Institut.

Was die Produktqualität von Software betrifft, so existiert mit der *ISO/IEC 9126* eine Norm, um Softwarequalität analysieren und sie auch sicherstellen zu können. Nach dieser Norm wird die Softwarequalität anhand unterschiedlicher Qualitätsmerkmale bestimmt:

Qualitätsmerkmal	Kurzbeschreibung
Funktionalität	Inwieweit entspricht die Software den Anforderungen des Anwenders?
Zuverlässigkeit	Lässt sich die Software weitgehend fehlerfrei und stabil nutzen?
Benutzerfreundlichkeit	Welchen Aufwand fordert der Einsatz dieser Software von den Anwendern? Ist sie einfach zu erlernen und zu bedienen?
Effizienz	Wie gestaltet sich das Verhältnis zwischen Leistungsniveau der Software und den hierzu erforderlichen Betriebsmitteln?
Übertragbarkeit	Lässt sich die Software in andere Systemsoftwareumgebungen (andere Hardware/Netzwerke) übertragen?
Änderbarkeit	Welcher Aufwand ist mit der Durchführung von erforderlichen Änderungen an der Software verbunden?

Abbildung 48: Merkmale für die Softwarequalität

Neben der Softwarequalität ist im Rahmen des IT-Managements auch die **Datenqualität** von hoher Bedeutung. Wie die beiden IT-Berater *Boris Otto* von der Universität St. Gallen und *Mike Silberman* von der IBM ausführen, muss das IT-Management den Zusammenhang zwischen der Qualität der Daten und den Unternehmenszielen wie z.B. Kundenorientierung, Profitabilität und Kostensenkung konsequent im Auge behalten. So ist in Branchen, die ein stark ausgeprägtes Endkundengeschäft aufweisen (beispielsweise Telekommunikation, Banken, Versicherungen) ein effektives Management der Datenqualität zentrale Voraussetzung für die Nutzung von „*Cross Selling-Potenzialen*": Für Bestandskunden können zusätzliche Leistungen nur unter der Voraussetzung angeboten werden, dass sämtliche Vertragsdaten zu einem Kunden sowie Informationen zu weiteren Produkten bzw. Leistungen gleichzeitig verfügbar sind. Um ein wirksames System zum Datenmanagement zu etablieren, schlagen *Otto* und *Silberman* vor, einen Ordnungsrahmen zu entwickeln, der in der Unternehmenspraxis auch unter dem Begriff der „*Data Governance*" firmiert. Dieser Ordnungsrahmen legt fest, welche Bestandteile und Kriterien zu einem Datenmanagement gehören, welche Organisationseinheiten und Personen in das Datenmanagement eingebunden sind und nach welchen Regeln Entscheidungen getroffen werden. So existieren in zahlreichen Unternehmen „**Datenqualitätsbeauftragte**", die unternehmensweit gültige Richtlinien entwickeln, wie z.B. Kundendaten zu erfassen oder mit welchen Merkmalen unternehmensweit verwendete Materialien zu beschreiben sind.

Darüber hinaus legt ein derartiger Ordnungsrahmen die Qualität einzelner Datenobjekte fest und definiert, wie die Qualität von Daten überhaupt zu messen ist. Beispiele für Qualitätskriterien wären

- die Verfügbarkeit und
- die Aktualität von Daten sowie
- die Einheitlichkeit ihrer Beschreibung.

Ohne die Festlegung derartiger Kriterien wäre ein Unternehmen überhaupt nicht in der Lage, konkrete Maßnahmen zur Qualitätsverbesserung sinnvoll zu überprüfen. Schließlich kommt einer solchen *Data Governance* die Aufgabe zu, die Gestaltung der konkreten Erfassungs- und Bearbeitungsprozesse einzelner Datenkategorien festzulegen. Diese Aufgabe ist von großer Bedeutung, da derartige Prozesse zumeist abteilungs- und bereichsübergreifend verlaufen. So kommt es z.B. im Rahmen der Entwicklung eines neuen Produktes zur Erfassung bestimmter Grunddaten durch die Entwicklungsabteilung. Auf diesen Daten aufbauend pflegt dann die Produktionsabteilung weitere fertigungsrelevante Daten wie beispielsweise Teilestücklisten ein, bevor auf dieser Grundlage dann die Einkaufsabteilung tätig wird. Des Weiteren werden dann die Verkaufs- und die Logistikabteilung Daten über die Produktverpackung und die Transportbehälter etc. einpflegen.

Um einen solchen Ordnungsrahmen umzusetzen, bedarf es der Abbildung des Datenqualitätsmanagements in den betrieblichen Informationssystemen. Hierzu müssten theoretisch sämtliche Informationssysteme nach dem gleichen Datenmodell aufgebaut sein. D.h., gleiche Daten wären in derselben Art und Weise zu speichern wie auch zu verwenden. Insbesondere in großen Unternehmen gibt es jedoch oftmals eine Vielzahl verschiedener, heterogener Systeme, die über Jahre hinweg entstanden und gewachsen sind und daher unterschiedliche Strukturen aufweisen. Vor dem Hintergrund dieser Problematik bedient man sich in der

Praxis zunehmend so genannter „**Serviceorientierter Architekturen** („*SOA*"). Mit Hilfe von *SOA* lassen sich die internen Strukturen der Systeme beibehalten. Für den Datenaustausch zwischen den einzelnen Systemen bedient man sich allerdings standardisierter Services auf Basis eines einheitlichen Datenmodells. Wie *Otto* und *Silberman* feststellen, „*können (durch SOA) aufwendige Anpassungen an den bestehenden Systemen vermieden und trotzdem die Voraussetzung für ein wirksames Datenqualitätsmanagement geschaffen werden.*"

Abschließend sei kurz angemerkt, dass im Rahmen von Qualitätsüberlegungen ganz generell häufig übersehen wird, dass hinter Qualitätsmängeln oftmals Defizite in der **Prozessgestaltung** und **Prozesssteuerung** sowie im **Verhalten der Mitarbeiter** stehen. Fehlerhafte Produkte oder unvollständige Leistungen sind letztlich nur ein Symptom. Die tiefer liegenden Ursachen für derartige Qualitätsmängel liegen meist bei den Prozessen bzw. Abläufen der Herstellung und Entwicklung des Produktes sowie in der inneren Einstellung der Mitarbeiter zu ihrer Arbeit und zu den vorgegebenen Qualitätsstandards. Vor diesem Hintergrund ist zu fordern, dass das Prozessmanagement zur Qualitätsverbesserung

- die Verbesserung der Kundenorientierung,
- die Verringerung der Komplexität,
- die Reduzierung des Produktspektrums,
- die Reduzierung der Fehlerhäufigkeit,
- die Reduzierung der Gemeinkosten,
- die Reduzierung der Hierarchieebenen und
- damit die Verkürzung der Entscheidungswege

zu realisieren hat. Auf der Ebene des Personalmanagements sind den Mitarbeitern eindeutig formulierte und leicht nachvollziehbare Qualitätsstandards vorzugeben, welche als Leistungsvorgaben (z.B. in Form der „Null-Fehler-Forderung") dienen. Entsprechende Schulungs- und Weiterbildungsangebote runden diesen mitarbeiterbezogenen Ansatz des Qualitätsmanagements ab.

5.1.2.2 Kunden- bzw. Anwendernutzen über den relativen Preis

Die zweite Dimension des Kundennutzens wird durch den „**relativen Preis**" ausgedrückt. Auch in diesem Fall ist die Wahrnehmung des Kunden entscheidend, weshalb vom „*customer perceived price*" gesprochen wird. Äquivalent zur Qualität ist der relative Preis nicht Ausdruck einer objektiven Preisrelation, sondern ein vom Kunden – unter Berücksichtigung der Preise der Konkurrenz – wahrgenommener Wert. Die relative Preisposition wird auf Basis des eigenen Preises im Vergleich zu den direkten Wettbewerbern bewertet. Vor dem Hintergrund dieser Logik sind bei der Preisfindung von Unternehmen der IT-Branche jedoch einige Besonderheiten zu berücksichtigen:

Der Wechsel von einer rein produkt- bzw. technologieorientierten Sicht hin zu einer kundenzentrierten Perspektive schlägt sich zunehmend in der Preisfindungsstrategie nieder. So versuchen die Unternehmen des IT-Sektors mehr und mehr, den Produktpreis durch einen „**Lösungspreis**" zu ersetzen. Man verkauft dem Kunden ein individuelles, exakt auf seine Probleme hin zugeschnittenes „Lösungspaket". Die Preisfindung orientiert sich hier ausschließlich an den vom Kunden tatsächlich in Anspruch genommenen Leistungen. Dies setzt voraus, dass die IT-Unternehmen ihr Leistungsangebot modular bzw. in Komponenten aufbauen und nach Maßgabe der Kundenprobleme bzw. Kundenwünsche diese Bausteine zu individuellen Kundenlösungen zusammenstellen (konfigurieren). Der Preis einer IT-Leistung wird damit konsequent am Wert für den Kunden (an ihrer individuellen Lösungskompetenz) und den aus Kundensicht existierenden Beschaffungsalternativen (Leistungen der Konkurrenz) ausgerichtet.

Ein zweiter Punkt ist hier von Relevanz: Elektronisch erbrachte Dienstleistungen setzten in der Regel sehr hohe Fixkosten für die Errichtung der IT-Infrastruktur und die Erstellung der „ersten Version" voraus. Die Kosten des laufenden Betriebes (die so genannten „Grenzkosten") liegen dagegen bei fast Null. Sind digitale Produkte bzw. Inhalte erst einmal hergestellt, so lassen sie sich fast grenzkostenfrei vervielfältigen. So hat der Preis für einen im *iTunes Music Store* gekauften und herunter geladenen Musiktitel von 99 Cent kaum noch etwas mit seinen Herstellkosten zu tun. Vielmehr richtet sich die Preisfindung an den Preisen vergleichbarer Produkte oder Leistungen der Wettbewerber aus. Diese Logik gilt nicht nur für digitale Musikstücke, sondern ebenso für den Preis einer Softwarelizenz oder den Preis für eine elektronische Kreditauskunft. Es geht somit im IT-Bereich um eine kundenindividuelle Preisfindung, womit der Preis weit aus mehr am Kundennutzen, als an den Herstellkosten ausgerichtet wird.

Mit der systematischen Messung der relativen Qualität und des relativen Preises wird der Kundennutzen konsequent in den Mittelpunkt der betrieblichen Tätigkeiten gestellt. Der **Messprozess** für die Größen „relative Qualität" und „relativer Preis" lässt sich, in Anlehnung an *Fredmund Malik*, grob wie folgt darstellen: Zuerst ist das eigene Geschäft nach Märkten, Produkten/Leistungen sowie Kundengruppen zu segmentieren. Im Anschluss hieran sind die aus Kundensicht relevanten Produkt- und Servicekriterien zu bestimmen. Bei IT-Leistungen stehen hier Kriterien wie technologischer Innovationsgrad, Verlässlichkeit der Systeme, Verfügbarkeit und Servicequalität im Mittelpunkt. Die einzelnen Kriterien müssen dann, im Hinblick auf ihre Bedeutung für die Kaufentscheidung, gewichtet werden. In Summe sind es 100 Prozent, die auf alle Kriterien verteilt werden. Der eigene Preis wird auf einem Niveau von 100 festgelegt, ein günstigerer Konkurrent erhält beispielsweise eine 90, während ein teurerer Wettbewerber mit 110 bewertet wird. Zuletzt muss dann die „Preis-Qualitäts-Sensibilität" des Kunden bestimmt werden. D.h., es ist zu ermitteln, ob man sich mit seinem Produkt bzw. seiner Leistung in einem Preis- oder in einem Qualitätsmarkt befindet. In einem Qualitätsmarkt liegt das Preis-Qualitäts-Verhältnis bei 30 zu 70. In einem Preismarkt wäre dieses Verhältnis genau umgekehrt. Kombiniert man die beiden Dimensionen des Kundennutzens, die „relative Qualität" mit dem „relativen Preis", so erhält man eine „strategische Landkarte" („*Value Map*"). Mit ihrer Hilfe lässt sich aufzeigen, wie sich die Marktteilnehmer positionieren und welchen Kundennutzen sie bieten. Eine Position entlang der Geraden steht für einen ausgewogenen Kundennutzen. Sämtliche Positionen rechts der Geraden stehen für einen positiven Kundennutzen, d.h. für mehr Qualität zum gleichen Preis oder für einen niedrigeren Preis bei gleicher Qualität. Die Positionen links der Geraden stehen dagegen für einen negativen Kundennutzen.

- eigener Preis im Vergleich zu dem der wichtigsten Konkurrenten

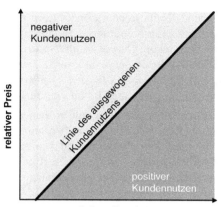

- Qualität aus Sicht des Kunden
- gemessen anhand der kaufentscheidenden Produkt-, Service- und Imagemerkmale
- im Vergleich zu den wichtigsten Konkurrenten

Abbildung 49: Die zwei Dimensionen des Kundennutzens
Quelle: Malik, F. 2007, Seite 186.

Auf die Marktstellung wirkt eine Vielzahl von Faktoren ein. Neben den oben dargestellten Größen Marktanteile und Kundennutzen, können ebenso die **regionale Präsenz**, das **Image** des Unternehmens und/oder eine eingeführte **Marke** von großer Bedeutung für die Marktstellung sein. Will man die Marktstellung umfassend analysieren und bewerten, dann reicht es nicht aus, allein die obigen Einflussfaktoren heranzuziehen. Vielmehr muss auch immer der Frage nachgegangen werden, ob sich die Marktstellung in den „*richtigen Märkten*", bei den „*richtigen Kunden*" und in den „*richtigen Vertriebskanälen*" verbessert. So versucht der Walldorfer *SAP-Konzern* seine betriebswirtschaftliche Software, die traditionell für Großunternehmen entwickelt wurde, auch für mittelständische Unternehmen interessant zu machen. Um auf den globalisierten Technologiemärkten bestehen zu können, muss *SAP* seine bisherigen Markt- und Kundenbeziehungen erweitern und sich intensiv mit Fragen nach den „richtigen Märkten" und den „richtigen Kunden" auseinandersetzen. Vor diesem Hintergrund baut *SAP* sein bisheriges Geschäftsmodell mit dem Ziel um, seine Marktstellung nachhaltig zu festigen. Neben anderen Aktivitäten wird insbesondere versucht, mittelständische Unternehmen durch individuell zugeschnittene Softwarepakete aus Standardmodulen für das Finanz- und Rechnungswesen, die Personalwirtschaft oder die Logistik für *SAP* zu gewinnen. Die Logik dahinter ist relativ einfach: Hohe Marktanteile führen tendenziell auch zu einem höheren Unternehmenserfolg.

Insofern es gelingt, die modernen Informationstechnologien als eine „**strategische Infrastruktur**" zu gestalten und zu nutzen, können diese ihrerseits Einfluss auf die Wettbewerbsfähigkeit und damit auf die Marktstellung eines Unternehmens nehmen. IT-Infrastrukturen und -Systeme, die eine schnellere Erfassung, Verarbeitung und Weiterleitung von Informationen über Kunden, Produkte und Konkurrenten ermöglichen, führen zu einer transparenteren, flexibleren und damit effizienteren Steuerung der Geschäftsprozesse. Die schnelle und konsequent kundenorientierte Abwicklung von Geschäftsprozessen schafft echten Kundennutzen und damit Wettbewerbsvorteile, da der Wettbewerb in einer globalisierten Wirtschaft zunehmend auf **Zeitkonkurrenz** (*„economies of speed"*) basiert. Die Beispiele für eine positive Beeinflussung der Marktstellung durch die IT sind vielfältig:

- Unternehmen, die jeden Kundenkontakt dazu nutzen, kundenspezifische Daten zu erfassen und auszuwerten, verschaffen sich strategische Vorteile. Der moderne Kunde erwartet, möglichst auf ihn zugeschnittene Produkte und Dienstleistungen angeboten zu bekommen (*„customizing"*). Mit den Daten aus früheren Käufen lassen sich Kundenprofile anlegen, die eine gezieltere Kundenansprache ermöglichen. *Customer Relationship Management-Systeme* (*CRM-Systeme*) sind entsprechende IT-Anwendungen zur systematischen Pflege der Kundenbeziehungen. Damit CRM-Systeme aber einen Beitrag zur Marktstellung leisten, müssen sie konsequent auf den **Kundenwert** ausgerichtet sein. CRM-Systeme besitzen keinen Selbstzweck. Die durch sie erfassten und gespeicherten Daten müssen zur Steigerung der Kundenzufriedenheit und Kundenloyalität sowie zur Erhöhung der Kundenprofitabilität während der gesamten Dauer der Kundenbeziehung verwendet werden. Dies setzt organisatorische, insbesondere ablauforganisatorische, Verbesserungen voraus.

- Somit stellen die **Kundenprozesse** einen weiteren strategischen Ansatzpunkt für die IT dar. Die Kunden erwarten von ihren Lieferanten heute immer mehr eine Vereinfachung der eigenen Prozesse. D.h., die Lieferanten müssen mit Hilfe von IT versuchen, ihre Kunden von allen unnötigen bzw. beschwerlichen Prozessschritten zu befreien. So hat der Online-Buchhändler *Amazon* mit der so genannten „*1-Click-Bestellung"* den Bestellprozess seiner Kunden signifikant vereinfacht. Hat man sich im elektronischen Shop von *Amazon* einmal als Online-Kunde registrieren lassen und hat man seine Zahlungs- und Lieferungsmodalitäten festgelegt, so kann man von diesem Zeitpunkt an mit einem einzigen Mausklick einen mitunter umfangreichen Bestellprozess auslösen. Die IT ermöglicht es den Unternehmen, sich von Produkt- hin zu Lösungsanbieter zu entwickeln und hierdurch den Kunden einen größeren Nutzen als die Konkurrenz zu bieten.

- Mit der Verbreitung des Internet lässt sich die gesamte Wertschöpfungskette optimieren. Die **digitale Wertschöpfung** ermöglicht kostengünstigere, qualitativ bessere und kundenspezifischere Wertaktivitäten und realisiert eine deutlich engere Verzahnung mit den Prozessen von Lieferanten und Kunden (*„Supply Chain Management"*). Darüber hinaus werden völlig **neue Geschäftsmodelle** ermöglicht, da sich dank der digitalen Informations- und Kommunikationstechnologien bestehende Wertschöpfungsketten aufbrechen und neu konfigurieren lassen. So werden durch das Internet bestehende Branchengrenzen zunehmend aufgeweicht und die vormals ausschließlich innerhalb eines Unternehmens erbrachte Wertschöpfung nun über **Wertschöpfungs-Netzwerke** (*„Value* Webs") vollzogen. Die enge Verzahnung der Produktionsprozesse eines Automobilherstellers mit denen seiner Zulieferer und Logistikdienstleister ermöglicht die schnelle und flexible Konfiguration eines Neuwagens nach den Wünschen des Käufers.

Allgemein lässt sich festhalten, dass die IT immer dann zu Wettbewerbsvorteilen und damit zur Erhöhung von Marktanteilen beitragen kann, wenn es ihr gelingt, zu einem **Intelligenz-**

und Transparenzverstärker in den Unternehmen zu werden. Die Intelligenz eines Unternehmens setzt sich aus der Intelligenz seiner Mitarbeiter sowie der elektronischen Intelligenz, welche die menschliche Intelligenz verstärkt, zusammen. Zur Intelligenzverstärkung trägt die IT bei, wenn sie es ermöglicht,

- Daten schneller in Echtzeit, zu erfassen sowie billiger, zuverlässiger (automatisch) und detaillierter (transparenter), wie bei Click-Bestellungen in einem Online-Shop, zur Verfügung zu stellen;
- Daten ohne Zeitverzug und Datenverlust an jeden beliebigen Ort der Welt zu transportieren, damit jede Information rund um den Globus in Echtzeit dort verfügbar ist, wo sie gerade benötigt wird;
- Daten in großen Mengen (z.B. Kundendaten, Aufträge, Artikel) über jeden gewünschten Zeitraum sicher zu speichern;
- durch gewaltige Verarbeitungskapazitäten neue Daten durch die Verknüpfung bereits vorhandener Daten (beispielsweise Liefertermermittlung, Produktsimulation, Gehaltszahlung) zu erzeugen.

Henning Kagermann und *Hubert Österle* stellen hierzu fest: *„Die Menschen nutzen die elektronischen Intelligenzverstärker für intelligentere Geschäftsmodelle und steigern so den Unternehmenswert."*

Nach der hier vertretenen Auffassung können nur Menschen intelligent sein. Die IT stellt aber jene Daten und Informationen zur Verfügung, mit deren Hilfe die betroffenen Personen bessere Entscheidungen treffen und zielgerechter Handeln können. Werden moderne IT-Systeme mit erfahrenen, gut ausgebildeten und hoch motivierten Mitarbeitern zusammengebracht, so entsteht Wissen. Insbesondere auch „neues Wissen", womit wir bei der zweiten Schlüsselgröße, der Innovationsfähigkeit angelangt sind.

5.2   Die Innovationsleistung

„Every organization – not just business –
needs one core competence: innovation."
Peter F. Drucker

Der zweite Maßstab für die Beurteilung eines Unternehmens oder Unternehmensbereichs ist die **Innovationsleistung**. Sie stellt ein sehr zuverlässiges **Frühwarnsignal** für die Beurteilung des **langfristigen Unternehmenserfolges** dar. Unternehmen oder Unternehmensbereiche im IT-Sektor, die aufhören zu innovieren befinden sich rasch in einem Abwärtstrend, noch bevor sich dies in den Zahlen des Rechnungswesens niederschlagen muss. Die Innovationsleistung ist eine Größe mit **strategischer Bedeutung**. Daher gilt es, die Unternehmen permanent, aber möglichst in kleinen, überschaubaren Schritten, zu erneuern. Um die Innovationsleistung kontrollieren und analysieren zu können, existieren eine Reihe aussagekräftiger Kennzahlen, die zum Grundrepertoire des IT-Managements und IT-Controllings gehören sollten:

Die **Innovationsrate**, die danach fragt, wie viel Prozent vom Umsatz mit neuen Produkten und Leistungen erwirtschaftet wird:

$$Innovationsrate = \frac{Ums\ddot{a}tze\ mit\ neuen\ Produkten\ bzw.\ Leistungen}{Gesamtums\ddot{a}tze} \cdot 100$$

Hier stellt sich oftmals die Frage, ob es so etwas wie ein „Innovationsoptimum" gibt. Nach Untersuchungen des *Malik Management Zentrum St. Gallen* liegt eine solche „optimale Innovationsrate" bei ca. 12 Prozent. Dies ist aber nicht mehr als eine generelle Tendenzaussage, die für die IT-Branche, wie auch für andere High-Tech-Branchen, so nicht gelten muss. In diesen Bereichen kann eine deutlich höhere Innovationsrate gefordert sein. Dennoch beinhaltet diese allgemein und branchenunabhängig formulierte Zielvorgabe für ein „Innovationsoptimum" auch für den IT-Bereich eine wichtige Aussage: Die optimale Innovationsrate liegt im High-Tech-Bereich nicht bei 70 %, 80 % oder mehr. Wer 70 oder mehr Prozent seines Umsatzes mit neuen Produkten oder Leistungen zu erzielen beabsichtigt, der macht nach aller Erfahrung so viele Fehler, dass er kaum zufriedene Kunden bzw. Anwender bekommen wird. Gerade im IT-Sektor muss daher gelten, die Produkte und Systeme möglichst fertig zu entwickeln, bevor man sie externen Kunden am Markt oder unternehmensinternen Anwendern anbietet.

Diese Ausführungen dürfen jedoch nicht darüber hinwegtäuschen, dass eine zentrale Aufgabe der IT darin zu sehen ist, mit Hilfe innovativer Leistungen, Systeme und Produkte die Unternehmen effizienter und effektiver zu machen (die IT als *„Enabler"*). Der Begriff der Innovation steht allgemein für **Neuartigkeit** oder **Neuheit**. In einem betriebswirtschaftlichen Umfeld ist ein derartiges Begriffsverständnis zwar notwendig, aber nicht hinreichend. So müssen Innovationen im IT-Bereich eine nachweisliche **Verbesserung bei der unternehmerischen Zielerreichung** leisten. Hier wäre beispielsweise auf das Ziel einer Beschleunigung und Vereinfachung von Geschäftsprozessen durch IT-Einsatz hinzuweisen. Ende der neunziger Jahre des vergangenen Jahrhunderts übernahm das Internet die Funktion eines globalen, standardisierten Kommunikationsnetzes und stellte eine der grundlegendsten IT-Innovationen in den Unternehmen dar. Von Anfang an war klar, dass sich die Verbreitung und Nutzung des Internet innerhalb der Wirtschaftswelt nur dann nachhaltig durchsetzen würde, wenn betriebswirtschaftlich messbare Vorteile bei Unternehmen und Kunden nachweisbar sein würden. Dies gelang und gelingt an zahlreichen Punkten: So können die Unternehmen durch die Nutzung des standardisierten *TCP/IP-Protokolls* im Einkauf (*Electronic Procurement*) ihre Beschaffungsprozesse vereinfachen, Liefer- und Lagerzeiten verkürzen und damit Kosten einsparen. Allerdings zeigt gerade das Beispiel des *Electronic Procurement*, dass Innovationspotenziale der IT und hierauf aufbauende Wettbewerbsvorteile nur von beschränkter Dauer sind. Innovative Technologien räumen den „Erstanwendern" nur kurze Vorteile ein. Nach einer gewissen Zeit sind innovative Technologien global bekannt und global zugänglich, was die Entwicklung und Einführung weiterer Innovationen nötig macht. Innovative Systeme, Produkte und Leistungen durchlaufen gerade im IT-Bereich relativ kurze „**Lebenszyklen**", die geplant, gesteuert und kontrolliert werden müssen. Hierbei ist von folgender Logik auszugehen: Man unterscheidet Technologien nach ihrem **Innovationspotenzial** bzw. **Veränderungspotenzial** und kommt hierdurch zu einer Einteilung in Basis-, Schlüssel-, Schrittmacher- und Zukunftstechnologien:

- **Basistechnologien** stehen für vorhandene, auf breiter Front bereits akzeptierte Technologien, deren Innovationspotenzial weitgehend ausgeschöpft ist. Sie sind die Grundlage vielfältiger Anwendungen und werden von allen Anbietern im Markt gleichermaßen eingesetzt. Konsequenterweise ergeben sich aus ihnen keine Wettbewerbsvorteile gegenüber der Konkurrenz. Basistechnologien sind die „Innovationen und Erfolgsfaktoren von gestern".

- **Schlüsseltechnologien** repräsentieren ebenfalls bereits bekannte und weitgehend akzeptierte Technologien. Im Gegensatz zu den Basistechnologien befinden sie sich jedoch erst in geringem Umfang in der Anwendung. Damit weisen sie ein noch erhebliches ökonomisches und gesellschaftliches Veränderungs- bzw. Innovationspotenzial auf. Schlüsseltechnologien bieten die grundlegende Chance, noch Wettbewerbsvorteile im Markt erzielen zu können. Sie sind die „Erfolgsfaktoren von heute".

- **Schrittmachertechnologien** sind Technologien, die sich noch in einem frühen Entwicklungsstadium befinden und daher noch keine hohe Akzeptanz besitzen. Ihr Einsatz ist größtenteils noch auf Pilot- und Testanwendungen beschränkt. Schrittmachertechnologien weisen jedoch ein erhebliches Innovationspotenzial auf, das unter Umständen in der Lage ist, die aktuellen Markt- bzw. Wettbewerbsverhältnisse nachhaltig zu verändern. Damit stellen Schrittmachertechnologien die „Erfolgsfaktoren von morgen" dar. Es gilt hier jedoch die Logik Geoffrey Moores zu berücksichtigen, wonach es zu einem bestimmten Zeitpunkt für jede Innovation darum geht, die Kluft zwischen Technologie-Enthusiasten und Trendsettern auf der einen und dem Massenmarkt auf der anderen Seite zu überwinden.

- **Zukunftstechnologien** besitzen das größte (zu erwartende) Innovationspotenzial. Ihre Realisierung ist allerdings ungewiss, da sie sich in einem Forschungsstadium befinden und konkrete kommerzielle Anwendungen noch nicht absehbar sind. Gelingt es aber, Zukunftstechnologien über die Labor- und Testphasen hinaus zu marktfähigen Anwendungen zu entwickeln und mit ihnen „die Kluft" zu überspringen, so sind sie die „Erfolgsfaktoren von übermorgen".

Die folgende Abbildung macht diese Zusammenhänge nochmals deutlich:

Veränderungspotenzial

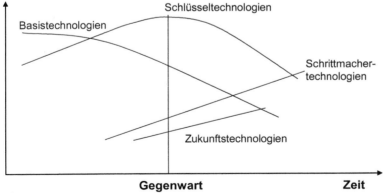

Abbildung 50: Das Innovations- bzw. Veränderungspotenzial von Technologien
Quelle: Heinrich, L. 2002, S. 151.

In einer idealtypischen Betrachtungsweise durchlaufen Informationstechnologien einen Lebenszyklus, der von den Zukunftstechnologien mit dem höchsten (potenziellen) Innovationsgrad über Schrittmacher- und Schlüsseltechnologien zu den Basistechnologien mit nur noch marginalem Innovationsgrad führt. Was sich uns heute als Basistechnologie präsentiert, wie beispielsweise *Client-Server-Architekturen* oder *Computer Integrated Manufacturing-Systeme (CIM)*, waren einmal Schlüsseltechnologien. Was heute Schlüsseltechnologie ist, wie z.B. breitbandige Datenübertragung im stationären wie mobilen Bereich, wird morgen die Basistechnologie sein usw. Allerdings durchlaufen längst nicht alle Technologien einen solchen Zyklus, da nicht jede Zukunftstechnologie automatisch zur Schrittmachertechnologie wird. Auch existiert die Möglichkeit, Schlüsseltechnologien und damit Innovationspotenziale durch die geschickte Kombination mehrer Basistechnologien oder durch deren Einsatz in neuen Verwendungsrichtungen zu erhalten. So ermöglicht die auf dem universalen Netzwerkprotokoll *TCP/IP*-Protokoll basierende **„Basistechnologie Internet"** die digitale Übertragung von Informationen zwischen Telekommunikations-, Informationstechnologie- und Mediensektor. Damit kommt es zu einer **technologischen Konvergenz**, d.h. zu einer fortschreitenden Diffusion des Internet in völlig neue Branchen mit neuen Produkt- und Leistungsangeboten. Als Ergebnis lässt sich die Etablierung von Schlüsseltechnologien wie Telefonieren über das Internet (*Voice over IP*), Fernsehen über den Computer (*iTV*) etc. beobachten.

Neben Innovationsrate und Innovationspotenzial ist es wichtig die **Innovationsleistung** zu messen. Sie setzt die erfolgreich realisierten Neu-Produkte bzw. Leistungen ins Verhältnis zu den gefloppten Innovationen des Unternehmens bzw. Unternehmensbereiches:

$$Innovationsleistung\ (Erfolgsquote) = \frac{Erfolgreiche\ \ Neu\text{-}Produkte/Leistungen}{Gefloppte\ \ Neu\text{-}Produkte/Leistungen} \cdot 100$$

Erfolgreiche Neu-Produkte bzw. Leistungen sind dadurch gekennzeichnet, dass sie möglichst schnell nach der Markteinführung positive Deckungsbeiträge bzw. Gewinne erzielen. Dagegen versteht man unter Flops solche Produkte bzw. Leistungen, die aufgrund fehlender Erfolgsbeiträge bereits kurz nach ihrer Einführung vom Markt genommen werden.

Als letzte Orientierungsgröße, die eine Bedeutung für die Beurteilung der Innovationsleistung hat, ist das *„Time to Market"* zu nennen. Unter *„Time to Market"* versteht man jenen Zeitraum, den ein Unternehmen von der Produktidee bis zur Markteinführung benötigt. Es geht hier somit um die Frage: *„Wie schnell fließen unsere Ideen in marktfähige Produkte ein?"* Die Beantwortung dieser Frage besitzt auf den modernen Technologiemärkten besondere Bedeutung. Auf Technologiemärkten im Allgemeinen sowie IT-Märkten im Besonderen fällt den so genannten *„economies of speed"* besondere Relevanz zu. Geschwindigkeit wird hier zu einem strategischen Erfolgsfaktor. Begründen lässt sich dies unter anderem mit dem **Lebenszyklus**, den alle Produkte und Dienstleistungen eines Unternehmens durchlaufen. Mit Hilfe der „Lebenszyklus-Analyse" lässt sich der „Produkt-Lebensweg" in seiner zeitlichen Entwicklung aufzeigen und analysieren. Für jeden „Lebensweg-Abschnitt" eines Produktes bzw. einer Leistung lassen sich die Erfolge oder Misserfolge in Form von Umsätzen, Gewinnen oder Deckungsbeiträgen und Liquidität darstellen. Dabei bedient man sich den in Abbildung 51 dargestellten idealtypischen Phasen.

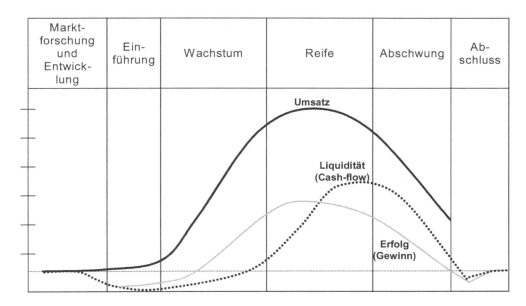

Abbildung 51: Der Lebenszyklus von Produkten und Leistungen
Quelle: Sattler, R. 1998, S. 5.

IT-Produkte bzw. -Leistungen verursachen, wie alle anderen Wirtschaftsgüter auch, zunächst Kosten der Marktforschung, Anschaffung bzw. Entwicklung. Lange bevor das erste Produkt entwickelt und verkauft wird, muss **Marktforschung** betrieben werden. Versprechen die Untersuchungen und Analysen einen potenziellen Erfolg, dann müssen Investitionen für Leute getätigt werden, die das Produkt entwickeln, Vorserien herstellen und testen. All diese Aktivitäten führen zu Kosten, denen jedoch zunächst keine Erlöse bzw. Einnahmen („*cashflows*") gegenüber stehen, weshalb auch der Erfolg (der Gewinn) negativ ist. In der **Einführungsphase** geht es dann darum, das Produkt den Kunden vorzustellen und sie von seinen Vorteilen zu überzeugen. In der sich anschließenden **Wachstumsphase** kommt es darauf an, den Markt zu durchdringen und die Kunden davon zu überzeugen, das eigene Produkt und nicht das der Konkurrenz zu kaufen. Ziel muss es sein, den eigenen Marktanteil zu vergrößern, um „*economies of scale*" und „Erfahrungskurven-Effekte" realisieren zu können. Gelingt dies, so lassen sich in dieser Phase die Erlöse bzw. Umsätze steigern und gleichzeitig die Kosten reduzieren, womit der Gewinn steigt. In der **Reifephase** erreicht der Produkt-Lebenszyklus seinen Höhepunkt. Die Einnahmen (die *cash flows*) sind hoch, die Umsätze relativ konstant und auch die Gewinne fallen (noch) hoch aus, allerdings mit fallender Tendenz. Gegen Ende der Reifephase kommt es dann aber zu deutlich spürbaren Umsatzrückgängen. Dies ist zum einen mit der Sättigung des Marktes für die etablierten Produkte und Leistungen sowie zum anderen mit dem Aufkommen neuer (Konkurrenz-)Produkte begründbar. Damit kommt man zur **Abschwungsphase** des Produktes. Hier sinken die Umsätze und Gewinne immer weiter nach unten und es wird dringend notwendig das alte Produkt durch ein Neues zu ersetzen.

Dieses Modell repräsentiert einen Idealtyp. So ist auf die Tatsache hinzuweisen, dass man sowohl die Länge als auch die Ausprägungen einzelner Phasen durch Marketingaktivitäten beeinflussen kann. *Coca Cola* ist ein Beispiel dafür, wie eine Marke, und damit das Produkt, immer wieder revitalisiert wird, ohne bislang die Abschwungsphase erreicht zu haben. Auch ist zu berücksichtigen, dass in Branchen wie der Mikroelektronik bzw. der Informationstechnologie Lebenszyklen von mehr als einem Jahr die Ausnahme bilden. Je kürzer ein Produktlebenszyklus ausfällt, desto höher ist die Branchendynamik. Die Produktlebenszyklen im IT-Bereich sind besonders kurz, weshalb die schnelle Entwicklung und Einführung von innovativen Produkten bzw. Leistungen für das langfristige und profitable Überleben am Markt besonders wichtig sind. Hier kommt es auf das *„Time to Market"* besonders an. Die Geschwindigkeit, mit der ein Unternehmen seine Produkte und Leistungen entwickelt und in geforderter Qualität und Menge an den Markt zu bringen vermag, entscheidet über den Markterfolg. *Stephan Jansen* nimmt in diesem Zusammenhang eine interessante Position ein: *„Kannibalen fressen sich selbst. Innovationen auch – zumindest die Verbesserungsinnovationen. Die beste Konkurrenz für die eigenen neuen Produkte sind die eigenen nächsten neuen Produkte. Diese virale Innovationsspirale führt zu erheblich verkürzten Produktlebenszyklen, und stellt Betriebswirte vor das Problem der unmöglichen Amortisation von Investitionen. Deswegen werden kommunikative Innovationen für nahezu Identisches geleistet. Produktinnovationen sind zumeist Inszenierungsinnovationen von Altem – aus Kostengründen."*

Zuletzt sei auf solche Strategien hingewiesen, die es dem IT-Bereich ermöglichen aus der „Commodity Trap" zu entkommen. Vergleiche hierzu die Ausführungen in *Kapitel 3.2.*

5.3   Die Produktivitäten

Die **Produktivität**, d.h. ganz allgemein das Verhältnis zwischen Input und Output, nimmt im Rahmen der sechs Schlüsselgrößen für ein profitables bzw. gesundes Unternehmen eine ganz besondere Stellung ein. Dies ist damit zu begründen, dass Unternehmen in ihren Märkten nicht immer wachsen und auch nicht immer alle Innovationen zu marktfähigen Produkten und Leistungen machen können. Aber jedes Unternehmen und jeder Unternehmensbereich kann Jahr für Jahr besser, d.h. **produktiver**, werden. Es muss als Hauptaufgabe des Managements gesehen werden, knappe Ressourcen produktiv einzusetzen. In der Unternehmenspraxis existieren im Wesentlichen drei Stellhebel, mit deren Hilfe sich die Produktivität beeinflussen lässt:

• Erstens können die Unternehmen versuchen, durch bessere und innovativere Angebote ihre Umsatze zu steigern,

• zum zweiten haben sie die Möglichkeit, ihre Geschäftsprozesse zu optimieren und hierdurch Durchlaufzeiten und Kosten zu senken und

• drittens können sie versuchen, den Kapitaleinsatz zu reduzieren.

Die Produktivität stellt damit einen geeigneten Maßstab dar, um die Leistung des Managements verschiedener Unternehmensbereiche oder das eigene mit anderen Unternehmen vergleichen zu können. Dabei reicht es heute nicht mehr aus, lediglich eine Produktivitätsgröße zu erfassen und zu messen. Vielmehr sind es mindestens **„vier Produktivitäten"**, die für eine umfassende und fundierte Beurteilung eines Unternehmens bzw. Unternehmensbereiches gleichzeitig zu berücksichtigen sind. Nach *Peter Drucker* und *Fredmund Malik* gehören zu den „vier Produktivitäten":

- Die Produktivität der Arbeit,
- die Produktivität des Kapitals,
- die Produktivität der Zeit sowie
- die Produktivität des Wissens.

Wie in *Kapitel 4.3* dargelegt, bezeichnet die Produktivität das **mengenmäßige Verhältnis** zwischen Input und Output eines Leistungserstellungsprozesses. Ziel muss es sein, das Verhältnis von In- und Output in sämtlichen Wertschöpfungsprozessen von der Produktentstehung über die Produktion bis hin zu Vertrieb und Distribution systematisch zu optimieren und damit „**Operative Excellence**", d.h. operative Leistungsfähigkeit, zu erreichen. Betriebswirtschaftliche Verfahren zur Messung der operativen Leistungsfähigkeit rücken verschiedene Inputfaktoren in den Mittelpunkt der Produktivitätsanalyse: Kosten bzw. Aufwand, Kapital, Zeit und Wissen. Eine Produktivitätsverbesserung ergibt sich entweder durch eine Erhöhung des Outputs bei gleichem Input oder durch das Halten des Outputs bei geringerem Faktoreinsatz.

$$Produktivitäten = \frac{Ertrag}{Aufwand};$$

$$= \frac{Ertrag}{eingesetztes\ Kapital};$$

$$= \frac{Ertrag}{eingesetzte\ Arbeitszeit};$$

$$= \frac{Ertrag}{eingesetztes\ Wissen}$$

Für die praktische Arbeit ist es sinnvoll, spezifische Messkriterien für diese Produktivitäten festzulegen.

5.3.1 Die Produktivität der Arbeit

Wie lässt sich die „**Produktivität der Arbeit**" am geeignetsten messen?

Entgegen der landläufigen Praxis in Literatur und Unternehmen sollte als Ausgangspunkt der Messung niemals der Umsatz, sondern die **Wertschöpfung** genommen werden. Wie bereits an anderer Stelle dargelegt, ist die Wertschöpfung definiert als **Umsatz minus zugekaufter Vorleistungen** bzw. **Vorprodukte**. In früheren Zeiten, in denen Unternehmen hoch vertikal integriert waren, d.h. die gesamte Wertschöpfung innerhalb des eigenen Unternehmens stattfand, stellte der Umsatz eine geeignete Größe zur Beurteilung der Arbeitsproduktivität dar. Heute jedoch, im Zeitalter der **Konzentration auf Kernkompetenzen** und des „*Outsourcing*", stellt sich dagegen die Frage, was im eigenen Unternehmen mit den zugekauften Produkte und Leistungen passiert, in welchem Umfang noch „eigene Wertschöpfung" stattfindet. Nur in Höhe dieser eigenen Wertschöpfung kann man von einer „eigenen unternehmerischen Leistung" sprechen. Die Frage ist somit, wie viele Personen brauchen *wir* in *unserem Unternehmen*, in *unserem Unternehmensbereich* oder in *unserem Projekt*, um die „eigene Wertschöpfung" zu erzielen?

Die Produktivität der Arbeit ergibt sich somit als **Wertschöpfung pro Kopf** oder als **Wertschöpfung pro Lohnsummeneinheit**; d.h., wie viel Wertschöpfung erhalten wir auf den bezahlten Lohn in Euro?

$$Produktivität \ der \ Arbeit = \frac{Wertschöpfung}{Mitarbeiter} \ bzw. \ \frac{Wertschöpfung}{Lohnsumme} \ bzw. \ \frac{Wertschöpfung}{eingesetzte \ Stunden}$$

Ein wesentlicher Ansatz zur Verbesserung der Produktivität stellt die **Schulung der Mitarbeiter** dar. Die Wertschöpfung des einzelnen Mitarbeiters und sein Verständnis der qualitäts-, zeit- und kostenmäßigen Konsequenzen seines Handelns entscheidet maßgeblich über seine Produktivität und damit über den Erfolg in seinem Bereich.

5.3.2   Die Produktivität des Kapitals

Wie ist die „**Produktivität des Kapitals**" bzw. die „**Produktivität des Geldes**" zu messen? In Analogie zu den obigen Ausführungen gilt auch hier, dass die Messung des Ertrages aus dem Kapitaleinsatz überwiegend durch Ergebniskennzahlen erfolgt. Selbstverständlich ist es notwendig und richtig, die Profitabilität eines Unternehmens oder Unternehmensbereiches über die Gesamtkapital- oder Eigenkapitalrendite zu messen. Gerade die Eigenkapitalrendite stellt eine zentrale Kennziffer dar, mit der vor allem internationale Investoren die Rentabilität ihrer Investments beurteilen und ihre Investitionen steuern können. Für die Messung und Steuerung der Produktivitätsentwicklung, hier der Produktivität des Kapitals, muss jedoch eine Kennzahl mit Bezug auf die geschaffene **Wertschöpfung** eingesetzt werden. Es muss daher „die Wertschöpfung im Verhältnis zum eingesetzten Kapital" ermittelt und gemessen werden:

$$Produktivität \ des \ Kapitals = \frac{Wertschöpfung}{pro \ investierte \ Geldeinheit} \cdot 100$$

Die Produktivität des Kapitals besitzt in den globalisierten Ökonomien eine herausragende Relevanz. Die internationalen Kapitalmärkte fordern hohe Renditen auf das eingesetzte Kapital und „bestrafen" Unternehmen mit hoher Kapitalbindung und geringer Ertragskraft. Wie *Fredmund Malik* feststellt, lässt sich die Produktivität des Geldes relativ am schnellsten und einfachsten verbessern. Geld zeigt keine Ermüdungserscheinungen. Es muss nicht umständlich motiviert werden, sondern arbeitet gerne 24 Stunden am Tag und 365 Tage pro Jahr. Die obige Kennziffer, wonach die Kapitalproduktivität Wertschöpfung pro investierter Geldeinheit ist, markiert nur einen Ausgangspunkt, von dem aus eine verfeinerte Analyse vorzunehmen ist. So ist es lohnenswert, das Anlage- und Umlaufvermögen dahingehend zu untersuchen, inwieweit das hierhin gebundene Kapital tatsächlich zur Wertschöpfung beiträgt, oder ob über längere Zeiträume unausgeschöpfte Kapazitäten vorgehalten werden. Ist beispielsweise ein Rechenzentrum nur zu einem Drittel ausgelastet, so muss man eventuellen technischen Erfordernissen die betriebswirtschaftlichen Konsequenzen gegenüberstellen. Das in IT-Produkte investierte Kapital muss einen nachweisbaren Wertschöpfungsbeitrag leisten.

Die Ermittlung der Wertschöpfung im IT-Bereich folgt der bereits bekannten Logik, wonach die Wertschöpfung als Umsatz minus Vorleistungen definiert ist.

Verringert ein Unternehmen seinen Bestand an Anlagevermögen (Maschinen, Beteiligungen, Immobilien etc.) oder an Umlaufvermögen (Vorräte, Forderungen, Barbestände), so steigt die Kapitalproduktivität. Die Verringerung von Umlaufvermögen durch Reduktion von Zwischenlagerbeständen, Sortimentsoptimierung etc. nimmt ihrerseits aber auch direkten Einfluss auf die Durchlaufzeiten im Unternehmen und somit auf die Produktivität der Zeit.

5.3.3   Die Produktivität der Zeit

In unserer heutigen Informations- und Wissensökonomie spielt die Arbeit von Kopfarbeitern im Management, in Forschungs- und Entwicklungs- sowie in IT-Abteilungen, eine immer größere Rolle. Je mehr die Kopfarbeit im Vergleich zu manueller Arbeit in den Unternehmen an Bedeutung gewinnt, desto wichtiger wird es, die **Wertschöpfung pro Zeiteinheit** zu messen. Dies geschieht aber noch immer viel zu selten. Wie *Fredmund Malik* anmerkt, hat der liebe Gott allen Menschen gleich viel Zeit mitgegeben, auf die Nanosekunde gleich viel Zeit. Nicht im Hinblick auf die Lebenszeit, aber in Hinblick auf die Tageszeit! Wenn man nun beobachtet, wie die Menschen die ihnen zur Verfügung stehende Arbeitszeit gebrauchen, so wird deutlich, dass ein Großteil nie gelernt hat ökonomisch mit der eigenen Zeit zu wirtschaften.

Dabei stellt die Zeit eine der ganz wenigen variablen Größen in einem Unternehmen dar: So kann man eine Aufgabe bei gleichem Ergebnis etwas schneller oder etwas langsamer ausführen. Die überwiegende Mehrzahl der Mitarbeiter ist sich des dringend gebotenen ökonomischen Umgangs mit der „Ressource Zeit" jedoch nicht bewusst. Wieso auch? Die Produktivität der Zeit wird ja nur in den seltensten Fällen erfasst und den Mitarbeitern zur Analyse und möglichen Selbstkontrolle bzw. Selbststeuerung zur Verfügung gestellt. Dabei besitzt der Faktor Zeit für die Unternehmen eine herausragende Bedeutung, wie am Beispiel des *„Time to Market"* bereits in *Kapitel 5.2* deutlich wurde: Der rasche Markteintritt mit neuen Produkten und Leistungen schafft einem Unternehmen die Möglichkeit, frühe Marktanteilsgewinne zu realisieren. Dadurch kann es, früher als die Konkurrenz, Erfahrungs- und Lernkurveneffekte realisieren und eine bessere Kostenposition einnehmen. Es muss daher zum einen eine generelle Kennzahl für die Bestimmung der „Produktivität der Zeit" eingeführt werden. Setzt man sich mit dem Faktor Zeit im Detail auseinander, so werden zum anderen weitere Kennzahlen nötig, die den Zeiteinsatz bzw. Zeitbedarf mit verschiedensten Outputgrößen in Beziehung setzen.

Der Logik der bisherigen Ausführungen folgend, lässt sich die **Produktivität der Zeit** allgemein wie folgt bestimmen:

$$Produktivität\ der\ Zeit = \frac{Produzierte\ Menge}{pro\ Zeiteinheit} \cdot 100, \ bzw.$$

$$Produktivität\ der\ Zeit = \frac{Wertschöpfung}{pro\ Zeiteinheit} \cdot 100.$$

Nach dem Verständnis des Produktivitätsansatzes müssen die jeweiligen Inputfaktoren (Arbeit, Kapital, Zeit und Wissen) „bewirtschaftet" werden. Was den Faktor Zeit betrifft, ist das Spektrum möglicher Ansatzpunkte für Produktivitätssteigerungen sehr breit: So gilt es Entwicklungs- und Durchlaufzeiten ebenso zu verkürzen, wie die Reaktionszeiten im Kundendienst (Service) oder bei Kundenreklamationen. Um beispielsweise die Durchlaufzeiten zu verkürzen, wären als „geeignete Maßnahmen" u.a. die Schaffung einer schlanken, standardisierten und prozessorientierten Ablauforganisation (**Prozessmanagement**) sowie der Einsatz geeigneter Informations- und Kommunikationstechnologien (Client-Server-Systeme, Work-Management-Systeme) zu nennen. Mit dem Begriff der **Durchlaufzeit** ist jener Zeitraum angesprochen, der vom Anstoß der Leistungserstellung bis zur Bereitstellung des Produktes bzw. der Dienstleistung beim Kunden vergeht. Setzt man die gesamte Durchlaufzeit mit der (kurzen) Zeit der Bearbeitung bzw. Wertschöpfung in Verbindung, so erhält man die **Zeiteffizienz**. Die Zeiteffizienz gibt Auskunft über das **Leistungsniveau bzw. Produktivität eines Geschäftsprozesses**:

$$Zeiteffizienz = \frac{Bearbeitungszeit\ bzw.\ Zeit\ der\ Wertschöpfung}{gesamte\ Durchlaufzeit} \cdot 100$$

In der Praxis liegt die Zeiteffizienz in der Regel bei ca. fünf Prozent! D.h., lediglich fünf Prozent der Durchlaufzeit ist Bearbeitungszeit bzw. Zeit für die Wertschöpfung. Der gesamte Rest der Durchlaufzeit (95 %) sind so genannte Transfer- oder Liegezeiten. Transferzeiten stehen für Zeiten, die man für die Weitergabe von Zwischen- und Endergebnissen an interne oder externe Kunden benötigt. Während der Liegezeiten ruhen sowohl die Bearbeitung als auch der Transfer, da notwendige Inputs oder Ressourcen nicht zur Verfügung stehen. Ziel muss es sein, diese „Totzeiten", in denen kein Beitrag zur Wertschöpfung erbracht wird, zu reduzieren. Dies setzt unter anderem eine drastische Reduzierung von **Schnittstellen** im Prozessablauf voraus. Schnittstellen, im hier verstandenen Sinne, sind organisatorische Grenzen zwischen Abteilungen, Bereichen oder verschiedenen Unternehmen, die gemeinsam an der Bearbeitung eines Kundenauftrags beteiligt sind. Schnittstellen sind „Irrtumsstellen". Sie führen zu langen Durchlaufzeiten, zu mangelhafter Lieferfähigkeit und Liefertreue sowie zu langen Reaktionsgeschwindigkeiten bei Marktveränderungen. Die Konsequenz sind immer zu hohe Kosten und unzufriedene Kunden. Mit der Einführung eines **Geschäftsprozessmanagements** lassen sich diese Defizite beheben und insbesondere die Zeitproduktivität signifikant verbessern.

5.3.4   Produktivität des Wissens

Bereits mehrfach wurde betont, dass Wissen *die* zentrale Ressource in unseren hoch entwickelten Volkswirtschaften darstellt. Sowohl der Unternehmenszweck, als auch die Kernaufgabe von Management wird vor diesem Hintergrund in der Transformation von Wissen in Kundennutzen gesehen. Konkret heißt das, dass man **Wissen**, bzw. die Träger des Wissens (die Wissensarbeiter), **produktiv machen** muss. Dies ist vielleicht die größte Herausforderung, die sich aktuell und für absehbare Zeit dem Management bzw. dem IT-Management stellt. *Fredmund Malik* wird nicht müde, immer und immer wieder auf diesen Umstand hinzuweisen:

„Die Produktivität des Wissens, noch weitgehend unverstanden, wird der Schlüssel zum Wohlstand sein, genauso wie vor rund 120 Jahren die Produktivität der Arbeiter. Wissen und Wissensarbeiter verursachen enorme Investitionen, bis sie überhaupt einsetzbar sind. Wir müssen jedes Interesse daran haben, diese Ressourcen produktiv zu machen und auf die Lösung der richtigen Aufgaben anzusetzen."

Wissen ist heutzutage also nicht mehr nur schmückendes Beiwerk der betrieblichen Wertschöpfung, sondern zunehmend ihr zentrales Element. Wissen konkretisiert sich somit in den betrieblichen Abläufen, es wird in den Geschäftsprozessen wirksam. Um es mit dem Unternehmer und Pionier des praktischen betrieblichen Wissensmanagement in Deutschland, *Franz Reinisch*, zu sagen:

„Alle Geschäftsprozesse sind Wissensprozesse."

In den Geschäftsprozessen „lagert" sich Wissen (Erfahrungen, Routinen, *Know-how* etc.) ab über

*   die Entwicklung neuer Technologien, Produkte, Leistungen,
*   die erfolgreiche Einführung dieser Technologien, Produkte, Leistungen am Markt,
*   die schnellste bzw. kostengünstigste Auftragsabwicklung,
*   die zielführende Steuerung komplexer Projekte usw.

Es sind die individuellen Fertigkeiten und Kenntnisse der Mitarbeiter, die zu überlegenen Geschäftsprozessen führen und damit Wettbewerbsvorteile begründen. In allen wissensintensiven Branchen lässt sich die Produktivität des Wissens somit, zumindest indirekt, über die **Prozessleistung** messen.

Kann man Wissensarbeiter managen, kann man ihre Produktivität durch Management erhöhen? Ja, man kann, solange man ganz bewusst auf viele der heute üblichen Managementmethoden und Denkweisen im Management verzichtet und sich neuerer Ansätze bedient. Hinweise auf eine Antwort wurden bereits mehrfach an anderer Stelle in diesem Buch gegeben: Wissensarbeiter werden „produktiv gemacht", indem man ihnen organisatorische Freiräume zur Selbstorganisation und Selbstinformation einräumt, indem man die Teams heterogen zusammenstellt und hierarchiefreie Kommunikation ermöglicht. Hierzu sind integrierte IT-Systeme notwendig, die durch Informationen in Echtzeit für mehr Transparenz und Rückkoppelung sorgen und dezentralen Mitarbeitern vor Ort schnelle Entscheidungen ermöglichen. Dies alles ist dringend geboten, da unsere Welt, unsere Ökonomien und unsere Märkte immer komplexer und dynamischer werden. Damit hat man sich aber konsequent von der *„Idee des Taylorismus"* zu verabschieden, wonach in strenger Arbeitsteilung fest vorgegebene Aufgabenteile stumpf abgearbeitet werden. Der *Taylorismus* ist die Hochleistungsorganisation für „träge" Marktbedingungen (und für träge Mitarbeiter): Der Mitarbeiter kommt morgens in die Firma, „parkt sein Hirn" draußen vor dem Eingang, arbeitet seine acht Stunden der vorgegebenen Arbeit ab, geht abends in die Kneipe, trinkt seine Bierchen, hat einen ruhigen Schlaf, geht am nächsten morgen in die Firma, „parkt sein Hirn" draußen vor dem Eingang ... usw. In Märkten für Massenprodukte funktioniert diese Logik. Wie die Berater *Gerhard Wohland* und *Matthias Wiemeyer* aufzeigen, ist in Märkten mit geringer Komplexität der *Taylorismus* „*das*" Instrument", mit dem sich die Komplexität der Wertschöpfung derart verringern lässt, dass Steigerungen in der Arbeitsproduktivität um das Hundertfache möglich werden. Wohl gemerkt, in der Produktivität der Arbeit! Mit der Globalisierung, Technologisierung und Individualisierung des ökonomischen Umfelds stieg die Komplexität der Märkte in den vergangenen Jahren jedoch drastisch an. Damit wurde die Erschließung und Weitergabe von Wissen sowie die hierdurch zu schaffende Flexibilität in den Entwicklungs- und Wertschöpfungsprozessen zum zentralen Wettbewerbs- bzw. Überlebensfaktor. In diesem Umfeld stoßen die Instrumente des *Taylorismus* an eine unüberwindbare Grenze. Unternehmen, die weiterhin tayloristisch organisiert bleiben, kommen unter einen gewaltigen, von dynamischen wissensbasierten Unternehmen ausgelösten Marktdruck.

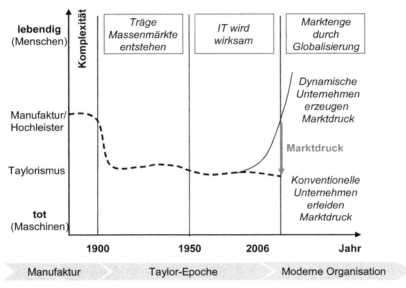

Abbildung 52: Die „Taylor-Wanne"
Quelle: Wohland/Wiemeyer 2007, S. 23.

In einem dynamischen Unternehmensumfeld schrumpft die zur Verarbeitung von Informationen zur Verfügung stehende Zeit. Die aktuellen Anforderungen des Marktes werden von der Unternehmenszentrale, wenn überhaupt, erst sehr spät wahrgenommen. Ob sie über das jeweils erforderliche Problemlösungswissen verfügt, muss in vielen Fällen bezweifelt werden. Somit müssen die entsprechenden Aufgaben an den Unternehmensrändern, „vor Ort", bearbeitet werden. Wo Probleme gelöst werden, kommt es zu (Erfahrungs-)Wissen. Neben dem „traditionellen Kompetenzbereich Zentrale" entsteht eine Vielfalt „dezentraler Kompetenz- bzw. Wissensbereiche" an der Peripherie. Kunden in dynamischen Märkten bevorzugen Unternehmen mit peripherer Kompetenz bzw. mit „Problemlösungswissen vor Ort", da diese schneller und flexibler sind.

Um das Wissen „vor Ort" produktiv zu machen, sollte das Wissen jedes einzelnen Mitarbeiters genutzt werden. Der seit langer Zeit rentabelste Automobilhersteller der Welt, „*Toyota*", verdankt seinen Erfolg der Fähigkeit, die Mitarbeiter in das kontinuierliche Streben nach

Effizienz- und Qualitätsverbesserungen einzubinden. Wie der US-amerikanische Managementprofessor und Unternehmensberater *Gary Hamel* dokumentiert, speist sich *Toyotas* Erfolg aus der Überzeugung, dass auch „gewöhnliche" Mitarbeiter zur Lösung komplexer Probleme Wesentliches beitragen können. So wird das *Toyota Production System (TPS)* oft auch mit „*Thinking People System*" bezeichnet. Mehr als 540.000 (!) Verbesserungsvorschläge kamen allein im Jahre 2005 von den japanischen Mitarbeitern des Konzerns. Warum fällt die „Produktivität des Wissens bzw. Mitdenkens" in vielen Unternehmen so viel geringer als bei *Toyota* aus? *Gary Hamels* Antwort: „*Zu viel Management und zu wenig Freiheit.*" Die in den Unternehmen zur Anwendung kommenden Managementverfahren sind oftmals nur danach ausgelegt, die Menschen zu Gehorsam und blinder Aufgabenerfüllung zu nötigen, aber nicht danach, die Mitarbeiter zu einem regelmäßigen Wissens- und Erfahrungsaustausch anzuregen. Wer schon einmal eine Hochschule, eine Werbeagentur oder ein *Open-Source-Software-Projekt* zu leiten hatte, der weiß, dass man nicht mehr erreicht, indem man die Mitarbeiter mehr managt. Im Gegenteil: Man erreicht mehr, indem man weniger managt, weniger Anordnungen gibt, weniger auf Linientreue achtet und weniger kontrolliert. Wie kann nun ein Managementmodell aussehen, das die Produktivität der Wissensarbeiter erhöht?

Zur Beantwortung dieser Frage liefert das Unternehmen *Google* einige gleichsam überraschende wie wirksame Beispiele. Viele sehen den enormen und anhaltenden Erfolg von *Google* in erster Linie in seinem Geschäftsmodell begründet. *Gary Hamel* kommt in seiner Untersuchung zu einem etwas differenzierteren Ergebnis: Der Erfolg von *Google* baut in einem nicht unwesentlichen Ausmaß auf seinem **Managementmodell** auf. Zu den Schlüsselfaktoren dieses Modells zählt *Hamel*:

* Eine flache („waffeldünne") Hierarchie,
* ein dichtes Netz lateraler Kommunikationsverknüpfungen,
* die Produktentwicklung im Team,
* ein Anreizsystem, welches innovative Ideen fürstlich belohnt sowie
* eine Unternehmensphilosophie, die auf konsequente Kundenorientierung setzt.

Für Betriebswirte beruhigend, gibt es sogar eine „Formel" für die Erschließung des Wissens der Mitarbeiter. Um Wissens- und Innovationsprozesse optimal zu fördern hat *Google* die „*70-20-10-Formel*" entwickelt. Nach dieser Formel sollen 70 Prozent der Entwicklungsressourcen für Verbesserungen in den vorhandenen Tätigkeitsbereichen eingesetzt werden. 20 Prozent sind Produkten und Leistungen vorbehalten, die zu einer deutlichen Erweiterung des Kerngeschäfts bei *Google* beitragen sollen. Ergebnisse dieser 20 Prozent wären mittlerweile geläufige Produkte wie z.B. *Google Checkout* (hierdurch wird das Einkaufen im Internet erleichtert), *Images*, das bekannte *Tool* mit dessen Hilfe sich Fotos im *world wide web* suchen lassen oder *Translate*, der Übersetzungsservice für das Netz. Für die restlichen 10 Prozent können die Mitarbeiter eigenen ausgefallenen Ideen nachgehen.

Um die Wissensarbeiter produktiv zu machen, organisiert sich *Google* nach dem Vorbild des Internets: Das Unternehmen zeigt sich beim **Informationszugang und den Entscheidungen sehr demokratisch**, es ist **eng vernetzt** und **fast hierarchiefrei**. *Gary Hamel* sieht daher im Internet die beste Metapher für das Management im 21. Jahrhundert. Will man Wissen bzw. Wissensarbeiter (gerade im IT-Bereich) produktiv machen, so sollte man sich die *soziale*

Architektur des Netzes zum Vorbild nehmen: Das Netz ist offen, flach, formbar und nicht hierarchisch strukturiert.

Welche Rolle spielt die IT in diesem Kontext? Wie beim Management der Ressource Wissen, sollte auch bei ihrer Unterstützung durch IT gelten: „Weniger ist Mehr". Ja, mehr noch. **Ein falsch verstandener IT-Einsatz kann die Produktivität des Wissens ersticken.** Eine der Lehren, die man aus den vielfach gescheiterten Bemühungen um die Schaffung „*Künstlicher Intelligenz*" zu ziehen hat, ist die Erkenntnis, dass sich kreative, hochkomplexe (Denk- und) Wissensprozesse nicht auf formalen Strukturen abbilden lassen. IT-Systeme besitzen lediglich eine „**formale Flexibilität**". Unter formaler Flexibilität wir hier die Fähigkeit verstanden, eine **schnelle und problemorientierte Auswahl aus einer gegebenen Vielfalt an Lösungen** präsentieren zu können. Es wird kaum Zweifel daran bestehen, dass vernetzte IT-Systeme sich insbesondere durch diese formale Flexibilität auszeichnen. Wissensarbeiter benötigen jedoch in erster Linie eine „**dynamische Flexibilität**". Die dynamische Flexibilität steht für die **Fähigkeit, wissen- und ideenbasiert (kreativ) auf Überraschungen reagieren zu können**. Über diese Fähigkeit verfügt die IT nicht. Während sich die formale Flexibilität bei der Anwendung einer großen Vielfalt von Regeln auszeichnet, erfordert die dynamische Flexibilität zumeist das Brechen von Regeln:

> *„Auch die komplizierteste EDV ist und bleibt formal. Wird sie mit menschlicher Arbeit gekoppelt, so wird diese Arbeit zwangsläufig formalisiert."* (*Wohland/Wiemeyer*)

Im Rahmen der Wissensarbeit setzt man ganz bewusst auf Kreativität und geistige Flexibilität. Softwaresysteme zur Unterstützung der Wissensarbeiter müssen diesen kreativen Kern der Wissensarbeit unberührt lassen, um in Form eines „*neutralen Arbeitsmittels*", wie z.B. eines Kugelschreibers, eines Textverarbeitungssystems oder eines Stempelkissens, die Wissensarbeit zu unterstützen. Keinesfalls darf die IT mit dem Anspruch antreten, kreative bzw. innovative Wissensprozesse steuern und prägen zu wollen. Die feste Kopplung zwischen einer formalen Software und einem kreativen und komplexen Menschen wirkt auf diesen wie ein Korsett. Hierin liegt eine zentrale Erkenntnis: Software ist nicht „*soft*", sondern kann verdammt hart sein. Sie versucht die betriebliche Realität „abzubilden" und auf dieser Basis das Betriebsgeschehen zu kontrollieren und zu steuern. Die relevanten Prozesse laufen dann wie „in Beton gegossen" ab. Durchaus zuverlässig, aber ohne schnelle und flexible Anpassungsmöglichkeiten, ohne Freiräume und ohne Kreativität. Wissensprozesse aber benötigen diese Freiräume, sie speisen sich aus Ideen und Kreativität und sind nicht selten das Ergebnis gerade auch unkonventioneller neuer Wege und Prozesse.

Die Steigerung der Produktivität von Wissensarbeitern ist somit in erster Linie eine organisatorische Aufgabe bei der es darum geht, die Wissensfindung und Wissensweitergabe der Mitarbeiter zu fördern. Die IT kann hier eine wichtige *unterstützende Funktion* übernehmen; z.B. durch den Einsatz von *Groupware-Systemen*. Allerdings muss die Software immer ein neutrales Werkzeug bleiben, um der erforderlichen Entfaltung von Komplexität (und dem kreativen Chaos) von Wissensarbeit nicht im Wege zu stehen.

5.4   Attraktivität für gute Leute

Die bisherigen Ausführungen haben gezeigt: Gerade in unserer technologisierten Welt kommt es auf das menschliche Wissen an, geht es um kreative Wertschöpfung. Wissen bzw. *Know-how* ist die knappe Ressource, die es produktiv zu machen gilt. Träger dieses Wissens sind Menschen wie z.B. die Mitarbeiter des IT-Bereichs. Sie leisten ihren Wertbeitrag für das Unternehmen durch ihre Fähigkeit, komplexe sozio-technische Situationen analysieren und mit Erfahrung und Kreativität tragfähige Problemlösungen hierfür entwickeln zu können. Bei Mitarbeitern dieser *„Kreativen Klasse"* kommt es bei der Analyse der Fluktuation in erster Linie nicht darauf an zu dokumentieren, *wie viele* Mitarbeiter das Unternehmen verlassen bzw. neu in die Firma eintreten. Die so genannte **Fluktuationsrate** ist hier sekundär. Wichtig zu wissen ist, *welche* Mitarbeiter dem Unternehmen den Rücken kehren. Es ist immer ein Alarmzeichen erster Ordnung, wenn gute Leute das „Schiff" verlassen, oder wenn es zunehmend schwierig wird, qualifizierte Mitarbeiter für das eigene Unternehmen zu gewinnen. So fordert *Fredmund Malik*, es grundsätzlich zur Chefsache zu machen, wenn gute Mitarbeiter, egal welcher Hierarchieebene (!), kündigen. In solchen Situationen beginnt sich ein Verlust der wertvollsten Unternehmensressource abzuzeichnen. Da man die Mitarbeiter in der Regel an diesem Punkt nicht mehr halten kann, sollte man aber wenigstens ein „offenes Austrittsgespräch" über die Gründe ihrer Entscheidung führen. Hier kann man wichtige, und mitunter unschöne Wahrheiten über die Kultur der Zusammenarbeit, Kommunikation etc. im eigenen Unternehmen erfahren. Solche Gespräche liefern Informationen, die weder im betrieblichen Rechnungswesen, noch in den unternehmenseigenen Datenbanken jemals zu finden wären. Sie sind eine Art Seismograph für die Überprüfung der Wirksamkeit der eigenen Managementmethoden, der Unternehmenskultur sowie der Unternehmensorganisation.

5.5   Liquidität

„Act always so as to increase
the number of options."
Heinz von Foerster

Die fünfte Schlüsselgröße ist die **Liquidität**. Sie wurde bereits an anderer Stelle ausführlich diskutiert. Ein Kernproblem ist es, dass das Management die betriebliche Wertschöpfung so zu organisieren hat, dass gleichzeitig sowohl für Liquidität als auch für Gewinne (Erfolg) gesorgt ist. In diesem Zusammenhang ist es wichtig zu erkennen, dass die Liquidität in ihrer Bedeutung für die Unternehmenssteuerung noch vor dem Gewinn liegt. Dies ist mit der altbekannten kaufmännischen Wahrheit zu begründen, dass ein Unternehmen relativ lange ohne Gewinn auskommen kann, ohne Liquidität aber nicht überlebt. Die Liquidität ist der *„Sauerstoff"* des Unternehmens. Mit diesem Bild dürfte die herausragende Bedeutung der Liquidität für die Überlebensfähigkeit des Unternehmens deutlich werden. Der Versuch, den Gewinn zu Lasten der Liquidität zu steigern kann sehr gefährlich werden. Dies wird in Situationen deutlich in denen man z.B. versucht, höhere Margen durch längere Zahlungsziele „zu erkaufen". Befindet sich ein Unternehmen in einem Gewinnengpass, so trifft es normalerweise die richtige Entscheidung: Es trennt sich von den schlechten, verlustbringenden Geschäften. Im Falle eines Liquiditätsengpasses ist ein Unternehmen dagegen meistens gezwungen, etwas Falsches zu tun: Es muss sich von den besten Geschäften trennen, da nur diese zeitgerecht und teuer genug veräußert werden können, um eine Liquiditätskrise und damit die Insolvenz abwenden zu können.

5.6   Gewinn – Das Gewinnerfordernis

„Wer zu spät an die Kosten denkt, ruiniert sein Unternehmen.
Wer immer zu früh an die Kosten denkt, tötet die Kreativität."
Philipp Rosenthal

Die letzte überlebensnotwendige Schlüsselgröße ist der **Gewinn**. Betriebswirtschaftlich ist unumstritten, dass jedes marktwirtschaftlich organisierte Unternehmen Gewinne machen muss, um seine Ziele erreichen zu können. Jede Zielerrechung verursacht Kosten (Aufwendungen), die nur über Gewinne wieder finanziert werden können. Auch birgt jede Form von Geschäftstätigkeit Risiken (gerade im Technologiebereich), die ebenfalls mittels Gewinn zu kompensieren sind. Der Gewinn zeigt, als positiver Saldo aus Erträgen und Aufwendungen, ob sich die unternehmerische Tätigkeit gelohnt hat oder nicht. Trotzdem wird diese Erfolgsgröße in unserem Modell der ganzheitlichen Unternehmenssteuerung als Letzte aufgeführt. Dies steht im Gegensatz zum betriebswirtschaftlichen *Mainstream*, wonach Gewinne bzw. Renditegrößen (z.B. Eigenkapitalrendite, *Shareholder Value*) als oberste Unternehmensziele definiert werden. An diesem Punkt wird, nach Meinung von *Fredmund Malik*, ein wesentlicher Unterschied zwischen rein betriebswirtschaftlich orientiertem und kybernetischem Management deutlich: Nach kybernetischer Auffassung darf, wer hohe Gewinne realisieren will, nicht mit diesen beginnen. Vielmehr wird der Gewinn durch die anderen Schlüsselgrößen „vorgesteuert". Wer es versteht, seine Marktstellung zu verteidigen und auszubauen, wer erfolgreich Innovationen an den Markt bringt und seine Produktivitäten usw. beherrscht, der hat auch zahlende Kunden und damit Liquidität und Gewinne. **Der Gewinn ist damit kein Ziel an sich, sondern ein Erfordernis.**

Folgt man dieser Auffassung, so hat man sich von dem in Betriebswirtschaftslehre und Ökonomie weit verbreiteten Ziel der „**Gewinnmaximierung**" zu verabschieden. Abgesehen von der formal-mathematischen Ermittlung des Gewinnmaximums (Grenzkosten = Grenzerlöse im Monopolfall) kann niemand sagen, bei welcher Größe ein solches Gewinnmaximum zu liegen hätte. *Fredmund Malik* schlägt hier etwas praxisnäheres vor: Einzig praktikabel und sinnvoll sei es, von einem „**Gewinnminimum**" auszugehen. Die Frage, die man sich hier zu stellen hat lautet: „*Wie viel Gewinn benötigen wir mindestens, um auch morgen noch erfolgreich im Geschäft tätig zu sein?*" Dies sollte die Schlüsselfrage nach der anzustrebenden Gewinnhöhe sein. Ein so definiertes Minimum kann dabei durchaus höher liegen als die pauschalen Forderungen nach Gewinnmaximierung. Warum das? Um diesen scheinbaren Widerspruch aufzulösen, sei nochmals *Peter Drucker* zitiert. Für ihn scheint es sinnvoller, anstatt von Gewinnen besser von **Kosten** zu sprechen. Gewinne sind das Ergebnis einer vergangenheitsbezogenen Gegenüberstellung von Erträgen und Aufwendungen und damit

Ausdruck nur eines Teils des relevanten Werteverzehrs bzw. Wertezuwachses eines Unternehmens. Analytisch sauberer wird die Gewinnermittlung, wenn man von Kosten ausgeht. Dabei sind zwei Arten von Kosten zu unterscheiden:

- Zum einen die **Kosten des laufenden Geschäfts** und
- zum anderen **jene Kosten**, die hinzunehmen sind, **um auch morgen noch im Geschäft zu sein.**

Betriebswirtschaftlich erfasst und kalkuliert werden in erster Linie nur die „Kosten des laufenden Geschäfts". Die *„Kosten für die Geschäfte der Zukunft"* sind dagegen nicht Gegenstand des traditionellen Rechnungswesens und somit unbekannt bzw. unberücksichtigt. In einer von Wissen und Technologien geprägten dynamischen Unternehmenslandschaft sind allerdings Investitionen in Innovationen für den Erfolg von morgen und übermorgen von größter strategischer Bedeutung. Das folgende Zitat von *Peter Drucker* bezieht sich auf Unternehmen aller Branchen. Gerade aber Unternehmen des IT-Bereichs, mit ihren bekanntermaßen extrem kurzen Produktlebenszyklen, sollten es sich besonders zu Herzen nehmen:

„Insure that you are investing enough in innovation to prepare for the day when your profitable business becomes obsolete."

Im Rahmen des Gewinnminimums geht es somit um die Beantwortung der Frage, wie das eigene Geschäftsmodell langfristig finanzierbar bleibt und gleichzeitig darum, wie die Ansprüche der Kapitalgeber bedient werden können. Damit wird das unternehmerische Denken konsequent an der langfristigen Lebensfähigkeit des Unternehmens und nicht an einer kurzfristigen Maximierung von Geldgrößen ausgerichtet.

Die Steuerung eines Unternehmens bzw. eines Unternehmensbereichs setzt voraus, dass man über entsprechende Größen verfügt, anhand derer sich beurteilen lässt, ob man auch da landet, wo man hinkommen möchte. Die oben skizzierten *„sechs Schlüsselgrößen für die Lebensfähigkeit"* sind die geistigen Fixpunkte, an denen sich die Unternehmenssteuerung zu orientieren hat. Dabei ist wichtig zu erkennen, dass neben dem operativen Management insbesondere das strategische Management auf diesen Schlüsselgrößen aufzubauen hat. Die folgende Abbildung zeigt die Schlüsselgrößen in ihrer Gesamtheit und logischen Abfolge nochmals auf.

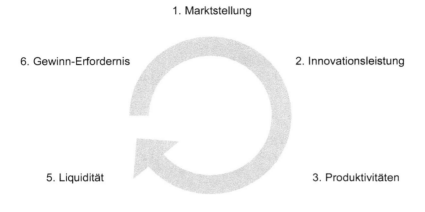

1. Marktstellung

6. Gewinn-Erfordernis

2. Innovationsleistung

5. Liquidität

3. Produktivitäten

4. Attraktivität für gute Leute

Abbildung 53: Die Schlüsselgrößen für Lebensfähigkeit des Unternehmens
Quelle: Stöger 2007, S. 10.

Die hier dargelegte Logik, findet sich in ähnlicher Weise im Ansatz der *Balanced Scorecard* wieder, die daher zum Abschluss als ein praxiserprobtes Instrument der ganzheitlichen Steuerung auf Gesamtunternehmens- sowie auf IT-Ebene dargestellt wird.

5.7   Die *Balanced Scorecard* für den IT-Bereich

Die Ursprünge der *Balanced Scorecard* (*BSC*) gehen auf eine Publikation der US-amerikanischen Wirtschaftsprofessoren *Robert Kaplan* und *David Norton* zurück, in der sie die Kluft zwischen betrieblichem Rechnungswesen und Unternehmensstrategie zu überwinden versuchen. Mit Hilfe der *BSC* soll von den Strategien ausgehend zu deren betrieblichen Wirkungen übergeleitet werden. Ziel ist es, die Strategien im operativen Management zu „erden":

> „*The Balanced Scorecard – Translating Strategy into Action.*"

Im Deutschen kann man den Begriff *Balanced Scorecard* mit „ausgewogener Punktekarte" wiedergeben. Die *BSC* ist somit eine Übersicht, auf der die Ergebnisse des Unternehmens oder eines (strategischen) Geschäftsbereichs notiert und in Punkten ausgedrückt werden. Dabei hat diese Dokumentation **„ausgewogen"** („*balanced*") zu sein. Mit dem Begriff „ausgewogen" wird zum Ausdruck gebracht, dass die Unternehmensziele **nicht einseitig**, nur aus einer einzigen Perspektive (z.B. der Finanzperspektive, Gewinnperspektive), bestimmt werden dürfen. Grundsätzlich soll der Einsatz einer *Balanced Scorecard* eine ganzheitliche und ausgewogenen Ziel- und Maßnahmenformulierung ermöglichen. Die vier wesentlichen Perspektiven bei *Kaplan/Norton* sind:

- Die Finanzperspektive,
- die Markt-, Kundenperspektive,
- die interne Prozessperspektive sowie
- die Lern- und Entwicklungsperspektive.

Die folgende Abbildung zeigt diese Perspektiven und die dazugehörenden Inhalte hierfür auf. Die inhaltliche Nähe zu den „sechs Schlüsselgrößen" ist offensichtlich.

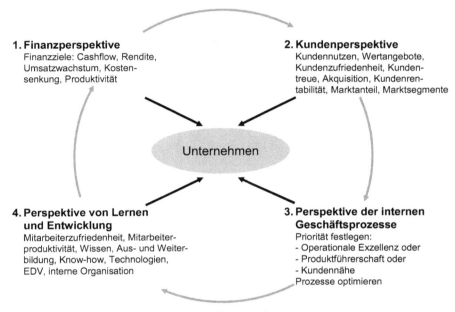

1. Finanzperspektive
Finanzziele: Cashflow, Rendite, Umsatzwachstum, Kostensenkung, Produktivität

2. Kundenperspektive
Kundennutzen, Wertangebote, Kundenzufriedenheit, Kundentreue, Akquisition, Kundenrentabilität, Marktanteil, Marktsegmente

Unternehmen

4. Perspektive von Lernen und Entwicklung
Mitarbeiterzufriedenheit, Mitarbeiterproduktivität, Wissen, Aus- und Weiterbildung, Know-how, Technologien, EDV, interne Organisation

3. Perspektive der internen Geschäftsprozesse
Priorität festlegen:
- Operationale Exzellenz oder
- Produktführerschaft oder
- Kundennähe
Prozesse optimieren

Abbildung 54: Die vier Perspektiven der Balanced Scorecard
Quelle: Würzl 2005, S. 115.

Zunehmend findet die *Balanced Scorecard* auch Verbreitung im Rahmen einer ganzheitlichen Steuerung des IT-Bereichs (eines ganzheitlichen IT-Controllings). Dabei werden die vier Perspektiven um Spezifika des IT-Bereichs erweitert, wie Abbildung 55 dokumentiert.

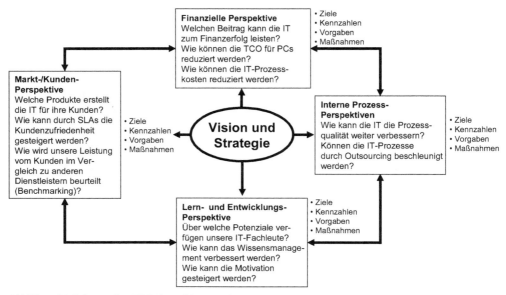

Abbildung 55: Schema einer IT-Balanced Scorecard
Quelle: Gadatsch/Mayer 2004, S. 124.

Die beiden Professoren *Andreas Gadatsch* und *Elmar Mayer* haben anhand von vier Beispielen dargelegt, welche Perspektiven und Ziele sich mit Hilfe der *Balanced Scorecard* für den IT-Bereich formulieren lassen. Dabei wird die Kundenperspektive durch die „**Benutzerorientierung**" wiedergegeben, mit dem Begriff „**Unternehmensbeitrag**" wird die interne finanzielle Perspektive ausgedrückt. Die Leistungsfähigkeit der IT-Prozesse (Prozessperspektive) wird in Abhängigkeit von der „**Ausführungskapazität**" gesehen. Die Lern- und Entwicklungsperspektive wird ebenfalls im „**Unternehmensbeitrag**" sichtbar. Es resultiert eine *IT-BSC* wie in Abbildung 56 dargestellt.

Benutzerorientierung Wie sehen die *Benutzer* die IT-Abteilung?	Unternehmensbeitrag Wie sieht das *Management* die IT-Abteilung?
Auftrag Vorzugslieferant für IKS zu sein und optimale Ausnutzung der Geschäftsmöglichkeiten durch IT	**Auftrag** Akzeptabler Beitrag von Investitionen in der IT
Ziele • Vorzugslieferant für Anwendungen • Vorzugslieferant für den Betrieb • Partnerschaft mit Benutzern • Benutzerzufriedenheit	**Ziele** • Kontrolle der IT-Kosten • Verkauf von IT-Produkten und -Dienstleistungen an Dritte • Geschäftswert neuer IT-Projekt • Geschäftswert der IT-Funktion

Ausführungskapazität Wie leistungsfähig sind die IT-Prozesse?	Unternehmensbeitrag Ist die IT-Abteilung für zukünftige Herausforderungen gut positioniert?
Auftrag Effiziente Fertigstellung von IT-Produkten und Dienstleistungen	**Auftrag** Entwicklung der Fähigkeiten, um auf zukünftige Herausforderungen reagieren zu können
Ziele • Effiziente Softwareentwicklung • Effizienter Betrieb • Beschaffung von PCs und PC-Software • Problemmanagement • Benutzerausbildung • Management der IT-Mitarbeiter • Benutzung der Kommunikationssoftware	**Ziele** • Ständige Aus- und Weiterbildung der IT-Mitarbeiter • Expertise der IT-Mitarbeiter • Alter des Anwendungsportfolios • Beobachtung neuer IT-Entwicklungen

Abbildung 56: Die IT-BSC
Quelle: Gadatsch/Mayer 2004, S. 125.

Die *IT-BSC* erweitert die traditionelle betriebswirtschaftliche Analyse mit Hilfe von Finanzkennzahlen durch zusätzliche Orientierungsgrößen aus anderen Geschäftsperspektiven (Kunden, Mitarbeiter, Prozesse). Ziel ist es, die Leistungsfähigkeit der IT, ihren Wertbeitrag bzw. ihre strategische Wirksamkeit umfassend beurteilen und steuern zu können.

Das „Gleichgewicht" in der *IT-BSC* wird dadurch erreicht, dass neben den klassischen Finanzkennzahlen, die in erster Linie „**Spätindikatoren**" darstellen, auch „**Frühindikatoren**" Berücksichtigung finden. Frühindikatoren sind auf frühe Prozessabschnitte ausgerichtet. Sie liefern den Entscheidungsträgern frühe Signale über die Richtung, in welche sich der beobachtete Bereich mit hoher Wahrscheinlichkeit bewegen wird. Spätindikatoren messen dagegen die erzielten Ergebnisse (Gewinne, Umsätze, Kosten, Profitabilität etc.). Geht man davon aus, dass erstklassig ausgebildete Mitarbeiter im IT-Bereich eine zentrale Voraussetzung für leistungsfähige IT-Prozesse darstellen, was in der Tendenz dann zu besseren Unternehmensergebnissen führt, so stellt das Aus- und Weiterbildungsniveau der Mitarbeiter einen wichtigen Frühindikator dar. Die durch leistungsfähigere IT-Prozesse erzielte Kostensenkung bzw. Verbesserung der Gewinnsituation repräsentiert dagegen einen Spätindikator.

In komplexen Situationen sind auch immer „versteckte Rückkoppelungen" am Werk, die man oft erst dann bemerkt, wenn es für eventuelle Korrekturen schon zu spät ist. Ein wirksames Management muss hier auf Früherkennung setzen, da sich viele betriebliche Entwicklungen erst mit deutlicher Zeitverzögerung in den Kennzahlen des traditionellen Rechnungswesens niederschlagen. Aus dieser Perspektive ist die *BSC* als ein wichtiges Instrument zur Unternehmenssteuerung in komplexen Situationen zu gestalten und einzusetzen.

6   Epilog – Kühe, die IT und das Management

„The world is flat."
Thomas Friedmann

Es dürfte deutlich geworden sein: Die IT besitzt keinen Selbstzweck. Ihr Einsatz muss einen Wertbeitrag leisten. Nach der hier vertretenen Auffassung einen wesentlichen Beitrag zur **Anpassungs- und Überlebensfähigkeit** der Unternehmen. Im komplexen, dynamischen Marktumfeld unserer Tage sind Unternehmen nur dann anpassungs- und überlebensfähig, wenn sie konsequent

- auf Selbststeuerung anstatt auf Steuerung „von oben",
- auf Selbstorganisation anstatt auf Fremdorganisation sowie
- auf Selbstinformation anstatt Fremdinformation

setzen.

Die IT ist vor diesem Hintergrund so zu gestalten, dass sie dezentrales Entscheiden und Handeln sowie die Erschließung und Nutzung von „Wissen vor Ort" ermöglicht. Die organisatorische Gestaltung eines Unternehmens, das sich mittels konsequenter Dezentralisierung, konsequenter Prozessorientierung und offener Kommunikation in weiten Teilen selbst organisieren kann, bedarf einer unterstützenden IT-Infrastruktur. Nur mit Hilfe vernetzter IT-Systeme, die Informationen in Echtzeit liefern, lässt sich die **zunehmende Abstraktion der betrieblichen Wertschöpfung** verstehen und beherrschen. Was ist mit „Zunahme des Abstrakten" in unseren Wertschöpfungssystemen gemeint? Nun, einem Landwirt muss man nicht sagen, was er zu tun hat, wann er aufzustehen und wofür er einen Beitrag zu leisten hat. Wenn die Kühe morgens um fünf unruhig scharren und muhen, dann ist er mit einer sehr konkreten Problematik konfrontiert. Die Welt eines Bauern ist konkret, d.h., er kann sie mit seinen Sinnesorganen wahrnehmen. Sie ist spürbar, hörbar und (leider auch) riechbar. Dagegen hat die moderne Wertschöpfung einen derartigen Abstraktionsgrad erreicht, dass sie mit den menschlichen Sinnen nicht mehr einfach versteh- und wahrnehmbar ist. Einen virtuellen Produktionsprozess, der über die eigenen Unternehmensgrenzen hinweg abläuft, kann man nicht mehr so einfach hören, riechen oder betasten. Man muss ihn im Kopf rekonstruieren, will man ihn verstehen und möglichst optimal gestalten. Um die Abstraktion der Wertschöpfung wieder zu konkretisieren bedarf es der IT:

Die IT repräsentiert die muhenden Kühe des Informationszeitalters.

Computer haben keine Probleme damit, Arbeitsprozesse über mehrere Unternehmen hinweg zu schicken und trotzdem den Überblick zu behalten. Die IT schafft Transparenz über die

Geschäftsprozesse und ermöglicht somit die schnelle und zielführende Entscheidung bzw. Anpassung durch Selbstorganisation im Realgüterbereich.

Das IT-Management hat sich daher um die Sicherheit, Stabilität und Qualität sowie um die Effizienz und Effektivität der eingesetzten Systeme zu kümmern. Des Weiteren trägt es Verantwortung für den wirtschaftlichen Einsatz von Innovationen aus dem Informations- und Kommunikationsumfeld. Das IT-Management hat dafür zu sorgen, dass mit Hilfe von Prozess-, Produkt-, Service- und Geschäftsmodellinnovationen die *Commoditisierungs-Falle* umgangen und, wenn möglich, neue Erfolgspotenziale und Märkte für das Unternehmen erschlossen werden. Dies darf jedoch nicht darüber hinweg täuschen, dass ca. 50 Prozent von dem, was in der IT produziert wird, den Charakter von *Commodities* (hoch standardisierte und austauschbare Produkte und Leistungen) hat. Der IT-Bereich muss in der Lage sein, *Commodities* von den „strategischen Applikationen", den Systemen zur Unterstützung der Überlebens- und Lebensfähigkeit des Unternehmens, unterscheiden zu können. Letztlich muss ein Hauptteil aller Managementanstrengungen im IT-Bereich auf die Sicherung der Adaptions- und Lebensfähigkeit des Unternehmens ausgerichtet werden.

7   Fragen

„Prüfungsbezogenes Lernen.
Mir kommt (fast) das Kotzen. "
Tom Peters

Die Wirtschaftswissenschaften, und hier insbesondere die Betriebswirtschaftslehre, besitzen längst nicht die Exaktheit der Naturwissenschaften. Oftmals wird jedoch in Hörsälen und Seminaren, gegenüber Studenten und Praktikern, hartnäckig das Gegenteil behauptet. Umso größer fällt dann die Enttäuschung aus, wenn man sich an die konkrete Umsetzung der überzeugend klingenden Theorien und Methoden in der Praxis macht. Es sollte klar sein, dass man in den Wirtschaftswissenschaften in den meisten Fällen nur Vorschläge machen kann. Es gibt hier keine endgültigen Wahrheiten. Daher muss von jedem Studenten und jedem Praktiker erwartet werden, dass er Probleme selbst durchdenken und sich ein eigenes Bild von der konkreten Situation machen kann. **Die folgenden Fragen sollen zum Durchdenken anregen.** Oftmals gibt es keine eindeutige Antwort. Dies darf nicht überraschen. Vielmehr muss akzeptiert werden, dass Manager „Paradoxiekünstler" *(Littmann/Jansen)* sein müssen.

Hierzu abschließend nochmals ein Zitat von *Tom Peters*: „Nirgendwo in diesen ordentlich verfassten Seiten (die als Lehrbuch für Studenten der Betriebswirtschaft gedacht waren) fand ich auch nur den geringsten Hinweis auf die reichhaltige Vielfalt, Unordentlichkeit und Ungewissheit der Märkte, die Unordnung, den Spaß und die Begeisterung – auch Qual und Verzweiflung – der Märkte. (…) Im Gegenteil, auf praktisch jeder Seite wurde suggeriert, dass es möglich sei, die Märkte mit soliden Plänen/Strategien und ein bisschen mehr an Marktforschung zu erobern."

Sie begeben sich bei der Beantwortung eines Teils der folgenden Fragen auf wackeligen Boden. Das darf Sie nicht überraschen. Wenn es Ihrer Meinung nach mehrere, einander widersprechende Antworten gibt dann versuchen Sie, aus unterschiedlichen Perspektiven zu argumentieren. Vielleicht wollen Sie sich ja dann, wohlbegründet, auf eine Antwort festlegen…?

4.   Im Mai des Jahres 2003 publizierte *Nicholas Carr*, Herausgeber der *Harvard Business Review*, einen weltweit beachteten Artikel mit dem Titel *„IT doesn't matter"*. Seine wesentlichen Thesen:

- IT kann den Unternehmen keine Wettbewerbsvorteile mehr schaffen.
- Damit hat die IT ihre strategische Bedeutung verloren.
- IT ist in erster Linie nur noch ein „Transportmedium".
- Hoffnungen, die auf Produktivitätsschübe durch IT gesetzt haben, wurden in zahlreichen Punkten enttäuscht.

Wie sehen Sie das? *Does IT still matter?* Wie würden Sie ihre Antworten differenzieren?

5. Wie ist es zu erklären, dass *Microsoft* seit Jahrzehnten der unangefochtene Marktführer bei Software für Betriebssysteme und Textverarbeitungsprogramme ist? Auf welchem Wege wäre das *Microsoft-Monopol* zu knacken?

6. Warum ist eine innovative Technologie, ab einem bestimmten Punkt, auf „economies of scale" angewiesen?

7. Kann man auch mit *„commodities"* im IT-Umfeld Geld verdienen? Welche Voraussetzungen müssen hierfür erfüllt sein?

8. Verändert das Internet überhaupt etwas? Und wenn ja, was?

9. Der US-amerikanische Informatikprofessor und Softwareunternehmer *David Gelernter* vertritt in seinem Buch *„Mirror Worlds"* die These, dass Unternehmen aufgrund des IT-Einsatzes in Software „gespiegelt" werden. Wenn man also wissen will, was in einem Unternehmen geschieht, sollte man sich, nach *Gelernters* Meinung, die in der Software abgebildeten Prozesse ansehen. Hierdurch könne man herausfinden, wie die Wertschöpfung sich vollzieht, wie Prozesse ineinander greifen und wie bzw. wohin Informationen fließen. Grundsätzlich, so *Gelernter*, werden Strukturen und Prozesse der Unternehmen in der Software gespiegelt, „wie ein Gebäude im Wasser". Teilen Sie die Auffassung *Gelernters*? Was aus der betrieblichen Realität „siegelt" sich in Software, und was nicht?

10. Nehmen Sie Stellung zu der Aussage, „Computer verarbeiten nur Daten, keine Informationen".

11. Nehmen Sie Stellung zu der Aussage, „Daten können Informationen töten".

12. Führt ein Mehr an IT-Einsatz immer zu einer verbesserten Informationsqualität und damit auch zu verbesserten Entscheidungen in Unternehmen?

13. Unter welchen ökonomischen Bedingungen ist ein großes Unternehmen überlebensfähiger? Wann besitzt ein kleines Unternehmen die besseren Überlebenschancen? Welche Rolle spielt die IT bei der Beantwortung dieser Frage?

14. Werden in Zukunft alle digitalen Produkte (fast) umsonst sein? Und wenn ja, womit verdienen die betroffenen Unternehmen dann ihr Geld?

15. Hat der *„Long Tail"* für alle Branchen die gleiche Bedeutung?

16. Nach dem *Gesetz von Moore* verdoppelt sich die Transistorzahl auf einem Prozessor alle 18 Monate. Dieser durchaus erfreulichen Entwicklung bei der Prozessorleistung stehen jedoch immer aufgeblähtere Softwareanwendungen gegenüber, die wertvollen Speicherplatz rauben. *Moores' Segen* und *Gates' Fluch*? Wie könnte man dieses Dilemma umgehen?

17. Was verändert sich, wenn Software zukünftig aus dem Netz erhältlich ist?

18. Muss Software den Geschäftsprozessen angepasst werden, oder werden die Prozesse an die Software angepasst?

19. Sollte man aufgrund positiver Skaleneffekte die IT im Unternehmen zentralisieren?

20. Nutzen Sie beim IT-Outsourcing fremde Skaleneffekte?

21. Lassen sich die *Darwinschen Prinzipien* der Selektion, Diversifikation, Adaption und des Aussterbens auch auf Märkten im Allgemeinen sowie auf Technologiemärkten (Softwaremärkten) im Besonderen beobachten?

22. Mit Hilfe welcher organisatorischer und technologischer Lösungen kann man dem *„Hayek-Problem"* entgegentreten?

23. Ist die Leistungs- und Lernfähigkeit des menschlichen Gehirns der wahre Engpass der Wissensökonomie?
24. Hat unser Gehirn einen Chef?
25. Führt ein Mehr an Informations- und Kommunikationstechnologien in den Unternehmen dazu, dass die Mitarbeiter nur schneller verblöden und autistisch werden?
26. Ist das Management der wahre Engpass für Effektivität in den Unternehmen?
27. Was ist Komplexität?
28. Kann man Komplexität managen?
29. Wann ist Komplexität nur eine Ausrede für unfähige Manager?
30. Wie komplex dürfen Geschäftsprozesse sein, um mit Software erfasst werden zu können?
31. Warum benötigt man in der Informations- bzw. Wissensökonomie andere Organisationsstrukturen und Managementmethoden als im Industriezeitalter?
32. Warum lassen sich Fehler in verteilten, „von unten gelenkten" Systemen relativ leicht absorbieren?
33. Wo finden sich bei *Open Source-Projekten* Aspekte der verteilten Intelligenz, des Lenkens von unten, des Wachsens über funktionierende Einheiten und der Kultivierung zunehmender Grenzerträge?
34. *Charles Revson* vom US-amerikanischen Kosmetikkonzern *Revlon* prägte den Satz: „In der Fabrik machen wir Kosmetika; im Laden verkaufen wir Hoffnungen." Übertragen Sie die Logik dieser Aussage auf die Softwarebranche.
35. Erläutern Sie anhand selbst gewählter Beispiele den (möglichen) Zusammenhang zwischen Informationstechnologien, Transaktionskostensenkung und innovativen Geschäftsmodellen.
36. Offene oder proprietäre Standards? Auf welche Strategie würden Sie als Software-Anbieter setzen?
37. Inwiefern kann die Softwarebranche positive Rückkoppelungen zu ihrem Vorteil nutzen?
38. Welche Konsequenzen haben positive Rückkoppelungseffekte auf die Marktstruktur?
39. Wären sie lieber in einem von positiven oder in einem von negativen Rückkoppelungen geprägten Markt unternehmerisch tätig?
40. Welche Konsequenzen haben Rückkoppelungsschleifen für das Management?
41. Welche Bedeutung kommt einer *Balanced Scorecard* in komplexen Situationen mit „versteckten Rückkoppelungsschleifen" zu?
42. Wann ist die Selbstorganisation in einem Unternehmen der Fremdorganisation überlegen? Beeinflusst der IT-Einsatz Ihre Antwort?
43. Was wäre zu tun, damit Selbstorganisation in einem IT-Projekt möglich wird?
44. In welcher Markt- und Unternehmenssituation würden Sie auf tayloristische Fremdorganisation setzen?
45. Nach Auffassung des Ökonomen *Joseph Schumpeter* ist der Kapitalismus von einem „ewigen Sturm der schöpferischen Zerstörung" geprägt. Inwieweit haben innovative Informations- und Kommunikationstechnologien das Potenzial, einen solchen Sturm auszulösen. Wäre auch eine Situation denkbar, in der die ökonomische Logik der Informations- und Kommunikationstechnologien einen solchen Sturm eher verhindern?

46. Was halten Sie von der folgenden „Bildungsformel" im Hinblick auf Ihre Ausbildung im
    IT-Bereich? Was sind nach Ihrer Auffassung hier die „kritischen Größen" und wo müss-
    ten daher eventuelle Veränderungen ansetzen?

$$\frac{[(Input \; - \; Streuverlust) \; \cdot \; Motivation]^2}{Halbwertzeit \; des \; Wissens \; \cdot \; Zufall^3} = Output$$

Literatur

Anderson, Ch., The Long Tail – Why the Future of Business Is Selling Less or More, New York 2006.

Ankenbrand, B., The short-circuit manager, in: E-Conomy 2.0, herausgegeben von Hutter, M., Marburg 2001, S. 69-92.

Arthur, B. W., Increasing returns and path dependence in the economy, Michigan 2000.

Beinhocker, E., Die Entstehung des Wohlstands – Wie Evolution die Wirtschaft antreibt, Landsberg am Lech 2007.

Berning, R., Grundlagen der Produktion, Berlin 2001.

Bolz, N., Die Wirtschaft des Unsichtbaren, München 1999.

Bolz, N., Bang Design. Ein Manifest des 21. Jahrhunderts, in: BANG – Die Zukunft der Evolution, GDI Studie Nr. 27, herausgegeben von Bolz, N. et. al., Rüschlikon/Zürich 2007, S. 42-127.

Brenner, W./Witte, Ch., Erfolgsrezepte für CIOs, München 2007.

Büttner, St., Die kybernetisch-intelligente Unternehmung, Bern 2001.

Buxmann,P./Diefenbach, H./Hess, Th., Die Softwareindustrie – Ökonomische Prinzipien, Strategien, Perspektiven, Berlin 2008.

Carr, N., IT doesn't matter, in: Harvard Business Review, Mai 2003, S. 41-49.

Carr, N., The Big Switch – Rewiring the World, from Edison to Google, New York 2008.

Downes, L./Mui, Ch., Auf der Suche nach der Killer-Applikation, Frankfurt am Main 1999.

Drucker, P., The Practice of Management, New York 1986.

Drucker, P., Managing for Results, New York 1986.

Elzer, P., Management der Softwareentwicklung – Ein multidimensionaler Prozess, in: Zukunft im Projektmanagement, herausgegeben von Kerber, G. et. al., Heidelberg 2003, S. 3-17.

Fischer, Th., Kybernetik und Wissensgesellschaft. Wissenschaftliche Jahrestagung der Gesellschaft für Wirtschafts- und Sozialkybernetik vom 26. und 27. September 2002 in Stuttgart, Berlin 2004.

Fischermann, Th., Next Economy – Der zweite Anlauf zur Internet-Revolution, Berlin 2003.

Fleisch, E., Das Netzwerkunternehmen, Berlin 2001.

Friedman, Th., The World is Flat, New York 2005.

Gälweiler, A., Strategische Unternehmensführung, Frankfurt am Main, 3. Auflage, 2005.

Gadatsch, A./Mayer, E., Grundkurs IT-Controlling, Wiesbaden 2004.

Getz, I./Robinson, A., Innovations-Power, München 2003.

Godin, S., Unleashing the Ideavirus, New York 2001.

Godin, S., Purple Cow, New York 2003.

Goeken, M. et. al., IT-Governance, in: WISU 12/07, S. 1581-1587.

Gomez, P./Probst, G., Die Praxis des ganzheitlichen Problemlösens, Bern, 3. Auflage, 1999.

Gomez, P./Fasnacht, D. et. al., Komplexe IT-Projekte ganzheitlich führen, Bern 2002.

Granovetter, M., The Strength of Weak Ties: A Network Theory Revisited, Sociological Theory 1983.

Grass, B., Einführung in die Betriebswirtschaftslehre, Herne/Berlin 2000.

Hamel, G., Das Ende des Managements – Unternehmensführung im 21. Jahrhundert, Berlin 2008.

Hayek, F.A. von, The Use of Knowledge in Society, in: American Economic Review, 1945, S. 519-530.

Hayek, F.A. von, Freiburger Studien, Tübingen, 2. Auflage, 1994.

Heinrich, G., Allgemeine Systemanalyse, München 2007.

Heinrich, L., Informationsmanagement, München, 7. Auflage, 2002.

Helfrich, Ch., Business Reengineering, München 2002.

Hungenberg, H./Kaufmann, L., Kostenmanagement, München, 2. Auflage, 2001.

Jansen, St., Die einzige Möglichkeit der Erfindung ist die Erfindung des Unmöglichen, Vortrag anlässlich der Abschlussveranstaltung der „Innovationswoche Ost", BMBF, Berlin, 10.11.2006.

Jarillo, J-C., Strategische Logik, Wiesbaden, 2. Auflage, 2005.

Kagermann, H./Österle, H., Geschäftsmodelle 2010, Frankfurt am Main 2006.

Karlöf, B./Lövingsson, F., Management von A bis Z, Zürich 2006.

Kelly, A./Leyden, P., What's Next? Exploring the New Terrain for Business, Cambridge/MA 2002.

Kelly, K., Out of Control – The New Biology of Machines, Social Systems, and the Economic World, New York 1994.

Kelly, K., New Rules for the New Economy, New York 1998.

Keuper.F./Oecking, Ch. (Herausgeber), Corporate Shared Services, Wiesbaden 2006.

Krcmar, H., Informationsmanagement, Berlin, 4. Auflage, 2004.

Krickl, O., Wissensmanagement im IT-Bereich, in: Handbuch IT-Management, herausgegeben von Tiemeyer, E., München 2006, S. 531-566.

Krieg, P., Die paranoide Maschine – Computer zwischen Wahn und Sinn, Hannover 2005.

Krönung, H.-D., Die Management-Illusion, Stuttgart 2007.

Krogh, G.v./Wicki, Y., Wissengenerierung ermöglichen – Enabling Knowledge Creation, in: Auf dem Weg in die Wissensgesellschaft, herausgegeben von Bleicher, K./Berthel, J., Frankfurt am Main 2002, S. 132-148.

Mainzer, K., Komplexität, Paderborn 2008.

Malik, F., Die neue Corporate Governance, Frankfurt am Main, 2. Auflage, 1999.

Malik, F., Strategie des Managements komplexer Systeme – Ein Beitrag zur Management-Kybernetik evolutionärer Systeme, Bern, 7. Auflage, 2002.

Malik, F., Systemisches Management, Evolution, Selbstorganisation – Grundprobleme, Funktionsmechanismen und Lösungsansätze für komplexe Systeme, Bern, 3. Auflage, 2003

Malik, F., Management. Das A und O des Handwerks, Frankfurt am Main 2007.

Malik, F., Unternehmenspolitik und Corporate Governance, Frankfurt am Main 2008.

Mann, R., Das ganzheitliche Unternehmen, Bern 1990.

Meffert, H., Neue Herausforderungen für das Marketing durch interaktive elektronische Medien, in: Internet & Co. Im Handel, herausgegeben von Ahlert et. al., Berlin 2000, S. 125-142.

Mieze, Th., Beyond Carr – und sie bewegt sich doch, in: HMD 239, Wettbewerbsvorteile durch IT, herausgegeben von Fröschle, H.-P., Heidelberg 2004, S. 18-27.

Moore, G., Crossing the Chasm, New York 2002.

Moore, G., Dealing with Darwin, New York 2005.

Nalebuff, B./Brandenburger, A., Co-opetition, New York 1996.

Nonaka, I./Takeuchi, H., Die Organisation des Wissens, Frankfurt am Main 1997.

Otto, B./Silberman, M., Datenmanagement als strategischer Erfolgsfaktor, in: Frankfurter Allgemeine Zeitung vom 30.04.2007, S. 22.

Peemöller, V., Controlling, Herne/Berlin, 5. Auflage, 2005.

Peters, T., Jenseits der Hierarchien – Liberation Management, Düsseldorf 1993.

Peters, T., Re-imagine!, Starnberg 2004.

Pfriem, R., Heranführung an die Betriebswirtschaftslehre, Marburg, 2. Auflage, 2005.

Picot, A./Reichwald, R./Wigand, R., Die grenzenlose Unternehmung, Wiesbaden, 5. Auflage, 2003.

Probst, G./Raub, St./Romhardt, K., Wissen managen, Wiesbaden, 3. Auflage, 1999.

Pruckner, M., Die Komplexitätsfalle, Norderstedt 2005.

Pütsch, F., Der Wertbeitrag der IT, in: CM Controller Magazin, 3/2007, S. 304-307.

Reichwald, R., Informationsmanagement; in: Vahlens Kompendium der Betriebswirtschaftslehre, Band 2, herausgegeben von Bitz, M. et. al., München, 4. Auflage, 1999, S. 221-288.

Reichwald, R./Piller, F., Interaktive Wertschöpfung, Wiesbaden 2006.

Reinisch, F., Die Köpfe sind das Kapital, Heidelberg 2007.

Rheingold, H., Smart Mobs, Cambridge/MA 2002.

Ridderstrale, J./Nordström, K., Karaoke Capitalism. Management for Mankind, Stockholm 2003.

Ridderstrale, J./Nordström, K., Funky Business Forever – How to Enjoy Capitalism, Stockholm, 3. Auflage, 2008.

Rogers, E. M., Diffusion of Innovations, 5. Auflage, New York 2003.

Röpke, J., Der lernende Unternehmer – Zur Evolution und Konstruktion unternehmerischer Kompetenz, Marburg 2002.

Sackarendt, M, Der CIO aus dem Blickwinkel des Business, in: Informationsmanagement – Handbuch für die Praxis, herausgegeben von Gora, W./Schulz-Wolfgramm, C., Berlin 2003, S. 157-170.

Sattler, R., Unternehmerisch denken lernen, München 1998.

Schmidt, H., Internetgiganten kämpfen um die Wolke, in: Frankfurter Allgemeine Zeitung vom 05.05.2008, S. 20.

Schmidt, R.-B., Unternehmungsinvestitionen, Opladen, 4. Auflage, 1984.

Schuhmann, W., Informationsmanagement – Unternehmensführung und Informationssysteme aus systemtheoretischer Sicht, Frankfurt 1991.

Simon, H., Perfektion tötet Inspiration, in: Manager Magazin 05.2007, S. 66.

Staab, F., Logik und Algebra, München 2007.

Staehle, W., Management, München, 8. Auflage, 1999.

Stöger, R., Strategieentwicklung für die Praxis, Stuttgart 2007.

Stoll, St., Die Kostenrechnung als Instrument der internen Organisation, Frankfurt am Main 1997.

Stoll, St., Von Küssen, Idioten und Software – Prozessmanagement 2002, in: Accounting – Rechnungswesen und Controlling, 1/2002, S. 16.

Stüttgen, M., Strategien der Komplexitätsbewältigung in Unternehmen, Bern 1999.

Tapscott, D./Ticoll, D., The Naked Corporation, New York 2003.

Tapscott, D./Williams, A., Wikinomics – How Mass Collaboration Changes Everything, New York 2007.

Tiemeyer, E., IT-Management – Herausforderungen und Rollenverständnis heute, in: Handbuch IT-Management, herausgegeben von Tiemeyer, E., München 2006, S. 1-36.

Tiemeyer, E. (Herausgeber), Handbuch IT-Management, München 2006.

Uhlig, St., Immer zahlungsfähig, Landsberg am Lech 2000.

Ulrich, H., Systemorientiertes Management – das Werk von *Hans Ulrich*. Studienausgabe, Bern 2001.

Ulrich, H./ Probst, G., Anleitung zum ganzheitlichen Denken und Handeln, Bern, 4. Auflage, 1995.

Venohr, B., Wachsen wie Würth, Frankfurt am Main 2006.

Vester, F., Unsere Welt: Ein vernetztes System, München 1983.

Waldrop, M., Complexity: The Emerging Science at the Edge of Order and Chaos, New York 1992.

Warnecke, H.-J., Revolution der Unternehmenskultur – Das Fraktale Unternehmen, Berlin, 2. Auflage, 1993.

Willke, H., Einführung in das systemische Wissensmanagement, Heidelberg 2004.

Wohland, G./Wiemeyer, M., Denkwerkzeuge der Höchstleister, Hamburg 2007.

Würzl, A., Systemisches Management in Theorie und Praxis, Bern 2005.

Index

Lust auf Linux!

Thomas Kessel
Einführung in Linux
2007. IX, 154 S., Br.
€ 19,80
ISBN 978-3-486-58368-7
Wirtschaftsinformatik kompakt

Lust auf Linux, aber bislang abgeschreckt durch den Dschungel kryptischer Kommandos?
Keine Bange, das vorliegende Lehrbuch setzt keine Informatikkenntnisse voraus, sondern es wendet sich an den interessierten Einsteiger, der in die wunderbare Welt der Linux Befehle eingeführt wird. Zum einen fokussiert sich das Buch auf die wichtigsten Linux Kommandos und lichtet so das scheinbar undurchdringliche Dickicht der Linux Instruktionen. Zum anderen wird jeder Befehl anhand verschiedener Beispiele erläutert und dann sofort auf eine Vielzahl von Aufgaben angewendet, somit merkt sich auch ein Anfänger automatisch die Bedeutung der unterschiedlichen Anweisungen. Die kommentierten Lösungen zu den entsprechenden Aufgaben und Fragen erleichtern und vertiefen anschließend das theoretische und praktische Verständnis.

Das kompakte Lehrbuch richtet sich an Studierender der Bachelorstudiengänge der Wirtschaftsinformatik und angrenzenden Studiengänge.

Prof. Dr. Thomas Kessel lehrt an der Berufsakademie Stuttgart.

Oldenbourg

www.ingramcontent.com/pod-product-compliance
Lightning Source LLC
LaVergne TN
LVHW080116070326
832902LV00015B/2622